新媒体 · 新传播 · 新运营 系列丛书

丛书主编 秋叶

和秋叶一起学

全媒体运营实务

周颖 郭涛 王晓翠◎主编
周愉 朱晓虹 路时川◎副主编

慕课版

人 民 邮 电 出 版 社
北 京

图书在版编目（CIP）数据

全媒体运营实务 : 慕课版 / 周颖, 郭涛, 王晓翠主编. -- 北京 : 人民邮电出版社, 2024. -- (新媒体·新传播·新运营系列丛书). — ISBN 978-7-115-65272-0

Ⅰ. G206.2

中国国家版本馆 CIP 数据核字第 20249E44G1 号

内 容 提 要

本书分为八章，从全媒体运营概述出发，逐步深入解析全媒体的定位策略、内容运营、用户运营、直播运营、电商运营、营销管理策略和品牌传播策略。本书对传统媒体、图文平台、短视频、直播、内容电商等不同媒体形式的运营方法进行了详细介绍，有利于读者清晰地了解如何跨平台进行精准的内容推广和有效的用户互动。

此外，本书还结合了大量全媒体运营的实际案例，通过分析这些案例的成功要素和运营策略，为读者提供有用的经验。本书还关注了全媒体运营师这一岗位的能力需求和工具选择，帮助读者了解自身在职业发展中需要具备的技能和素质。

本书既适合作为高等院校电子商务专业、市场营销专业、网络营销与直播电商专业的教材，也可供新媒体从业人员学习和参考。

◆ 主　　编　周　颖　郭　涛　王晓翠
副 主 编　周　愉　朱晓虹　路时川
责任编辑　连震月
责任印制　王　郁　彭志环

◆ 人民邮电出版社出版发行　　北京市丰台区成寿寺路 11 号
邮编　100164　　电子邮件　315@ptpress.com.cn
网址　https://www.ptpress.com.cn
三河市兴达印务有限公司印刷

◆ 开本：787×1092　1/16
印张：12.5　　2024 年 12 月第 1 版
字数：295 千字　　2025 年 7 月河北第 2 次印刷

定价：49.80 元

读者服务热线：(010)81055256　印装质量热线：(010)81055316
反盗版热线：(010)81055315

编写背景

党的二十大报告指出，“加强全媒体传播体系建设，塑造主流舆论新格局”。近年来，随着互联网技术的飞速发展和新媒体平台的不断涌现，全媒体运营已经成为企业开展营销和品牌传播的重要手段。越来越多的企业和个人开始关注全媒体运营，希望通过掌握相关知识和技能，提升自身在市场竞争中的优势。然而，市场上关于全媒体运营的教材相对较少，且内容零散、不成体系，难以满足广大读者的学习需求。

基于这样的市场现状和需求，编者编写了本书。本书旨在系统阐述全媒体运营的基本理论、平台布局、内容运营、营销管理策略等内容，通过丰富的案例分析，帮助读者全面掌握全媒体运营的核心知识和技能。

本书特色

1. 实操性强

本书有大量的真实案例和可落地的方法，注重理论与实践的结合，力求帮助读者在实际操作中更好地运用所学知识，提升全媒体运营的实践能力。

2. 案例丰富

本书不仅有全面的知识点，还有丰富的案例。本书列举了不同行业、不同品牌、不同平台、不同账号的全媒体运营案例，案例丰富。通过案例分析，本书可以帮助读者更好地理解知识点。

3. 与时俱进

本书充分考虑了当前全媒体行业的发展趋势和未来发展方向。随着大数据、人工智能等新技术的不断涌现和应用，全媒体运营将迎来更多的机遇和挑战。本书尽可能地介绍了这些新技术和新趋势，以期帮助读者了解行业前沿动态，为未来的职业发展做好准备。

4. 配套资源丰富

本书配有慕课视频，读者用手机扫描封面的二维码即可观看。另外，本书还提供了PPT课件、教学大纲、教案、试卷等立体化的学习资源，选书老师可以登录人邮教育社区（www.ryjiaoyu.com）下载获取。

前言 Foreword

本书教学建议

本书适合作为高等院校全媒体运营相关课程的教材。如果将本书作为教学用书，建议学时为 32～48 学时。建议课堂教学时依据本书多进行实战训练，以提升学生的实践能力。

本书由山东传媒职业学院的周颖、共青科技职业技术学院的郭涛和山东传媒职业学院的王晓翠担任主编，由山东传媒职业学院的周愉和朱晓虹、山东省互联网传媒集团大众网・海报新闻教育频道主任路时川担任副主编。在编写过程中，编者参考了业内学者、从业者的研究成果和经验，在此对所有为本书编写提供过帮助的人表达衷心的感谢。由于行业的发展以及平台的迭代较快，本书难免有疏漏和不足之处，欢迎各位读者批评指正。

编者

2024 年 9 月

Contents 目录

目录 Contents

PART 01

第一章 全媒体运营概述

学习目标

- 掌握全媒体运营的概念与内涵。
- 掌握全媒体运营涉及的通用平台。
- 掌握全媒体运营的基本步骤。
- 理解全媒体运营的四大核心。
- 了解全媒体运营的发展前景。
- 了解全媒体运营师这一岗位及其需求。

素养目标

- 系统学习全媒体理论知识，打下坚实的理论基础，在此基础上，不断提升不同媒体的运营技能，以应对不断变化的新媒体市场。
- 积极学习新事物，适应新变化，通过学习全媒体运营技能，发现职业新可能，打开事业新天地。

近几年，新媒体不断发展，涌现了各种媒体平台，几乎每年都会出现新的媒体风口。所以，对企业和品牌而言，做新媒体营销与运营，应不局限于某一两个平台，要做到全网“通吃”，全方位、多角度地扩大品牌的影响力，即做到全媒体运营。

对于什么是全媒体，怎样运营全媒体等问题，学界似乎没有统一定论，市场上也缺乏比较系统的、形成体系的方法论。与此同时，自媒体、融媒体、媒介融合等概念也混淆其中，让人们难以分辨。

本章从全媒体的底层逻辑出发，详细介绍全媒体运营的基础知识，包括：全媒体与全媒体运营；全媒体通用平台，包括传统媒体、图文平台、短视频平台、直播平台、其他平台等；全媒体运营的基本步骤；全媒体运营的四大核心；全媒体运营的发展前景等。其中，全媒体运营的四大核心，即内容运营、用户运营、直播运营、电商运营，这也是本书的主要内容，本书后续章节将围绕这四大核心展开。

1.1 全媒体与全媒体运营

全媒体运营可以拆解为“全媒体”和“运营”两个词，要理解全媒体运营，必须从理解“全媒体”开始。

1.1.1 全媒体的定义

全媒体不是从国外新闻界和传播界引入的术语，一定程度上，其来源于我国传媒界的应用层面，但目前在学界还没有统一的概念。

学者彭兰教授认为，全媒体是一个整体的系统，即使用各种平台和媒体资产形成的报道系统。与传统媒体不同，全媒体不是单一形式的通信渠道，而是整体的、全方位的开放信息平台。

目前业界普遍认可的概念是：全媒体是指采用多种媒体表现手段，综合利用多种媒介形态，针对不同受众的不同需求，通过多种传播渠道、平台、载体进行全方位、多层次、融合型的信息生产、信息传播、信息消费等全面应用的当代媒体。

综合学界和业界的观点，全媒体其实可以从广义和狭义两个角度来理解。

广义来看，全媒体是指对媒介形态、媒介生产和媒介传播的整合性应用。

狭义来看，全媒体是指媒介信息通过文字、网页、声音、影像、视频、直播等多种表现形式，利用报纸、杂志、出版物、网站、广播、电视、电影、音像等不同的媒介形态，将广电网络、电信网络、互联网网络进行融合，最终实现用户可以通过电视、计算机、手机等多种终端完成信息的融合接收，实现任何人、任何时间、任何地点、在任何终端都可以获得想要的任何信息的媒体体验。

综合以上概念，本书认为：全媒体就是通过对各种媒体形式、平台和内容的深度整合而形成的一种“1＋1＞2”的综合性信息传播方式。核心在于一个“全”字：覆盖面全、技术手段全、媒介载体全，以及受众传播面全。

1.1.2 全媒体的发展过程

全媒体（Omnimedia）是 Omni 和 Media 的合成词，意味着全部的、联合的、全能的媒体。

全媒体并不是独立存在的，全媒体的背后，是一个个独立的媒体平台，是多样化的信息传播方式，是信息科学技术的进步，这些共同推动了全媒体的发展。所以，全媒体的发展，离不开不同阶段的媒体演变和融合，其发展过程可以分为以下四个阶段。

1. 传统媒体阶段

传统媒体阶段主要指印刷媒体（报纸和杂志）、电视以及广播盛行的时代，大致是 20 世纪末 21 世纪初。这个阶段信息的传播速度较慢，以一对多的方式传播，受限于时间和空间，但能够提供深度报道，权威性强。

最早使用全媒体的，是美国一家家政公司，其创始人玛莎·斯图尔特非常有媒体营销思维，公司旗下拥有多种媒体。它们存在的目的很简单，就是宣传推广自家旗下的家政服务和产品。1999 年 10 月，玛莎 • 斯图尔特把旗下所有媒体整合，成立了“玛莎 • 斯图尔特生活全媒体”公司，开始对自家家政服务和产品进行集中传播。

但当时互联网正处于起步阶段，媒介内容更多依靠于报纸、杂志、电视等传统媒体的传播，受信息技术和通信技术的限制，“玛莎 • 斯图尔特生活全媒体”公司并没有真正将各媒体融合并发展起来，尽管如此，这已然是媒体行业的一次大胆尝试。

2. 数字媒体阶段

1995 年 1 月，主要面向海外留学人员的《神州学人》杂志进入国际互联网。后来的十几年间，随着互联网的普及和数字技术的快速发展，数字媒体不断发展。

这个阶段，门户网站、博客、在线新闻和社交媒体开始涌现，使信息的传播更加快速和广泛，同时也提供了更多的互动机会。大众从通过电视、报纸等传统媒体获取信息，逐渐转变为从门户网站等新媒体获取信息。但大众的主动性不强，仍以被动地获取信息为主，而且内容创作者本质上也是传统媒体的专业记者和编辑。

这个阶段后期开始出现“新媒体”“媒介融合”“融媒体”等概念，但大多是针对传统媒体的转型，例如电视台的网站运营、报纸的电子版优化等。

2008 年 7 月，烟台日报传媒集团成为中国“第一家吃螃蟹”的集团，其整合集团所有媒体记者，组建了全媒体新闻中心，开始了从“传统报业”到“全媒体”的运作方式、生产流程以及各种运营平台的探索。一方面，集团把原来单一的印刷报纸打造成多种产品形态，例如手机报纸、数字报纸等；另一方面，媒介生产流程也更加细化和专业化。

3. 移动媒体阶段

2011 年后，智能手机出现。随着智能手机的逐渐普及，大众能够随时随地获取信息和进行娱乐，这催生了移动媒体时代。移动应用程序、社交媒体平台和在线视频服务成为信息和娱乐的主要来源。

这个阶段，更强调信息的个性化、即时性和多媒体性质。大众需求发生转变，从被动接收信息转变为主动搜索信息。信息库变丰富，可获取的信息量也随之增加。与此同时，网页上的营销信息也逐渐变多。

之后的十年间，许多研究学者和媒体先驱开启了对“新媒体时代”的积极探索，许多意想不到的传播形态丰富了大众的媒体体验，“全媒体”成为媒介形态大变革中崭新的传播形态。与此同时，融媒体和全媒体被很多地方媒体、高校以及政企纳入实践，开始了全媒体方向的探索。

4. 全媒体阶段

全媒体整合了传统媒体、数字媒体和移动媒体，以满足不同用户群体的需求。

2019 年 1 月 25 日，中共中央政治局第十二次集体学习地是人民日报社。此次集体学习，先后考察了人民日报社的电子阅报栏、人民日报社的“中央厨房”（新闻采编发流程再造和融媒体中心建设的指挥中枢）、人民日报社新媒体中心等。

随着全媒体不断的发展，出现了全程媒体、全息媒体、全员媒体、全效媒体，信息无处不在、无所不及、无人不用。“四全”媒体分别从时间维度、空间维度、主体维度、效能维度来总结全媒体，是对全媒体内容和特征的高度概括。

全媒体时代，更加强调跨平台、多渠道的信息传播，强调文字、图像、音频和视频的整合，以提供更丰富的信息体验。跨平台整合下，内容可以同时发布到网站、移动应用、社交媒体和电视等不同媒体平台，以增加受众。

现如今，大众对全媒体的概念、技术、实践都形成了较为成熟且系统的认知，且主体早已不是报纸、电视等传统媒体，更多针对的是企业及品牌。企业如何利用全媒体进行品牌营销和宣传，如何分析和收集数据以了解受众的喜好和行为，如何最大限度地吸引受众等成为新的研究和实践点。

总的来说，全媒体的发展反映了社会对信息和媒体需求的不断演进，同时也受到了技术快速发展和媒体产业竞争的影响。全媒体的不断发展使媒体公司和内容创作者都在不断调整和创新，以适应不断变化的媒体环境。

1.1.3 全媒体和其他概念的关联/异同

新媒体、自媒体、融媒体和媒介融合等概念与全媒体有关联和交叉点，但彼此的侧重点又不一样。了解这些概念的异同，有助于大家更好地理解全媒体的概念。全媒体与其他概念的关联/异同如表 1-1 所示。

表 1-1 全媒体与其他概念的关联/异同

	定义	特点	与全媒体的关联/异同
新媒体	“新”是相较于传统媒体的“旧”而言的。新媒体不仅指新的媒体形态，还包括一切利用新的技术手段传播信息的载体	技术新、形式新、传播方式新	新媒体是全媒体的一部分，推动了全媒体的发展
自媒体	自媒体指个体或小团体通过互联网和社交媒体平台自主创作和传播内容，而不依赖传统媒体机构	强调个体创作者自主创作和传播内容	自媒体也是全媒体的一部分，是全媒体的一个重要分支
融媒体	融媒体是一种整合了不同媒体形式的媒体运营模式，强调不同媒体之间的协同工作，以提供更全面的报道和内容	强调传统媒体和新媒体的融合，多针对传统媒体的升级和转型	融媒体侧重“融合”，全媒体侧重“全”
媒介融合	媒介融合指将不同媒体之间的技术、平台和内容进行整合，以提供更多元化的信息和娱乐体验	强调不同媒体之间的相互作用和互补，包括技术整合、内容整合和受众整合	媒介融合可以看作全媒体发展路径中的一个阶段性概念

总的来说，新媒体、自媒体、融媒体、媒介融合，有各自的特色、有异同、有相互融合迭代的地方，这些术语反映了媒体行业的不断发展和变化。而全媒体有更强的综合性和适应性，随着新媒体技术的不断发展，全媒体将成为媒体行业未来的发展趋势和关键发展方向。

1.1.4 全媒体运营的特点与优势

全媒体运营是指利用全媒体来开展运营活动，实现营销或宣传目的。具体来说，全媒体运营是指在多渠道、多平台的环境中，通过整合各种传播媒体资源，采用全方位、多层次、立体化的运营策略，以实现信息的全面传递和全方位覆盖。这一概念体现了企业或组织在传播信息、开展营销活动以及进行品牌推广等方面的全面思考和行动。

1. 全媒体运营的特点

全媒体运营有以下特点。

● 多渠道覆盖

全媒体运营的核心思想是将不同的新媒体工具和平台相互结合，以最大限度地扩大品牌的影响力和提升品牌可见性，同时更好地满足不同受众的需求。通过全媒体运营，企业和品牌可以在多个在线平台上建立存在感，从而覆盖更广泛的受众。

● 多样化内容

不同的媒体平台可能需要不同类型的内容，如文本、图像、视频等。在全媒体运营策略下，企业应为不同平台创建符合平台特色和风格的内容，以吸引和保持受众的兴趣。

● 细分受众

不同的新媒体平台通常会吸引不同的受众。在全媒体运营策略下，企业和品牌可以根据目标受众的特征和偏好，在合适的平台上进行针对性的推广，以形成不同平台、不同渠道的流量抓手和触点，从而尽可能多地吸引潜在受众的注意力，抢占市场。

2. 全媒体运营的优势

全媒体运营的特点其实也从侧面说明了全媒体运营的优势。在如今媒体平台竞争日益激烈、企业营销竞争日益激烈的形势下，全媒体运营有以下几点优势。

● 全方位品牌宣传

全媒体运营的基础目标是实现全方位的品牌宣传。在竞争激烈的市场中，企业需要通过多样化的媒体渠道展示其独特的品牌形象和价值主张。传统媒体如电视、广播和报纸，以及新媒体如社交媒体和在线广告，共同构成了一个立体的传播网络。采用全媒体运营，企业的宣传信息能够覆盖不同年龄、地域、兴趣群体，确保品牌信息深入人心。

此外，在全方位品牌宣传中，一致性至关重要。通过在各种媒体上展示一致的品牌形象，企业能够提高用户对品牌的认知度和记忆度。例如，使在电视广告中呈现的故事情节与在社交媒体上发布的内容相呼应，形成品牌故事的一致性。这种一致性有助于建立用户对品牌的信任感，促进用户识别和选择企业的产品或服务。

● 多平台用户转化

全媒体运营在用户转化方面提供了更多的机会。通过在多个平台上展示产品或服务，企业能够吸引更多潜在用户，并为其提供多样化的购买渠道。例如，在直播间进行产品展示和用户互动，在小红书分享用户体验与下单攻略等相关内容，在社群与用户讨论使用体验，从而形成了多平台的用户接触点。

这种多平台用户转化的策略能够更好地满足不同用户的需求和购物偏好。通过深入了解各个平台的用户的行为和反馈，企业能够制定针对性的营销策略，提高用户的转化率。

● 多渠道产品销售

有效的全媒体运营可以促进多渠道产品销售，尤其是在如今很多新媒体平台都有自己的电商体系的情况下。用户可能在小红书下单，可能在微信小程序下单，也可能在淘宝直播间下单，还可能在抖音下单，早已摆脱了过去单纯依靠线下或依靠淘宝等传统电商平台的情况。

在多渠道产品销售营销策略下，传统的零售渠道、电子商务平台、社交媒体广告、短视频及直播平台，以及线下展览等多个销售渠道，共同构成了企业产品的多渠道销售网络。

● 低成本高效营销

全媒体运营能够在很大程度上为企业节省营销成本，实现更高效的营销，这主要体现在两方面。

一方面，企业通过有效的全媒体运营，在全网多个平台布局媒体账号，能够依靠自身账号完成基本的品牌宣传、新品宣传等，不需要依赖其他自媒体账号或“达人”账号，节省了一定的营销成本。

另一方面，在全媒体运营策略下，很多平台的内容是可以有效整合甚至是重复利用的。例如，企业发到微信公众号（以下简称“公众号”）的文章可以同步发到今日头条，发到抖音、快手的视频可以同步发到微信视频号（以下简称“视频号”），同时一个好的短视频脚本也可以改成公众号文章，这些都最大限度地降低了企业内容生产成本。

另外，全媒体运营注重数据的采集和分析。通过实时监测用户行为和市场趋势，企业可以快速调整营销策略，根据实际效果进行优化。这种数据驱动的决策机制有助于降低营销风险，确保资源的高效利用，提高广告和营销活动的投资回报率。

课后练习

你知道“智媒体”这个概念吗？请查阅资料，阐述相关概念，并给出对应案例。

1.2 全媒体通用平台

全媒体的核心在于一个“全”字，覆盖平台全是其基本体现。企业开展全媒体运营，一般都会涉及传统媒体、图文平台、短视频平台、直播平台，以及一些其他平台。

1.2.1 传统媒体

传统媒体主要是指报纸、电视、广播，以及室外广告等。

1. 报纸

新媒体时代，报纸的影响力和作用都大不如前。现如今的报纸多是一些权威媒体机构旗下的，如湖北日报、北京日报等，且这些机构都建立了全媒体运营中心，报纸只是其中一个分支。

这些地方性报纸在本地受众中仍扮演着重要角色，会提供关于本地事件的详细报道，其仍然保持着大众影响力和公信力。因此一些企业和品牌会选择在报纸上投放广告，其中本地广告商居多。

2. 电视

受新媒体的影响，电视上无论是电视剧、综艺，还是新闻，收视率都远不如前，但电视仍拥有一批较为稳定的受众，其影响力和公信力仍然存在，甚至与之前相比，有过之而无不及。因为相比于自媒体和新媒体平台，电视媒体因为其严格的把关和优质的内容生产能力，成为受众更加信赖的信息来源。

对一些知名品牌来说，投放电视广告已成为不能缺失的长期曝光渠道。正如某品牌的“今年过节不收礼，收礼只收×××”这句广告语，经过连续多年的宣传和强调，已经给受众留下了深刻印象。

3. 广播

电视普及前是广播的黄金时代，当时的广播节目丰富，有剧情、新闻、音乐等，广告商也应接不暇。电视普及以后，广播日渐没落。

现如今的广播，早已转型为多样化的数字化媒体形式，并逐步融入互联网和流媒体平台，所以仍有着较为稳定的受众群体，如年长听众、专业领域听众等。所以，在广播平台投放广告也是一些品牌和本地企业的选择。

4. 室外广告

室外广告包括楼宇广告、电梯广告，以及一些车载广告、户外广告等，如图 1-1 所示。室外广告一般位于公共场所，如街头、商业区等，因此具有极高的可见性，这些位置使广告能够被大量受众看到，能够提高品牌曝光率。

图 1-1　室外广告

相比于广播、电视等传播渠道，室外广告的制作和投放成本相对较低，但受众广泛。这使室外广告成为一种经济有效的品牌推广手段。

1.2.2　图文平台

这里的图文平台是指以图文为主要表现形式的新媒体平台，典型的有公众号、微博、小红书、豆瓣、知乎、今日头条等。虽然这些平台现如今大都具备了发布短视频乃至开展直播的功能，但图文仍是其主要形式。

1. 公众号

公众号以长文章为主，对比其他平台的碎片化的短信息形式，公众号文章更能实现信息的深度传递和有效触达。

早期的微信公众平台是面向名人、政府、媒体和企业等推出的合作推广业务，2012 年 8 月开始向所有用户开放，包括订阅号和服务号两类账号，统称“公众号”。

其中订阅号更侧重于向用户传达资讯，可以每天推送一次公众号文章，如“秋叶 PPT”，订阅号的主体可以是个人也可以是企业，企业可以在自己的公众号上打广告，引导用户购买商品。而服务号更侧重于服务功能交互，每周仅有一次文章推送机会，更适合政务机构、企业和一些线下品牌店铺。企业等一般需要利用公众号来完成用户会员注册和积分活动等。

现如今，利用公众号开展营销活动，已经是企业和品牌营销的“基础配置”了，一方面企业可以借助公众号内容吸引潜在用户，塑造专业人设，逐渐提升知名度和影响力；另一方面，微信生态内的诸多产品，如小程序、视频号、朋友圈、社群等已经和公众号打通，功能相互关联，所以企业运营好公众号十分重要。

2. 微博

微博的前身是博客，是一个基于用户关系进行信息分享、传播及获取简短实时信息的广播式社交媒体、网络平台。虽然微博在 2016 年取消了字数限制，用户可以发布长文，但微博始终以短小精悍的内容作为主要输出方式。

微博的特点如下。

- 流量基数大

微博用户基数大，有一定的流量优势，且微博博主的“吸粉”能力较强，“涨粉”难度相对较低，博主数量较多，内容创作者的活跃满足了微博用户的信息获取需求与娱乐心理。

- 互动性强

与其他新媒体平台相比，微博用户的互动性更强。用户可能不会轻易转发一篇公众号文章，不会轻易点赞或评论一个抖音短视频，但是其在微博上会较为积极或活跃，会积极点赞或者转发自己感兴趣的微博内容，甚至围绕某些爱好形成兴趣话题，从而进行更多互动。

- 泛娱乐化

从微博的热门话题、实时热搜等功能可以发现，微博的娱乐性内容较多，艺人、娱乐八卦等信息时常占据热搜榜，碎片化信息较多，呈现出泛娱乐化的特征。娱乐性事件占据了较大比例。

对此，微博近几年也进行过多次调整，试图将娱乐性弱化，营造正向、积极的网络社区文化氛围。

- 热搜功能强大，聚焦性强

微博上演员和艺人众多，微博是各种娱乐话题的聚集地，微博的热搜功能使某些事件或话题具有很高的曝光度，形成病毒式传播。

企业和品牌方需要运营好自己的微博账号，用于日常宣传和用户互动。在此基础上，在新品上市或营销活动等节点，企业和品牌方可邀请艺人或者“大 V”嘉宾开展短视频营销或者直播营销，借微博热搜提升话题热度。

3. 小红书

短视频的火热使用户将很多的时间都花在浏览短视频上，像豆瓣、知乎、今日头条、微博之类的图文平台逐渐失去优势。但与此同时，小红书的崛起，使得图文这一内容形式有了新的天地，促使抖音也逐渐重视图文板块。

小红书是一款生活分享类 App，创办于 2013 年，以用户发布笔记、分享好物为特色，拥有图文和短视频两种内容形式，图 1-2 所示为小红书的浏览页面。

图 1-2　小红书的浏览页面

相比于其他内容平台，小红书有以下几个特点。

● 以美妆和穿搭为特色内容

在早期，小红书上美妆、穿搭等方面的内容分享占据较大比例，久而久之，美妆和穿搭成为小红书的内容特色，用户会习惯性地去小红书上搜索美妆和穿搭方面的笔记和内容分享。如今，小红书上的内容分享逐渐多样化，包含美妆、文娱、运动、旅游、家居等触及消费经验和生活方式的众多内容，但美妆和穿搭仍是其特色内容。

● 以年轻女性用户为主导

千瓜数据发布的相关数据显示，小红书的活跃用户主要集中在北京、上海、广州等一线城市，以年轻女性用户为主，城市白领是其主要用户群体，她们具有较强的消费能力，并有相应的消费需求，追求高品质的生活。

因此，在女性经济[①]作用下，小红书也成为经营美妆、服饰等时尚品类的品牌获取年轻女性用户关注的必争之地。

● 图文式笔记攻略受欢迎

小红书早期以图文分享为主要形式，现如今虽然逐渐强化短视频和直播板块，但是对小红书用户来说，图文仍是其更习惯的内容形式。因此，在小红书，很多图文类笔记的阅读量远远大于视频类。

在小红书上，众多内容创作者通过总结图文类笔记攻略、知识点等来获取用户关注。对比短视频，图文的创作成本更低，也省去了出镜拍摄、配音等环节，因此更能激励创作者不断更新。

● “种草”氛围浓厚

“种草”作为一种产品营销方式，分享真实体验、激发他人购买欲望是其主要特点，适合应用于生活场景之中。这种方式被运用于营销推广中，弱化了营销性，且将内容场景和消费场景相结合，带动销售。

小红书是当前十分热门的生活分享平台，已经形成了浓厚的“种草”氛围，用户会自发在小红书上分享好物，也会被其他博主的“种草”所影响而购买相关商品。

● 强社区氛围，利于品牌营销

小红书是一个有机生长的网络社区，随着用户的增加，小红书逐渐演化成了一个新的生活搜索引擎，并且在用户心中逐渐成为一个有用、好用的软件。在小红书上，用户主动搜索内容的概率较高。公开数据显示，每天约有 1 亿用户主动在小红书上搜索内容。

此外，小红书还通过不断引入算法和推荐系统，使用户能够更准确地找到感兴趣的内容和话题关键词，而一个话题又聚焦了无数个同类内容，这使品牌在利用小红书做营销时有强化标签和话题组合的发挥空间。

4. 豆瓣

豆瓣起初是一个社区网站论坛，创办于 2005 年，后也开发了 App，有较为固定的用户群体，巅峰时期日活跃用户量有两亿人次。豆瓣主页面如图 1-3 所示。

---

① 女性经济又被称为“她经济”，是指由于女性群体对消费的推崇，围绕女性消费而形成的特有的经济圈和经济现象。

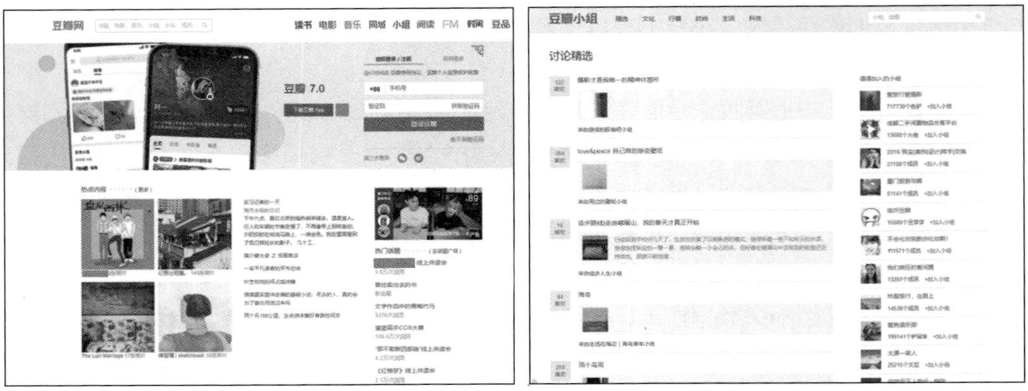

图 1-3　豆瓣主页面

豆瓣有以下功能特点。

- 书影音

豆瓣以“书影音”起家，即书籍、电影、音乐。用户喜欢在豆瓣上讨论一本书，撰写书评；或讨论一部电影，发表影评等。豆瓣也因此被称为“文艺青年栖息地”。如今，“豆瓣评分”也被许多用户认为是衡量一本书或一部电视剧、电影等文化产品好与不好的依据。

- 用户共创

豆瓣的 UGC①也是一大特色。豆瓣作为文艺青年的聚集地，大量有创作激情的用户在豆瓣上积极进行内容输出，包括对音乐、电影、书籍、美食、旅行等的讨论。这些有一定深度和人文情怀的文字也赋予了豆瓣独特的社区氛围。

- 同城

豆瓣的同城功能提供各种类型的线下活动信息，包括展览、音乐会、电影放映、讲座、聚会等。还有用户在豆瓣上发布租房、同城招聘信息等，豆瓣俨然已经成为一个同城交互线上社区。

- 小组

豆瓣的小组功能提供基于各种兴趣创建的小组，用户可以根据自己的兴趣加入相应的小组，在小组内发布讨论帖、分享信息、交流经验等。用户可以通过参与同城活动和小组讨论结识新朋友，拓展社交圈，发现新的兴趣点。

综上，豆瓣的社群属性和小组功能使企业能够有针对性地与特定兴趣群体互动，尤其适合在豆瓣上营销与文化和艺术相关的产品。豆瓣用户对小众、独立的产品有较高接受度，而豆瓣的评论和评分系统能为企业提供市场反馈。

5. 知乎

“你一般遇到问题都去哪儿找答案？”

“要不，你试试知乎？”

用知乎搜索答案、排解困惑、交换经验，已经成为当代年轻人，尤其是“00 后”的一种习惯。随着互联网的不断发展和普及，用户分享和获取信息的方式也在不断变化。从早期

---

① UGC：User Generated Content，即用户生成内容。UGC 的概念最早起源于互联网领域，即用户将自己原创的内容通过互联网平台进行展示或者提供给其他用户。

的论坛到现在的知乎，用户对知识和沟通方式的需求在不断演变。

知乎是一个在线问答社区平台，创立于 2011 年，其创立目标是通过用户的问答、分享和讨论来推动知识分享、传播和交流。知乎主页如图 1-4 所示。

图 1-4 知乎主页

知乎有以下几个特点。

- 知识分享和交流

知乎致力于建立一个知识型社区，用户可以通过提问、回答和评论等形式分享自己的知识和经验，与其他用户进行交流和互动。知乎上的高赞回答和内容通常具有一定的深度和质量。

- 专业性和学术性

知乎的用户群体中包括许多领域的专家、学者和业界从业者。因此，知乎的内容通常具有一定的专业性和学术性，用户可以在知乎上找到很多对某专业领域的深入讨论和独到观点。

- 广泛的话题覆盖领域

知乎上涵盖了各个领域的话题，包括科学、技术、社会、艺术、文化、历史等。无论用户对哪个领域感兴趣，几乎都可以在知乎上找到相关的问题、回答和讨论。

- 良好的用户社区氛围

知乎鼓励用户营造友善、理性和尊重的交流氛围，尊重用户的知识、经验和观点。知乎的用户社区比较成熟和理性，用户之间的互动多以讨论为主，对优质内容和高质量回答给予积极评价。

- 知乎专栏和知乎 Live

知乎提供了专栏和知乎 Live 两个板块。专栏允许用户以文章的形式深入分享知识和观点，知乎 Live 则是一种直播形式，用户能够通过直播与专家、学者和业界从业者进行互动。

- 个性化推荐和内容发现

知乎会根据用户的兴趣和关注，推送个性化的内容和问题，使用户能够发现更多相关的内容和感兴趣的话题。知乎还会根据用户的浏览和互动行为，推荐用户和专栏作者。

总之，对企业来说，知乎平台有着其他平台难以取代的优势。企业可以利用知乎平台开展营销活动，可以以专业知识分享、品牌塑造和故事植入、问题回答和互动、广告推广、创作者合作等形式来进行，从而提升企业的专业度和品牌影响力。

6. 今日头条

今日头条是以图文为主的内容平台，基于算法为用户推荐精准信息，和抖音同属于北京抖音信息服务有限公司。

公开信息显示，今日头条上线一年，用户数量突破 5000 万；上线 4 年，累积激活用户达到 6 亿人次，用户日均使用时长仅次于微信；上线第七年即 2019 年，日活跃用户数达到 1.2 亿人次，一度领跑同行业。但近几年，今日头条的用户增速放缓甚至有下滑趋势。

作为国内较早一批使用算法推荐的内容平台，今日头条可以对用户标签及用户收藏、转发、评论的文章进行深度数据挖掘，以用户个人喜好为主导进行个性化推荐，且用户每次有交互动作后，今日头条能在 10 秒内更新用户模型，从而越来越了解用户的阅读兴趣，进行精准的阅读内容推荐。

目前，今日头条的产品形态以图文为主，推出的产品有头条号、微头条、西瓜视频等，包括文字、图片和视频 3 种主流内容形式。其较为丰富的内容形式能够为企业开展营销活动提供更多推广路径。

作为一款大数据时代背景下的新闻产品，今日头条有其独特的智能推荐算法，能以现有用户为基础，根据各种定向筛选、精准定位，向精准的用户群体传递广告商的广告信息，能够有效解决传统广告转化率低的问题，帮助广告商在大数据时代快速定位目标用户，获取更高的经济效益。

但现如今，今日头条的基于算法的智能推荐已经应用到很多新媒体应用中，包括抖音、快手、小红书等。在短视频和直播日益强大的今天，今日头条虽不如当初那样火爆，但影响力依然在，依旧是一些企业和品牌在营销时会重点考虑的平台。

1.2.3 短视频平台

短视频一般指时长在 5 分钟以内的视频，早期短视频的时长一般限制在 15 秒内，后逐渐放开限制。短视频作为一种新的信息传播方式，具有短、平、快的传播特点。

2016 年被称为“短视频元年”，在接下来的几年时间里，短视频发展迅速，互联网企业纷纷布局短视频市场。常见的短视频平台有抖音、快手、哔哩哔哩、视频号等。

1. 抖音

抖音无疑是近几年流量非常大、用户活跃度非常高的平台，这得益于其具有以下特点。

- 精准的算法推荐

短视频平台通过算法推荐机制，为视频内容做分类、贴标签，根据用户特征和喜好，持续为用户推荐其可能喜欢的内容。用户在抖音上，可通过上下滑动的方式来更换视频，而用户“刷”到的视频又多是根据用户的喜好推荐的，这种懒人式交互大大地提升了用户黏性。

- 沉浸式用户体验

由于精准的算法推荐和全屏式的“刷”视频模式，用户很容易被优质内容吸引，营造了一种沉浸式体验，使很多用户沉浸其中。

- 泛娱乐化内容

在抖音上线初期，其标签是潮、酷、时尚，确定了抖音年轻、时尚的风格。这个定位让抖音在初期吸引了大量一二线城市的年轻人。受定位的影响，音乐、舞蹈等泛娱乐化的内容在抖音平台上比较受欢迎，促使创作者在创作短视频时向轻松、娱乐的方向靠拢。

- 互动性强

抖音会定期推出不同的视频标签、视频特效、话题活动等，引导用户积极参与制作视频，这大大激发了用户的创作灵感，而用户发布的视频带有的特效和话题提示会带动其他用户参与制作视频，由此形成平台用户共同参与到同一主题视频创作的氛围。

- 强电商属性

现如今，抖音在短视频“带货”和直播“带货”方面有着较大潜力，这也使很多企业和品牌纷纷发力抖音直播，无论是自己直播还是和“达人”主播合作直播，抖音的高流量都能为企业营销带来较好的效果。

2. 快手

在短视频阵营中，抖音目前处于领先地位，而紧随其后的是快手。快手无论是用户量，还是营销潜力，都不容小觑。

快手的特点如下。

- 记录普通人的生活

与抖音的“高大上”相比，快手接地气一些。

与抖音“记录美好生活”、潮、酷、时尚的定位不同，快手坚持“每个人都值得被记录”的理念，所以快手上的内容生态相对丰富，有大量在乡村田间的快手“新农人”，有用户喜欢的“草根网红”，有一腔热血的返乡创业大学生。总之，在快手上，各类创作者造就了丰富的内容生态。

- 下沉市场用户多

快手用户主要集中在三线及以下城市，虽然抖音平台的三线及以下城市用户比例也在逐渐上升，但是快手在三线及以下城市的用户占有率更高，抖音则在一二线城市的用户占有率更高。此外，快手的男性用户占比超过女性用户，但差别不大。

- 去中心化流量分发模式

快手为用户提供了两种浏览模式。一种是点击播放模式，即页面会展示多个短视频的封面图；另一种是全屏播放模式。快手的两种浏览模式如图 1-5 所示。

在点击播放模式下，用户能够一次性看到多个视频的封面图，选择更多，这样的设置减少了全屏式的单一推荐，更加去中心化，让普通人也有被看见的可能。但这种设置也使短视频创作者不得不注重封面图与标题的设置，可能导致有些创作者用夸张的标题来吸引用户。

此外，近几年，快手的商品类型逐渐丰富，有着庞大的潜在用户市场，且快手用户的黏性较强，“网红达人”的带动性较强，这对企业营销来说，都是有利因素。

图 1-5　快手的两种浏览模式

3. 哔哩哔哩

哔哩哔哩是年轻一代高度聚集的文化社区和短视频平台，成立于 2009 年。在早期，哔哩哔哩以提供与“动画”“漫画”“游戏”（Animation、Comics、Games，ACG）相关的垂直内容为主。

哔哩哔哩的特点如下。

● 以“Z 世代”用户群体为主

据 QuestMobile 的统计数据，截至 2022 年年底，哔哩哔哩的用户群体中，“Z 世代”[1]用户较多，18～24 岁用户占比超过 60%。哔哩哔哩用户中，男性用户略多于女性用户，男女比例大概为 6：4。

● 用户黏性强，UP 主影响力大

哔哩哔哩上的创作者统称为“UP 主”。哔哩哔哩 2023 年公布的 2023 第一季度财报显示；哔哩哔哩月均活跃用户量达到 3.15 亿，用户日均使用时长达到 96 分钟；第一季度哔哩哔哩日均活跃 UP 主同比增长 42%；正式会员超过 2 亿人，正式会员第 12 个月的留存率达到 80%，用户黏性较强。

在哔哩哔哩上，粉丝愿意为好的内容付费，对 UP 主形成强追随，UP 主对粉丝的号召性和带动性强。对企业和品牌方来说，找到合适的 UP 主做短视频营销，能够达到事半功倍的效果。

此外，在长视频、长音频赛道上，哔哩哔哩的月均使用人数及月均使用时长都位居前列。

● 特色“弹幕”文化

哔哩哔哩引领了弹幕[2]的社交潮流。

① Z 世代：网络用语，指 1995—2009 年出生的人。
② 弹幕：在网络上观看视频时由用户发出的评论性字幕。

弹幕可以给用户营造一种实时互动的感觉，仿佛大家在同时讨论这件事。哔哩哔哩的弹幕已经成为视频内容的组成部分。对部分用户来说，他们看的就是弹幕，在弹幕中寻找一定归属感和认同感，而视频只是背景而已。哔哩哔哩的弹幕功能如图 1-6 所示。

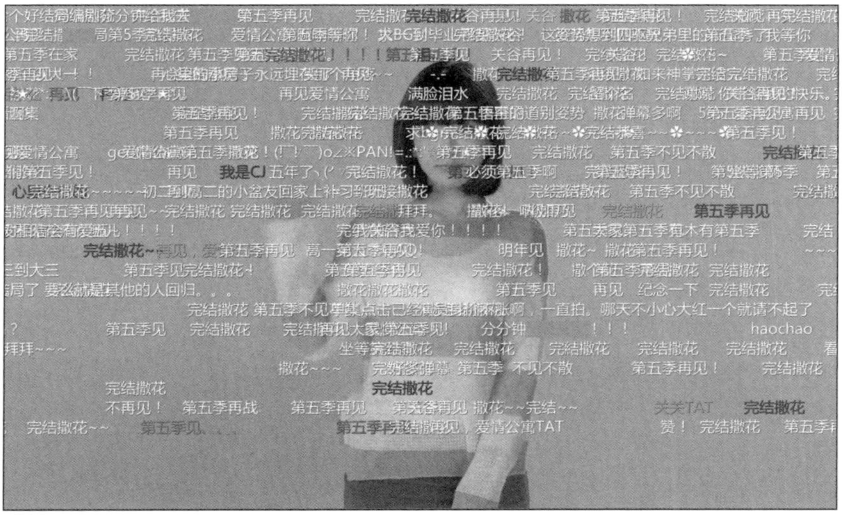

图 1-6　哔哩哔哩的弹幕功能

此外，哔哩哔哩上的视频没有贴片广告，用户在哔哩哔哩上观看视频的过程会更加顺畅、痛快。

伴随着用户数量的高速增长，哔哩哔哩的商业营销也拉开帷幕。为了维护良好的社区氛围，哔哩哔哩的营销较为保守，循序渐进地推出花火平台、起飞计划等商业变现模式。可以说，高增长的用户数量加上低密度的商业营销，共同形成了哔哩哔哩的流量红利窗口。在用户规模和广告收入均未达到增长上限的情况下，哔哩哔哩的流量红利期还有相当长的一段时间。

4. 视频号

2020 年 1 月，视频号横空出世。到 2023 年，视频号的日活跃用户数已经突破 3 亿，视频号虽为短视频平台的后起之秀，但发展势头迅猛。

对比其他短视频平台，视频号有着难以取代的几点优势。

- 扎根微信，流量入口多

与其他短视频平台不同，视频号并没有单独的 App 供用户下载，而是直接内嵌于微信，用户在微信里就可以“刷”视频，与“刷”朋友圈一样。

视频号的入口直接显示在微信“朋友圈”的下方。朋友圈作为微信中用户使用频率最高的功能之一，其入口页面是一个非常庞大的“流量聚集地”。

除此之外，视频号的视频在微信生态内可以畅通无阻地被用户分享。无论是在微信聊天页面，还是在朋友圈、公众号、微信社群等，用户分享视频号视频都没有门槛。

- 社交优势明显，有利于冷启动

视频号作为微信生态内应用对微信用户进行渗透，比作为独立 App 更容易获得大量用户。且视频号主页面中的“朋友”页面，会显示微信好友点赞过的视频，这一功能意味着，只要用户点赞了某视频，就相当于转发了该视频，该视频就会出现在其微信好友的视频号页面。视频号的“朋友”页面如图 1-7 所示。

这样的功能，不仅有利于创作者的内容扩散，还有利于创作者与好友之间的内容互动。

渠道调研数据显示，视频号在 2022 年第四季度的流量里，来自“关注”的有 7%，来自“朋友”的有 53%，来自“推荐”的有 40%。社交流量占比大意味着部分用户把视频号当成一个很好的与朋友互动的平台。这对微信好友数量多、社群多的创作者来说更有利，有利于新账号的冷启动。

● 全方位用户覆盖

公开数据显示，微信拥有几乎全量的用户基数，从一线城市到五线城市均有用户分布，年龄覆盖范围广，呈现出全天活跃的状态。这个特点一定程度上有利于视频号突破圈层限制，实现从一线到五线城市的同步渗透。

有趣的是，微信公开数据显示，“85 后”女性用户在视频号中较为活跃，她们喜欢把视频号当成公开的朋友圈。在用户活跃时间上，用户喜欢在周五晚上打开视频号，此时是用户最为活跃的时间段之一。

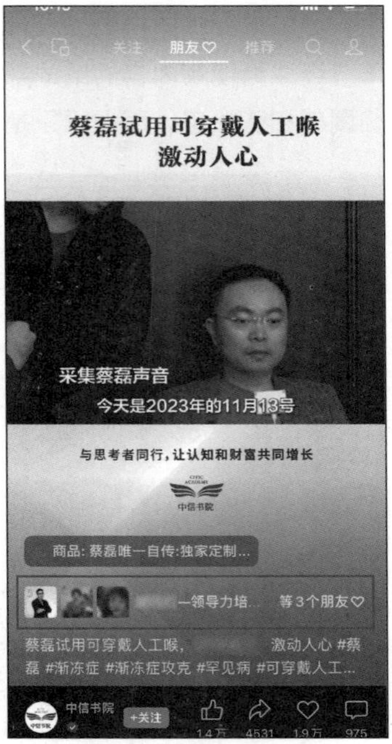

图 1-7 视频号的“朋友”页面

● 微信生态互通，流量形成闭环

视频号已和公众号、社群、朋友圈、企业微信、小程序等微信其他应用打通，这些应用的组合使用，使视频号有了独家优势，也使其在短视频赛道具有不一样的竞争力，这对企业和品牌方来说，有着重要意义。

企业可以结合短视频、长视频、直播、文章、活动、话题、图片等形式进行内容创作，还可以借助朋友圈、官方公众号、官方小程序等进行宣传推广，把视频号当宣传片、把视频号当名片、把视频号当产品手册、把视频号当商城等。

1.2.4 直播平台

现如今，以直播为主要功能的平台较少，多是用短视频平台或者电商平台附带的直播功能为电商服务，所以本小节所称的直播平台，是指有直播功能且发展较好的新媒体平台，主要可以分为内容平台、电商平台、垂直类直播平台、私域直播平台。

1. 内容平台

不论是短视频平台，还是图文平台，都以内容传播为主，均可称为内容平台。目前的内容平台中，直播市场的竞争较为激烈。

● 抖音直播

抖音直播流量大，直播类型丰富。相关数据显示，无论是总使用次数占比，还是总有效使用时间占比，抖音在同类型平台中都处于领先地位。抖音以短视频起家，聚集了大量内容创作者和用户，很多内容创作者依靠短视频内容积累了大量粉丝，在此基础上开启直播，有一定的基础流量优势。

抖音直播能够实现精准推送，能够利用用户画像分析用户的兴趣爱好，进行有针对性的推送。且抖音直播投入成本低，计费方式灵活。若主播及团队在抖音进行直播，只需开通橱窗功能，就可以在直播间添加“购物车”，没有店铺前期运营的大额成本。

在抖音上，直播对品牌账号“涨粉”有着举足轻重的影响，飞瓜数据提供的《2022 年短视频直播与电商生态报告》显示，在抖音上，很多品牌账号通过直播实现“涨粉”。

但抖音的高流量也伴随着抖音直播的激烈竞争，对直播新手团队来说，其没有粉丝基础，没有流量投放经验，没有品牌积累，很难在抖音直播中脱颖而出。

- 快手直播

由于下沉市场用户多，所以快手直播的低客单价产品相对受欢迎。相关数据显示，快手直播中消费金额在 200 元以内的用户占比较大，且比例远远超过抖音，而消费金额在 1000 元以上的用户占比较小。但近几年，在快手直播中，越来越丰富的品牌，越来越高的客单价，体现着快手用户的消费水平在不断升级，消费金额在 200 元以上的用户占比也在持续增大，后续营销潜力大。

快手的很多主播都拥有自己的忠实用户，这些主播通过日常的视频和直播互动与用户建立情感纽带，以对待朋友的态度对待用户，久而久之赢得了用户信任，直接带动直播间的商品销售。

所以，在快手直播需要先做内容，积累一定的用户，赢得用户信任后，再进行直播营销。

此外，在快手直播时需要适应快手的风格与氛围，要贴近生活、贴近用户。这不仅是指账号或主播的日常视频内容要贴近生活、贴近用户，还指直播“带货”的风格和商品品类应该从日常生活着手，而不是只发力于大牌商品以及高价格、高利润的商品，走所谓的“高大上”路线。

- 小红书直播

在 2023 年举办的“电商直播时尚合伙人大会”上，小红书公布了一组数据：2022 年小红书电商直播主播数量同比增长 337%，平台直播场次同比增长了 214%。小红书从 2022 年开始逐渐布局直播领域，目前其在直播领域还处于上升期，有着较大的发展潜力。

为了激励创作者参与直播，小红书制定了较多的直播激励政策和扶持政策。在 2023 年，小红书上参与直播的创作者的比例大大提升。与此同时，小红书也出现了一些头部主播，单场直播 GMV①过亿元的直播不再罕见。

对比其他平台，小红书直播的女性用户占比较大，高客单价产品较受欢迎，“高质量”和“生活化”成为关键词，与其他直播平台相比，具有差异，在一定程度上契合了小红书作为生活方式社区的定位，也更容易得到平台用户的支持。故小红书对企业来说，尤其是有着品牌商品的企业，是一个很好的直播营销平台。

- 哔哩哔哩直播

在哔哩哔哩移动端的首页，第一个主栏目就是直播，可见哔哩哔哩对直播营销的重视。在哔哩哔哩上，游戏类直播和动画类直播早期占比较大，但这类直播的获利方式基本以粉丝“打赏”为主，依靠主播的个人吸引力来变现，覆盖范围有限，不适合一般创作者。

因为哔哩哔哩以“Z 世代”用户为主，早期在哔哩哔哩开展的直播营销，主要产品通常为

① GMV：Gross Merchandise Volume，即商品交易总额。

科技电子类产品，常见形式为新品发布会、晚会等，以造势为主，直接售卖产品的并不多。而近几年哔哩哔哩的泛知识学习类内容的观看用户数逐年增长，与此同时，也带动了知识类直播。

现如今，哔哩哔哩开始发力直播“带货”，且增长趋势明显。哔哩哔哩公布的数据显示，2023 年“双十一”期间，哔哩哔哩视频“带货”GMV 同比增长 376%，直播“带货”GMV 同比增长 186%，其中，宠物生活、3C 产品、日用家居、母婴用品、汽车出行是占比较大的品类领域。

- 视频号直播

视频号虽然是后起之秀，但其在直播方面的发展势头不容小觑，这得益于视频号直播的以下优势。

认证过的视频号可以与同一主体的公众号关联，关注公众号的用户也会收到其视频号直播通知，从而进入直播间。对有公众号的创作者来说，在视频号直播有很大的流量基础和优势。

视频号支持分享直播间到朋友圈，这样当用户分享某直播间到朋友圈时，相关链接被打开的概率就会大大提升，观看用户数会增多。而在视频号的主页面，用户还可以看到微信好友正在看的直播，能促使用户观看直播。

视频号直播可以设置指定微信社群可见，还可以针对指定微信社群发红包。用户若想领取红包，必须进入直播间，这为直播的宣传和引流提供了很好的渠道。视频号直播派发红包到社群如图 1-8 所示。

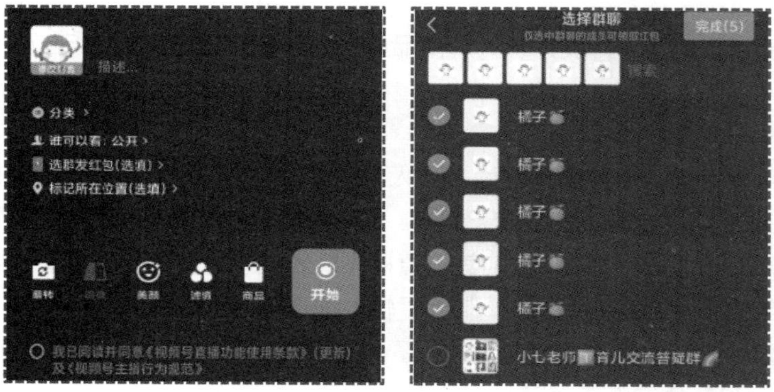

图 1-8　视频号直播派发红包到社群

视频号支持分享视频号视频及视频号直播到企业微信群，还支持一键分享视频号视频及视频号直播到朋友圈。企业微信群承载着大量的用户和潜在用户，是企业的私域流量池，企业微信群的诸多功能能帮助企业工作人员实现高效、便捷的社群管理。视频号直播与企业微信群的打通，对企业来说是一个营销机会。

总之，企业在视频号直播，可以实现视频号与公众号、社群、朋友圈、小程序（商城）等应用的联动，有效利用微信生态内不同渠道的流量，实现“宣传—引流—直播—购买—沉淀”的良性流量闭环。

- 微博直播

早在 2016 年，微博就上线了直播功能，但直播作为微博的一项辅助功能，早期发展较为缓慢，并没有较早地入场直播“带货”。现如今，微博也开始大力发展直播营销，鼓励微博创作者进行直播，越来越多的微博博主开始在微博直播。

微博虽然用户基数大，但多数微博用户并没有形成在微博上观看直播的习惯。且与其他直播平台相比，微博博主直播的频率较低，随机性较强，用户触达有限，所以很多情况下，用户多是在微博随机观看直播，黏性不强。

微博上经常有品牌的发布会直播。很多企业或品牌联合微博“网红达人”和 KOL①在微博进行直播营销，其目的并不是销售商品或产生即时的经济效益，而是利用微博直播做产品和活动宣传。由于 KOL 有一定的粉丝量和知名度，加上一定的话题热度，这类直播能够起到提升品牌知名度和活动影响力的作用，而且微博支持直播回放，使产品和活动能够得到持续的传播和曝光。

2. 电商平台

电商平台指以淘宝、京东和拼多多等以商品销售为主的网购平台。本部分以淘宝平台为例简要阐述电商平台的直播。

虽然以抖音、快手为代表的短视频平台正在逐渐“抢占”传统电商平台的直播营销市场，但电商平台的直播在直播市场中有着不可替代的作用。

① 交易在电商平台内完成，用户无须跳转，流量转化率相对较高，用户流失率较低。

② 电商平台用户的购物目的更加明确，需求更强，也更容易在直播间形成交易转化。

③ 电商平台的店铺多有一定的用户沉淀和积累，直播营销的流量基础更好。

与其他电商平台的直播相比，淘宝直播起步时间较早，用户积累多，入驻商家和品牌多，商品供给相对多元和完整，淘宝直播依靠着这些先发性优势，在直播市场中一直占据着有利地位。

用户在淘宝看直播，多带有一定的购物需求和明确的购物倾向，是主动进入直播间的。且淘宝直播商品种类丰富，用户很容易找到合适的商品，成交率往往较高。

淘宝还有专门的直播 App——点淘，是专门用于销售的直播软件。点淘功能众多，用户可以在直播间领取积分、领红包，还可以参与直播间抽奖，某些直播间还有“在线试妆”等互动功能，用户可点击对应图标进行体验等。某直播间页面如图 1-9 所示。

图 1-9 某直播间页面

总之，电商平台的直播的互动功能丰富，用户的可操作性较强，这使用户在观看直播时不会感觉无聊，转化率较高。且用户通过互动赢取的红包或福利能够用于在直播间下单时的金额抵扣，可以激励用户购买商品，这对用户和直播间来说是互惠互利的。

3. 垂直类直播平台

垂直类直播平台是指专门以直播为主要功能的平台，如虎牙直播等。

① KOL：Key Opinion Leader，指关键意见领袖，通常是某行业或领域内的权威人士。

这类直播平台的用户以男性用户为主，直播内容以游戏直播、娱乐直播、秀场直播、赛事直播为主，通常以“游戏+泛娱乐”为主要模式，通过内容吸引用户，盈利方式主要是用户打赏、游戏联运、广告推广和赛事竞猜，目前也在发展直播“带货”。

电子科技类产品、运动类产品、游戏类产品适合在虎牙直播等直播平台投放广告，进行推广。

4．私域[①]直播平台

近几年由于直播技术的成熟和普及，私域直播平台逐渐兴起，很多知识付费[②]平台的学习形式由订阅式、提问式变成直播式，很多付费课程采用私域式直播。目前主要的私域直播平台有小鹅通、腾讯课堂等，本部分主要阐述小鹅通的直播。

小鹅通是集知识店铺、直播、企业培训等功能于一体的知识服务平台，比较适合在线教育机构和知识类关键意见领袖（Key Opinion Leader，KOL）直播。用户可以通过小鹅通进行课程学习、观看直播、打卡等操作。小鹅通直播在私域式直播中应用较为广泛，表现形式为机构一方发起直播，面向店铺用户以及指定的微信社群开展直播活动，并不面向平台所有用户。小鹅通直播有以下特点。

● 无须下载软件，使用方便

用户观看小鹅通直播无须下载软件，可直接在微信中观看。具体方式为：由直播发起人员将小鹅通直播链接分享到某些微信用户群，群内用户打开链接后输入密码即可进入直播页面，如图 1-10 所示。直播页面可设置为小窗口或浮窗，不影响用户使用微信。

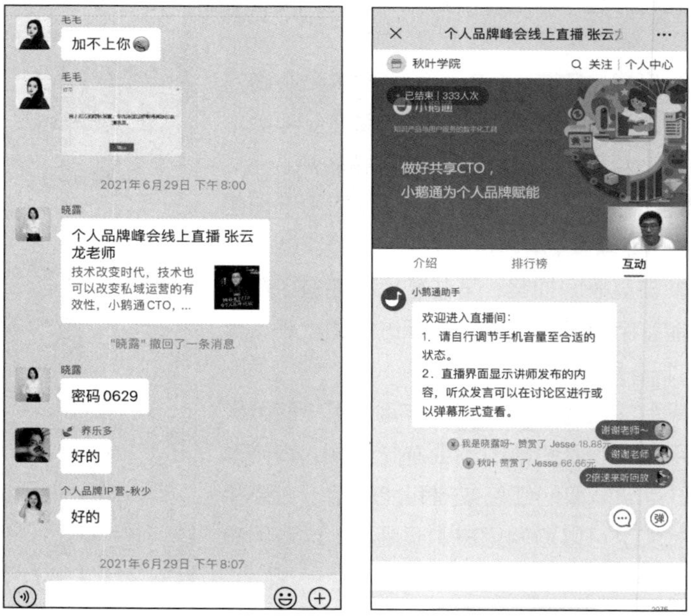

图 1-10　小鹅通入口渠道及页面

① 私域是相对于公域而言的。公域流量也叫平台流量，它不属于个体，而是集体共同拥有的流量。公域流量流动性较强，多属于“看客”式流量。私域流量指的是品牌或个人自主拥有的、可反复利用的、能随时触达的流量。私域流量更注重引导和运营，需要通过沉淀和积累来获取。

② 知识付费：用户为获取知识而付出资金的一种现象，简单理解就是，用户想要获得某方面的知识必须进行付费，如花钱购买课程或者订阅某方面信息等。

● 支持多种教学直播场景

小鹅通直播能够满足多样化的教学场景需求。小鹅通支持语音直播，主播（讲师）不想露脸时就可以进行语音直播，同时主播可以操作直播课件，且不影响直播教学体验。小鹅通支持在线展示 PPT 课件；支持在线播放视频、展示图片等；直播画面支持设置多个窗口。小鹅通还支持多屏互动，其具有计算机屏幕共享、直播互动交流、发起点名签到、学员提问等功能，还支持回看直播课程。

总体上看，与其他直播平台相比，小鹅通很适合开展教学类直播，所以目前小鹅通直播基本以知识教学类直播为主，主播在一定意义上承担着讲师的责任，用户也不仅是观众、看客，还是学员、学生。

综上，所有直播平台的总结归纳如表 1-2 所示。

表 1-2 直播平台的总结归纳

平台特点	直播平台	营销优势	营销劣势
短视频平台+直播模块	抖音	直播流量大，直播类型丰富； 能够实现精准推送； 计费方式灵活，投入成本低	竞争激烈； 头部主播流量集中； 新手主播起步难
	快手	下沉市场用户多； 直播类型丰富，包罗万象； 社交属性强，“老铁经济”明显； 普通主播也有曝光机会	高客单价品类市场有限； 主播人设单一； 内容质量有待提升
	视频号	扎根微信生态，流量入口多； 打通社群、公众号等，有效利用流量； 平台处于上升期，新手主播有机会	内容生态不够丰富，用户体验有待提升； 用户观看直播的随机性较强，购买习惯和信任机制尚未形成
	哔哩哔哩	粉丝黏性强，破圈效应明显； 弹幕文化，年轻人高度聚集； 游戏直播、动画直播等有粉丝基础	主播变现渠道有限； 以粉丝“打赏”为主，“带货”市场有提升空间
内容社区+直播功能	小红书	女性用户占比较大，“女性经济”作用明显； “种草”氛围浓厚，用户付费意愿强； 平台处于上升期，补贴多，活动多，新手主播机会多	直播板块不明显，流量入口不多，以推荐为主； 以内容为主要导向，用户观看直播的习惯尚未养成
	微博	“大 V”账号流量基础大，互动率高； 不受时间限制，可反复回看； 聚焦效应明显，热搜功能放大营销潜能	以娱乐性直播为主，“带货”氛围较弱； 用户随机观看，流量不稳定； 用户黏性较弱，付费意愿不强
电商平台+直播板块	淘宝	用户基数大，流量多，主动搜索概率高； 商品与直播直接关联，直播间转化率高； 直播间功能丰富	被抖音、快手等挤压流量； 头部主播流量集中，新手直播有难度； 用户黏性较弱，购买行为受商品评分等影响
	京东	入口位置明显，平台扶持政策多； 用户黏性较强，信任度高，有物流优势； 男性用户多，电子科技类产品有优势	被抖音、快手、淘宝等挤压流量； 没有平台自身的头部主播，流量相对分散
	拼多多	下沉市场用户多，低价产品多，薄利多销； 平台补贴多，活动多，吸引用户策略多	产品质量和用户信任度有待提升； 高客单价品类市场受限

续表

平台特点	直播平台	营销优势	营销劣势
知识分享+私域直播	腾讯课堂	知识类课堂式直播； 用户主动搜索比例大，付费意愿强； 公域转私域，利于后续转化	直播品类有限，直播“带货”成交率低，以私域流量后续跟进为主
	小鹅通	以私域式知识类直播为主； 用户黏性较强，信任度高	直播品类有限，直播“带货”成交率低，以私域流量后续跟进为主
	钉钉	以企业式直播、办公类直播为主； 精准对应职场人群，用户较多； 平台处于上升期，营销潜力大	尚未对外开通直播入口，以平台邀请式直播为主
垂直类直播平台	虎牙直播	以游戏类直播为主； 用户黏性强	直播内容较为单一； 以用户“打赏”为主，主播变现渠道受限

1.2.5 其他平台

前文介绍了当下较为典型的媒体平台，其实除了这些平台，还有一些平台有固定的用户群体和较大的平台流量，适合企业入驻并创建账号，或适合作为广告投放平台。

1. App

App（Application）一般指手机软件，即移动客户端，是一种安装在移动设备上的第三方软件，需要从应用商店或官网下载并安装，占用设备一定的存储空间。

前文说到的图文平台、短视频平台、直播平台等通常以 App 的形式存在于用户的手机中。但对有一定数量的用户群体、有特定服务功能的企业和品牌来说，开发自己的专属 App 很有必要。

例如，小米集团针对小米的用户群体提供专属的购物 App“小米商城”，针对小米的运动类产品及配套服务提供专属的运动 App“小米运动健康”，针对小米的智能家居生活服务提供专属的智能生活 App“米家”，如图 1-11 所示。

图 1-11　小米集团的专属 App

而这些企业自有的 App 上的用户从一定程度上来说是企业的私域用户群体，黏性更强，购买产品的可能性更高，需要被纳入全媒体运营的体系中，企业需要投入精力和成本对其进行进一步的内容运营、用户运营等。

2. 音频平台

在互联网诞生之前，人们通常所说的音频媒体为收音机、录音机、MP3 等传统媒体；在互联网技术越来越发达的今天，音频媒体与互联网结合，成为新兴的网络音频媒体。

音频能够满足用户在碎片化时间获取内容及信息的需求，使用户能在做家务、散步、开车等多种场景下获得声音信息。如今，网络音频行业正处于高速发展阶段。在中国的网络音频市场中，喜马拉雅、荔枝、蜻蜓 FM 被称为音频“三巨头”。

企业利用音频平台做营销，可以通过 App 主页的焦点图广告、首页大图、评论区广告、音频中插广告等形式来进行。对比一些热门媒体平台，音频平台的广告成本相对较低，且针对特定用户群体，有一定的转化效果。

3. 长视频平台

当前国内比较热门的三个长视频平台是爱奇艺、腾讯视频、优酷视频。

爱奇艺以品质、青春、时尚的品牌调性深入人心，网罗了中国广大的年轻用户群体。爱奇艺打造了涵盖电影、电视剧、综艺、动漫、纪录片在内的十余种类型的正版视频内容库，并通过“爱奇艺出品”战略的持续推动，让“纯网内容”进入真正意义上的全类别、高品质时代。

腾讯视频上线于 2011 年，是中国最大的在线视频平台之一，拥有丰富的优质流行内容和专业的媒体运营能力，是聚合热播影视剧、优质独家出品内容、体育赛事、大事件、新闻资讯等的综合视频内容平台。腾讯视频以“不负好时光”为口号，以更加年轻化、更能引起用户情感共鸣的定位打开市场。

优酷视频是阿里巴巴文化娱乐集团大优酷事业群下的视频平台，是中国领先的视频分享网站。作为中国最大的数字娱乐[①]平台之一，有影响力的内容是优酷视频引领文化娱乐产业的核心。优酷视频内容体系由剧集、综艺、电影、动漫四大头部内容矩阵和资讯、纪实、文化财经、时尚生活、音乐、体育、游戏、自频道八大垂直内容群构成。

长视频平台适合作为企业的广告投放平台，广告包括贴片广告、剧情植入广告、定制广告、冠名广告、角标广告等形式，投放成本相对较高。对企业来说，在长视频平台投放广告的目的是宣传新品或者活动，维持曝光等。

课堂练习

你常用的媒体平台是哪一个？请分析一下这个平台的特点。

① 数字娱乐：以动漫、卡通、网络游戏等基于数字技术的娱乐产品。数字娱乐涉及移动内容、互联网、游戏、动画、影音、数字出版和数字化教育培训等多个领域。

1.3 全媒体运营的基本步骤

全媒体运营是一项系统性较强的综合性工作，涉及多个平台、多个岗位、多个账号的协同管理，且需要实时调整，因此其不是一项简单的按时间轴展开的任务。如果企业的全媒体运营尚未开始或者一片空白，可以按图 1-12 所示的基本步骤展开。

图 1-12 全媒体运营的基本步骤

1.3.1 市场调研

市场调研主要针对行业内的竞品企业或品牌。企业选择 3～5 个同级别的竞品企业或品牌，调研他们的全媒体运营做得如何，包括布局了哪些平台、各平台粉丝数量如何、“涨粉”速度如何、“爆款”数据如何、变现路径和转化情况如何、运营成本如何等。

企业在竞品企业或品牌的全媒体运营中找到有用的经验和能避免的失误，从而扬长避短，使企业在前期的运营工作中提高效率，避免走弯路。

1.3.2 目标制定

经过比较充分的市场调研后，企业就可以开始进行全媒体运营的整体策划了。在策划中，目标的制定是极为关键的一步。

在制定运营目标时，要结合运营预算、竞品研究和背景调查等多方面因素，包括品牌定位、品牌受众、产品的用户画像等，要有依据，做好市场调研，而不是凭感觉和直觉。

运营目标需要满足 SMART 原则，即目标必须是具体的（Specific，S）、可衡量的（Measurable，M）、可达到的（Attainable，A）、相关的（Relevant，R）、有时限的（Time-bound，T），如图 1-13 所示。这就意味着运营目标不能是笼统的，不能是无法量化的，不能是与实际不相符的，不能是过高或者过低的目标。

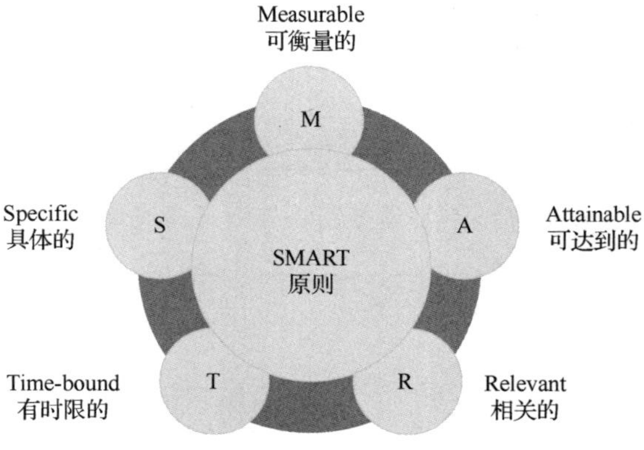

图 1-13 SMART 原则

全媒体运营目标可以分为三类，一是流量目标，二是销售目标，三是影响力目标。

- 流量目标

流量目标是指通过全媒体运营优化流量数据，例如，企业抖音账号粉丝量上涨 5 万人次，点赞量达到 20 万人次，话题阅读量达到 1000 万人次等。

流量目标的设定更适合企业较为长期的运营活动或日常的定期宣传。流量目标的达成，有助于企业提升品牌和产品的知名度。

- 销售目标

销售目标即通过全媒体运营，企业或品牌的产品销量能够在一定时间内提升，或者产品的购买率得到提升。虽然销售目标受多方面因素的影响，但如果进行全媒体运营后销量几乎没有提升，那广告成本和运营成本大概率是被浪费了。

在大数据背景下，多数新媒体平台都可设置分销渠道和追踪码，可以实时统计不同账号的销售情况，因此，销售目标是可以细分和拆解的，也是可以有效评估的。

- 影响力目标

影响力目标是指通过全媒体营销进入行业类的榜单或者提升榜单排名。影响力目标的设定是为了跟竞品进行对比，明确市场占有率，是一种更有挑战性的目标，比较适合在大促活动、季度目标、年度目标中设立。通过跟同行对比，明确企业或品牌在市场中的位置，对未来做出清晰规划。

企业在全媒体运营的前期，要以流量目标为主，即以账号“涨粉”为主要目的；中期要以销售目标为主，以变现和销售转化为主要落脚点；后期要以影响力目标为主，即在实现了前两个目标的基础上，将重点放在提升行业排名和市场占有率上。

1.3.3 内容生产

定好整体的运营策划，确定好目标，就可以进入内容生产环节了。内容生产涉及多个细节要点。

- 账号搭建

账号的搭建要细化到账号名称、头像、简介、背景图等，要设计好账号的整体风格。

- 拟定选题

内容的制作要以选题为基础，无论是图文类的内容还是短视频类、直播类的内容，都要提前做好选题策划，选题方向对了，内容才有火的基础。

- 内容制作

根据选题进行内容制作，包括图文的写作、短视频的拍摄与剪辑、直播脚本的撰写等。

- 内容发布

将制作好的内容发布到对应的平台账号上，并进行数据的观察与记录，保持与用户的适当互动。

1.3.4 运营推广

内容生产只是全媒体运营的一部分，内容是基础，要想内容达到较好的运营效果，就必须要进行运营推广。

运营推广措施包括但不限于：参与平台活动、将内容发布到更多渠道、组建粉丝群、引导用户到私域、评论区维护、与用户互动、与其他账号联动、策划账号活动、优化账号数据等。运营推广需要根据账号实际情况持续地进行整体的维护，一切为账号数据服务。

1.3.5 效果评估

在全媒体运营中，每完成一个活动，或一个阶段性任务，都要根据数据统计来进行效果评估，从而判断前面的步骤是否合理，是否需要调整，进而为下一个步骤打下基础。这个过程也是一个复盘和数据分析的过程。

例如，评估某抖音账号运营一个月后，“涨粉”数据是否达到预期，内容整体的完成度怎样，达到预期或没达到预期的原因是什么。

需要注意的是，以上 5 个基本步骤只是一个整体的思路，在实际的全媒体运营工作中，不同平台的媒体运营步骤大多不是同步的，所以难以严格地按照整体步骤来实行，需要灵活处理。而全媒体运营工作人员只需要在所负责的平台内按照大致思路进行即可，没必要追求整体的步伐一致。

1.4 全媒体运营的四大核心

全媒体运营涉及众多平台和内容，但主要围绕内容、用户、电商、直播这四大板块展开，因此全媒体运营的四大核心即：内容运营、用户运营、电商运营、直播运营。

1.4.1 核心一：内容运营

“内容”通常是指用户在各大媒体平台所看到或听到的，由运营者为达到运营目标而发布的一切信息。

向用户提供内容，是各个媒体平台为用户提供的服务之一。不同的媒体平台会向用户提供不同的内容。抖音的视频、公众号的文章、企业在微信朋友圈发布的活动海报、淘宝中某个产品的详情页等，都属于内容。

内容运营并不是简单地写一篇文章、录一段视频或做一张图片，而是依靠优质的内容，让更多的用户打开内容、完整浏览内容并愿意互动或传播，因为内容而关注账号，或者对企业或品牌产生好感，甚至参与共创。

内容优质在这个时代仍然是“爆款”密码，好的内容能够为运营加分。做好内容是“涨粉”的基础，也是变现的基础。同样，内容运营也是用户运营和电商运营的基础。

1.4.2 核心二：用户运营

用户运营是一个比较宽泛的概念，即一切以用户为中心而开展的工作都属于用户运营的范畴。

在全媒体运营中，很多工作是围绕用户展开的，如产品开发、内容生产、活动设计、社群运营等。甚至很多工作的最终成效，就是以用户数量的增长、用户的转化等与用户相关的指标来衡量的。

用户运营的工作主要围绕四个方面展开：拉新、促活、留存和转化，如表 1-3 所示。

表 1-3 用户运营的四个方面

	目的	对象
拉新	实现企业用户/粉丝规模的扩大	所有符合企业目标用户特征，但暂时还未成为企业用户的群体
促活	提升用户打开频率和增加用户在线时长	企业现有的所有用户
留存	减少流失用户，对已流失用户进行召回	企业正在流失及已经流失的用户
转化	将潜在用户转化为付费用户，获取收益	企业现有的所有用户，尤其是活跃用户

因此，全媒体运营者需要进行用户日常管理，吸引新用户关注，减少老用户流失，同时想办法激活沉寂用户。

1.4.3 核心三：电商运营

全媒体运营的最终目的是变现，无论是直接的变现（如售卖商品、直播“带货”），还是间接的变现（如引流获客、品牌日常宣传），只有持续变现，提高转化率，运营才算成功。而变现，离不开电商运营。

这里的电商运营，不仅是指传统意义上的电商运营，如淘宝、京东、拼多多等电商平台的运营，还指在新媒体时代，内容驱动下的电商运营，如抖音、小红书、视频号等平台的电商“带货”。

现如今，内容平台的电商化和电商平台的内容化已是必然，电商与内容的逐渐融合，使电商平台内容化和内容平台电商化逐渐成为不同媒体平台发展过程中的模式扩展方向。

很多企业会有专门的电商部，负责各类网络店铺的搭建、装修和产品上架、发货。但是在内容平台电商化和电商平台内容化的发展趋势下，内容和商品是相互关联的，并且可以相互促动。例如，某企业的短视频账号中有个“带货”视频火了，使某个单品的订单量大大提升，这个时候，运营团队要考虑的是：一方面，要使后端产品的库存或者生产产品的速度跟得上发货量，或者趁着热度设计出该系列的新单品；另一方面，探究是否有必要继续制作关于这个单品的视频，趁着热度进一步提升订单量。

也就是说，全媒体运营下的电商运营，更多时候要紧密结合内容来展开，因此全媒体运营团队有必要学习电商运营的基础知识。

1.4.4 核心四：直播运营

直播运营将成为全媒体运营中不可缺少的一环。根据中国互联网络信息中心《中国互联网络发展状况统计报告》数据，截至 2023 年 12 月，我国网络直播用户规模达 8.16 亿人，较 2022 年 12 月增长 6501 万人，占整体网民用户规模的 74.7%。

除了众所周知的电商直播以外，如今直播所涉及的行业、直播的种类、直播的方式等都在慢慢增加，各个平台的直播数量和场次呈现爆发式增长，直播俨然已经成为一个营销“风口”。除此之外，几乎所有的内容平台都具备了直播功能，并逐步大力发展直播板块，如微博的直播、小红书的直播、视频号的直播等。

直播运营改变了传统电商的刚需性购物需求，用户进入直播间后，由于主播的引导和直播场景的代入，被激发出临时的、非计划性的、非刚性的、潜在的消费需求，所以从一定程度上来说直播已经成为众多企业和品牌不能忽视的运营渠道和获客方式。

对零售行业来说，企业可以直接通过直播销售产品，对传统行业来说，企业可以利用直播引流获客，促进线下成交。还有一些企业将新品发布会、招聘会等搬进直播间，越来越多的企业专门成立直播部门，开展直播运营工作。在这种趋势下，直播运营将成为全媒体运营中不可缺少的一环。

课堂讨论

请阐述内容运营与用户运营之间的关联，并用一个账号来举例。

1.5 全媒体运营的发展前景

全媒体运营有着良好的发展前景，市场需要全媒体运营师这类岗位，国家也大力扶持全媒体运营师这一职业。

1.5.1 全媒体运营师

2020 年 2 月 25 日，中华人民共和国人力资源和社会保障部（以下简称“人社部”）联合国家市场监督管理总局、国家统计局发布了 16 个新职业，其中就有全媒体运营师，这也是传媒行业唯一的新职业。

人社部、国家市场监督管理总局、国家统计局对全媒体运营师的职业定义是：综合利用各种媒介技术和渠道，采用数据分析、创意策划等方式，从事对信息进行加工、匹配、分发、传播、反馈等工作的人员。

从人社部的消息中可以看到：“互联网信息从产生到传播，已不仅仅是传统意义上的简单编导和传递，原先的‘网络小编’需要把控策划、制作、粉丝吸纳、社群运营、产品变现等众多专业环节，向高水平、高层次的全媒体运营人员转化，全媒体运营师新职业应运而生。”

自此，全媒体运营师作为一项新职业进入规范化体系。全媒体运营师这一职业的颁布，不仅体现了市场对全媒体运营师的大量需求，也为全媒体运营师这一职业的规范化上岗制定了标准。

作为国家职业体系的新成员，全媒体运营师是伴随着信息技术的飞速发展和媒介融合、全媒体、融媒体、新媒体、智媒体的发展而出现的。全媒体运营师需要具备账号搭建、内容生产、运营推广、效果评估、内容变现等全流程、多方面的综合能力。

针对这一职业的技能需求，国家推出了对应的全媒体运营师职业教育培训体系，即社会工作者可以通过考取全媒体运营师证书做到书证融通，更好地就业上岗。全媒体运营师证书样本如图 1-14 所示。

图 1-14 全媒体运营师证书样本

1.5.2 全媒体运营师的岗位需求

以下是在某些招聘网站看到的与全媒体运营相关的工作岗位及其岗位要求和工作内容。

✧ 新媒体运营

岗位要求：

- 对互联网新媒体有浓厚兴趣，有强烈的学习欲望，有“网感”。
- 会使用抖音、小红书、快手等各大热门新媒体平台，具备视频剪辑制作等技能，了解各大新媒体平台运营规则。
- 有上进心，有耐心，工作态度认真。
- 有全媒体运营师证书的优先。

工作内容：

- 负责运营公司的抖音、小红书、快手等平台的账号，给公司引流。
- 参与制作图文、短视频等，产生“爆款”内容。
- 维护好抖音等新媒体账号，实现账号“涨粉”。
- 及时发布作品，保持账号的活跃度，完成一定的变现任务。

✧ 短视频运营

岗位要求：

- 熟悉短视频平台运营的工作内容，有短视频脚本文案策划经验的优先。
- 熟悉网络视频的语言风格，熟悉抖音、快手等短视频平台的玩法。
- 思维活跃、有创意、善于捕捉当下热点，并能抓住热点发挥创意。
- 熟悉编导、策划、制作等专业知识，掌握短视频策划及制作的一般流程。
- 思路清晰，逻辑严谨，工作踏实认真，善于沟通。

工作内容：

- 负责抖音/视频号/快手等平台账号的整体运营工作。

- 负责短视频 IP[①]孵化、抖音“蓝 V”认证等运营工作。
- 会使用剪辑软件，能够完成剧情类短视频脚本撰写、编导、前期创意策划，指导拍摄的相关工作及进行线上运营工作。
- 熟悉抖音等短视频平台的规则，精通抖音推广引流及活动策划技巧。

通过以上招聘信息可以看出，全媒体运营涉及多个岗位和多样性的技能要求。对全媒体运营师来说，有了这一身份背书后，将有更多的求职选择和多元化的发展空间。以下是全媒体运营师的岗位和职业发展方向。

1. 短视频方向

短视频方向包括短视频运营、短视频编导、短视频拍摄与剪辑、短视频制作、短视频后期处理、短视频策划、短视频专员等岗位。

侧重点在短视频，一般需要掌握短视频的前期选题策划、中期内容制作、后期发布与推广等知识与技能，需要了解抖音、快手等短视频平台的特点和运营技巧，需要有短视频方面的“网感”，有产生“爆款”的能力。

2. 新媒体方向

新媒体方向包括新媒体运营、新媒体策划、新媒体文案写作、新媒体编辑、新媒体记者、媒介专员、自媒体等岗位。

侧重点在新媒体，一般倾向于图文类媒体，如公众号、小红书、知乎、微博等平台的文案撰写，也需要掌握系统的、较为全面的媒体运营技能，包括与用户互动、内容推广、话题活动策划等，并能对数据负责。

3. 直播方向

直播方向包括直播运营、直播编导、直播中控、主播、直播助理、直播助播、直播电商专员、直播投放、直播数据分析师、直播间产品上架、直播间推广等岗位。

侧重点在直播，一般需要掌握直播前期的直播间搭建、直播间宣传与引流、直播内容策划，中期的直播跟进、直播间维护、直播现场的协调与管理，以及后期的直播数据分析、直播效果优化、直播售后处理等工作技能。

4. 自媒体方向

自媒体方向包括企业或品牌的自媒体专员、自媒体策划、自媒体打造、自媒体推广等岗位。

侧重点根据领域的不同而有所不同，例如，有的企业会专门做游戏类自媒体，有的企业更需要美妆类自媒体，即围绕企业的品牌或产品来做对应的内容运营。需要从业者掌握一整套做自媒体账号的经验，并且精通某一领域的知识，也有可能需要从业者出镜拍摄或者将产品包装为 IP。

5. 品牌营销方向

品牌营销方向包括品牌推广、品牌营销、品牌策划、品牌宣传、品牌公关、品牌运营、

---

① IP：Intellectual Property，原意为知识产权。在新媒体领域，个人 IP，即个人品牌，指某个人在某领域具有一定的识别度和知名度。“网红”也是一种 IP。

品牌专员、品牌总监等岗位。

侧重点在品牌，即围绕企业的品牌来做营销、推广方面的工作，要有较强的品牌宣传意识和全局性的营销操盘和推广能力、热点运用能力，不聚焦于某一个产品或某一个账号，而是要通过不同的新媒体平台来系统地提升品牌的形象。

以上几个方向各有侧重，但整体来看，都需要从业者具备账号搭建、内容生产、运营推广、效果评估、内容变现等多方面的基础能力。技多不压身，全媒体运营师只要掌握了全面的媒体运营知识和技能，具备较强的综合能力，就可以有多种职业发展机会和上升空间。

1.5.3 全媒体运营的机遇与挑战

全媒体运营是一个不断变动且需要随着各种新媒体平台和新媒体技术不断提升技能、不断与时俱进的行业。随着新媒体技术的发展，全媒体运营面临着诸多机遇，当然也伴随着一些挑战。

1. 全媒体运营的机遇

- 人才需求大

随着数字技术、直播技术、5G 技术、人工智能技术，以及 VR[①]技术等技术的不断发展，社交媒体已经成为品牌建设和市场推广的关键渠道。几乎所有行业都需要进行全媒体运营，不论是短视频行业，还是新媒体行业，对全媒体运营相关岗位都有着广泛的需求。

- 国家政策支持

在全媒体运营师被确定为新职业后，国家对全媒体运营师的相关政策支持也落实到位。一方面，全媒体运营师被纳入国家职业技能培训体系，同时国家进一步制定了培训标准、培训内容等。

另一方面，高校层面，全媒体运营师的职业要求和知识技能分布在新闻传播学类、计算机类、设计学类等多个学科类别的近 20 个专业中，高校逐渐打通专业壁垒，实现专业、课程、实训、技能证书、校企合作等系统性人才培养。

- 发展前景广阔

全媒体运营师可以在各种企业、机构、媒体等领域从事品牌传播、营销推广、社交媒体运营、内容创作等工作，职业发展前景广阔。同时，全媒体运营师有多个等级，从业者可以通过不断学习提升自己的技能，实现跨领域发展，晋升空间大。

2. 全媒体运营的挑战

全媒体运营在迎来机遇的同时也面临着以下挑战。

- 行业门槛不高，竞争激烈

比较基础的全媒体运营岗位在学历、专业基础等方面无较高要求，从招聘市场整体要求来看，行业门槛相对不高，尤其是新媒体运营、新媒体编辑类岗位，基本无经验要求，因此岗位竞争也相对激烈，不缺乏基础人才。

但与此同时，有一定全媒体知识基础，有“爆款”产品运营经验，有新媒体账号运营经

① VR：Virtual Reality，指虚拟现实，顾名思义，就是虚拟和现实相互结合。从理论上来讲，VR 技术是一种可以创建和体验虚拟世界的计算机仿真系统，它利用计算机生成模拟环境，使用户沉浸到该环境中。

验的人才在求职时有较大优势。总之，实践经验远比理论更有说服力。

● 平台依赖性强

全媒体运营通常需要依赖各种平台和媒体。然而，平台的政策变化、算法更新等因素可能会对运营策略产生不可预测的影响，使得工作环境不稳定。

媒体和数字技术的快速发展意味着全媒体运营师要不断学习新的工具和技能，需要不断研究新的“玩法”，掌握新的技能，以免被平台或者行业淘汰。

● 行业处于探索期

一个优质、成熟的全媒体运营师需要广泛掌握新媒体、短视频、直播以及品牌营销等多方面的知识和经验。虽然在新媒体、短视频和直播等细分领域有许多成功经验可供学习，但全媒体运营更为综合和全面，需要从业者整合这些细分知识，灵活运用各种媒体操作技能，因此该工作更具有挑战性。

实际上，真正实现全媒体有效运营的主要是中大型企业和品牌。对全媒体运营的学习者和从业者而言，能够借鉴的经验相对有限，相关学科教材也相对缺乏。

全媒体运营行业整体仍处于探索期。对从业者而言，需要不断学习和适应，因为行业标准和最佳实践可能尚未完全确立，未来还需要不断探索和尝试。

课堂讨论

你认为全媒体运营师要掌握的核心技能是什么？

课后习题

1. 简述你对全媒体的理解。
2. 简述全媒体有哪些通用平台。
3. 简述全媒体运营的四大核心。
4. 简述全媒体运营师这一岗位。

PART 02

第二章 全媒体的定位策略

学习目标

- 掌握进行平台定位的策略。
- 掌握进行账号定位的策略。
- 掌握进行用户定位的策略。
- 掌握做好人设定位的策略。

素养目标

- 全媒体运营者在实践过程中，要坚持以正能量作为定位的基础，摒弃利益为上的想法，严守产品质量和内容质量，对自己负责、对人民负责、对国家负责。
- 要自觉摒弃和抵制低俗的营销创意，不盲目迎合热点，始终坚持文明、正能量的营销方向，做一个对社会负责的人。

在数字时代，企业和品牌的故事不再受限于传统的广告板和电视屏幕，它们可在虚拟世界中演绎，通过社交媒体、短视频、直播等多样化的媒体平台传递。然而，这带来了新的挑战，即品牌如何在多元化的媒体环境中保持一致性和连贯性，这成为亟须解决的问题。

在信息泛滥的当下，只有通过精准的定位，品牌才能维护品牌形象，在用户心中引起共鸣，从而抓住品牌对应的用户群体。如何精准定位？无论是平台定位，还是账号定位、用户定位和人设定位，都必须紧紧围绕企业或品牌的产品，围绕一个着力点来系统发力。

全媒体运营涵盖了从选择媒体平台到确定用户，再到进行内容创作的全过程。本章深入挖掘全媒体运营的四大关键要素：平台定位、账号定位、用户定位和人设定位。这些要素相互交织，形成了全媒体运营的精密网络，为品牌创造了更广泛、更深入的影响。

本章主要阐述全媒体运营的定位策略是如何帮助品牌在不同平台上建立账号，通过个性化的账号管理与用户互动，最终实现品牌形象的全方位提升的。

2.1 平台定位

平台定位的意思是：企业在布局全媒体时，要怎样选择平台以及选择哪些媒体平台。

企业或品牌布局全媒体，虽然要尽可能全面地抓住多个平台的流量，但运营成本有限，无法做到兼顾所有平台，因此，选择某些平台作为重点平台来重点运营，是平台定位的重要内容。

2.1.1 选择平台需考虑的因素

“平台这么多，怎么选？选哪个？”

“是主攻一个平台还是多平台兼顾？”

“用户量越多的平台越好吗？哪个适合我？”

这些问题，是很多企业和个人在选择全媒体运营平台时会遇到的问题。抖音虽然流量大，但是竞争激烈，起步困难；小红书虽然商业价值大，但是某些品类不一定适合在该平台运营……选平台，不能只看重平台方面的因素，更应该结合自身来选择。

如何选择呢？可以采用“1+*X*”的组合式战略，即以 1～3 个平台为重点平台，以其他平台为辅，做好平台布局。

企业选择重点平台可以从以下 3 个方面考虑。

1. 平台用户群体

平台用户群体与企业的目标用户群体是否符合是需要考虑的首要因素。例如，如果企业的目标用户群体是中老年用户，那就不能以小红书和哔哩哔哩作为重点平台，小红书和哔哩哔哩的年轻用户居多，而快手、视频号可能更合适。

所以，在选择重点平台前，要了解清楚不同平台的用户画像。除此之外，还可以在平台上搜索同类账号，看看这类账号的粉丝数量最多有多少，变现情况如何。如果平台上某一运营得较好的垂类①账号的粉丝数量都很低，变现也少，那就不能头脑发热，幻想在该平台开辟市场。

2. 企业所在行业和变现路径

企业所在的行业在哪个平台受欢迎、在哪个平台容易变现是需要考虑的重要因素，即考虑企业所在行业和变现路径。

若运营者在某平台发布的视频的流量还不错，但是变现难，在另外一个平台发布的视频的流量相对较低，但是变现容易，在这种情况下，当然要选择后者。

例如，线下餐饮店铺想要引流，因抖音流量大，可以按地域推广，所以可以抖音作为推广运营的主要平台；某教育培训行业企业想要获客、引流，因视频号的引流路径更直接，所以可以视频号作为获客、引流的重点平台；如果企业没有自己的产品，单纯想要培养“达人”，靠接广告来变现，那么抖音、小红书、微博是不错的选择。

总之，企业要考虑所在行业及变现路径，从而选择重点平台。

3. 企业现有营销资源

企业所积累的营销资源主要分布在哪个平台，与哪个平台合作资源多、有优势等也是需

---

① 垂类：垂直类别，互联网术语，指某一专业领域。

要考虑的因素。

例如，企业积累了较多的微信社群用户，或者企业的公众号已经有较多粉丝，那么这种情况下，企业想要发力短视频，以视频号作为重点平台会有先发性优势，因为视频号的视频可以直接转发到微信社群，也可以同步到公众号。

2.1.2 全媒体的平台定位

在确定好重点平台后，要进一步确定平台定位，也就是要系统布局多平台账号。那么，是选择多平台同账号还是不同平台不同账号呢？

这就涉及矩阵营销的概念。新媒体语境下的矩阵营销，是指通过同时布局多个渠道和平台，从多角度、多维度来推广产品或服务，以达到获得更广泛的受众群体，并提高市场份额和销售额的目标。简而言之，全媒体平台定位要求企业通过布局不同的新媒体平台、新媒体账号，通过内容和有效的运营方法来吸引不同的用户群体，传达企业的形象和宣传品牌产品，从而实现更好的营销效果。

◆ 案例

著名手机品牌小米的新媒体矩阵营销较为典型，其团队布局了多个新媒体平台的多个账号，包括但不限于抖音、快手、视频号、小红书、哔哩哔哩、微博、知乎、豆瓣、今日头条等平台，不同平台的内容各有特色。仅抖音平台，小米就有“小米官方旗舰店”“小米公司”“小米手机”“小米智能生态”“小米之家”等账号。小米的账号矩阵如图 2-1 所示。

图 2-1　小米的账号矩阵

结合账号矩阵的概念，平台定位一般有以下三种。

1. 横向定位

横向定位可以理解为横向矩阵、外矩阵，是指企业在全媒体平台的布局，代表了同一个主体或账号 IP 在全网不同平台的覆盖式运营，重点在于广度，追求全网覆盖，触达不同平台的用户，以提升企业和品牌知名度。

例如，某美食账号就在抖音、快手、哔哩哔哩、微博等多个平台布局了同样的账号，全网统一账号名称。

2. 纵向定位

纵向定位可以理解为纵向矩阵、内矩阵，指企业在某一两个平台上的深度生态布局，代表的是同一主体在相同平台上的多 IP 垂直纵深运营，是其各个产品线的纵深布局，重点在于深度，追求领域深耕，精准锁定目标人群，提升企业和品牌的专业度。

例如，知名测评类账号“老爸测评”就相继在抖音开设了“老爸测评亲子母婴”“老爸测评绿色家装”“老爸测评家装家居”等细分账号，而在其他平台基本上只开设了“老爸测评”这个账号。

3. 横纵联合定位

当企业的新媒体运营做到一定程度，一般都会考虑以横纵联合矩阵的形式，即横向矩阵和纵向矩阵相结合的形式进行定位，既布局不同平台的新媒体账号，也追求产品线的纵深布局，打造细分账号，兼具广度与深度。

例如，秋叶品牌运营的账号有“秋叶大叔”“秋叶 PPT”“秋叶 Excel”“秋叶 Word”等，深耕职场办公这一赛道，这些账号覆盖全网多个平台，形成了横纵联合的矩阵营销。

企业运营者在考虑采取哪一种定位方式时，要结合人力资源和运营成本。总体来说：横向定位的人力成本＜纵向定位的人力成本＜横纵联合定位的人力成本。

课堂练习

你认为对一个美妆品牌来说，应选哪些平台作为重点平台？为什么？

2.2 账号定位

做好平台定位只是基础，要在平台上做怎样的账号是重点，即确定账号定位。

2.2.1 从品牌出发确定赛道

账号定位就是确定一个账号的内容方向。定好内容方向，并围绕这个定位来策划选题，才能源源不断地产出质量比较稳定的内容，吸引用户长期关注，从而带来可持续增长的商业价值。

在确定账号定位时，要结合品牌确定赛道。

所谓赛道，在新媒体领域是指行业及垂直类别，即某个大方向的内容。通俗地说，运营美妆账号的和运营汽车账号的肯定不处于同一个赛道，运营母婴账号的和运营房地产账号的肯定不处于同一个赛道。运营者要确定要做哪个赛道的内容。

热门赛道，如美妆、美食等意味着市场需求大，变现简单，门槛相对较低，但同时也意味着竞争激烈，尤其是在抖音、小红书这样的热门平台，后来者有一定运营难度，需要从小切口入手进行一定程度的创新。

而冷门赛道意味着竞争较小，容易吸引精准用户，但也意味着市场需求小，门槛高，变现难，可供学习的经验少，很大程度上需要运营者自己摸索运营方法。

一般来说，品牌所在的行业，基本上就是账号所在的赛道。

例如，如果是美妆品牌，那么毫无疑问就要在美妆类赛道运营美妆类账号；如果是美食品牌，那就要运营美食类账号。在此基础上，可以结合一定的其他辅助特性进行运营，如职场美妆账号、家庭美食账号等。

2.2.2 全媒体的账号定位

确定赛道后，就可以细化账号定位，构思账号的形式和风格了。这需要从账号形式、账号风格、账号设计、账号性质等多方面来逐步细化。

1. 账号形式

短视频类账号依据表现形式大致可以分为原创拍摄类、虚拟形象类、二次剪辑类和配音呈现类这四大类。不同短视频的特点、适用类型及案例如表 2-1 所示。

表 2-1 不同短视频的特点、适用类型及案例

短视频类型	特点	适用类型	案例
原创拍摄类	由真人出镜拍摄，后期剪辑加工而成； 真人出镜，粉丝黏性高	剧情类账号 口播类账号 Vlog 类账号	“秋叶 PPT” “秋叶大叔” “房琪 kiki”
虚拟形象类	多以动画人物或动物作为账号主角； 省去了前期拍摄的环节； 对角色设计、后期剪辑、特效制作等提出了更高的要求； 整体技术难度大于原创拍摄类短视频	科技类账号 品牌形象类账号 动画类账号	“柳夜熙” “网易哒哒” “喵小兔漫画”
二次剪辑类	几乎没有前期拍摄成本，只需寻找素材和进行后期剪辑加工； 成本较低，但也存在着容易侵权和变现渠道有限、变现难等问题	影视解说类账号 新闻类账号 财经类账号	“毒舌电影” “××新闻” “资本论”
配音呈现类	没有人物出镜，由后期配音而成； 拍摄难度相对较低，后期剪辑难度也较低	做菜类账号 办公技巧类账号 生活小妙招类账号	“皮皮（教做菜）” “PS 干货营” “生活妙招哥”

运营者可以结合所在团队的资源及技术来考虑账号形式。相对而言，原创拍摄类和配音呈现类账号更适合大多数新手创作者。

2. 账号风格

账号风格不外乎有以下几种。

搞笑幽默，如“papi 酱”“祝晓晗”“陈翔六点半”。

温馨励志，如“李柘远 LEO”“李筱懿”“房琪 kiki”。

日常生活，如“张同学”“王蓉”“乡愁（沈丹）”。

喜剧夸张，如“七颗猩猩”“李宗恒”“秋叶 Excel”。

时尚百变，如“李儒儒”“bobo 最洋气”“霹雳无敌璟 er”。

文艺复古，如“李子柒”“冷少”“山白”。

严肃正式，如“心中有术”“外交部发言人办公室”。

综上，综合赛道+形式+风格，就可以对账号有一个大致的定位策划，能回答“我要做一个什么样的账号？”这个问题，如“我要做一个真人出镜的日常生活类的旅行账号”“我要做一个虚拟动画形象的搞笑情感剧情账号”。

3. 账号设计

账号的设计涉及账号名称、头像、简介等，它们会在很大程度上影响账号的形象。设置一个账号，就如同装修一间房子，要遵循一定的步骤和技巧。接下来，从几个维度解析如何打造一个“走红体质”的账号。

① 账号名称

一个好的账号名称，不仅能为账号带来流量，有利于用户搜索到并关注，还能避免后期很多认证程序上的问题。好的账号名称大多具备以下 4 点要素。

- 简单好记

账号名称以 2～6 个字为宜，不必过于复杂，让用户看一两次就能记住，想搜索的时候能直接搜到，做到好记、好传播、好理解。例如，“村花阿珍”比“请叫我阿珍”更有记忆点，也更好传播。

有些账号为了追求个性，会在名称里放一些人们普遍不认识的字或者绕口的词，这个完全没必要。取名称的时候，要避免使用生僻字、拼音以及无意义的词语。

- 语义清晰

语义清晰是账号名称的基本要求。例如，当一个用户想要学做菜，她在抖音上可能会搜索“美食”“做菜”“家常菜”这样的关键词，如果某账号做到了语义清晰，那么其被用户搜索到和关注的可能性就很大。

- 唯一性

抖音上的个人账号可以重名，视频号却不行。在起名时要尽量避免和平台已有的名称相同，尤其是在该账号有较多粉丝的情况下，否则会导致用户搜索账号名称时直接关注其他同名账号。取名前可以看一看是否有同名或类似的名称。

- 凸显个性

账号名称要尽量有个性。有个性不是说一定要标新立异，而是在起名的时候尽量做到体现账号特色。

总之，新媒体账号名称就如同一个人的名字一样，是一种识别符号，它需要清楚表达两个要点：你是谁，你是做什么的。这里提供一个较为常用的起名公式：

新媒体账号名称=昵称/品牌+行业

例如：皮皮家常菜，秋叶 PPT，大胡子说房等。

② 头像

设置账号头像要考虑以下几点。

- 真实。尽量用个人生活照做头像，拉近与用户的距离，如图 2-2 所示。

图 2-2 真人头像账号

● 展示专业性。如果是个人品牌类账号，最好选用个人形象照做头像，展示其专业性。

● 企业和机构类账号要注重展示品牌价值。用品牌标志做头像更有利于提升品牌曝光度和受众信任度。

● 有个性。有些剧情类账号、美妆类账号，适合用个性化形象做头像，新颖又吸睛。

● 不要频繁更换头像。从品牌推广和记忆点的角度来看，频繁更换头像不利于给用户留下印象。

③ 简介

一个好的账号简介，一般需具备以下一个或几个要素。

● 突出身份或权威性

在账号中简单说明具备哪些能力，在哪个领域里获得过专业奖项或荣誉，或者所属的单位或担任的职务等。这些信息有助于用户快速了解账号主体，加强账号的权威性，提升可信度。

● 突出个性或优势

账号简介不一定非要做成严谨、官方的自我介绍，也可以用幽默、有个性的话给用户留下深刻印象，促使其关注账号。

如“熬了三年，我最终还是放弃了拍电影的梦想回农村养猪了”，这样的简介能够让用户感觉到账号的个性和情怀，也让账号具有一定的故事感和画面感。

● 排版清晰

简介中文字信息太多会影响账号主页的美观，建议简介不要超过四行。另外不要为了呈现尽量多的信息而使排版过密，要注意换行分行，使排版清晰，让用户一眼看到关键信息。

例如，若既想在简介中凸显个性，又想介绍专业背景，还想显示商业合作信息，那么按照信息类别来分行排版是不错的选择。第一行放账号简介，第二行放专业背景类信息，最后一行放商业合作信息。

4. 账号性质

企业的新媒体账号，按照账号性质，可以分为图文类账号、短视频类账号、直播类账号。企业可以在重点媒体平台组建多个账号，包括官方账号、直播账号和人设账号。

官方账号以传递官方信息、展示品牌形象、展示官方商城等为主。该类账号的重点在于传递官方信息和开展活动，以实现流量目标为主。

直播账号以直播为主，逐渐打造企业自己的直播团队。该类账号的重点在于提升直播的销售业绩，以实现变现目标为主。

人设账号需要有企业或品牌自己的专属出镜人物，打造 IP，以拉近和用户的距离，增强用户的好感度，适当时候也可以进行直播。该类账号以实现流量目标和影响力目标为主。

课堂讨论

请找到一个你喜欢的账号，简要分析这个账号的定位。

2.3 用户定位

用户定位是指账号要抓住怎样的用户，要以怎样的用户群体为主。

2.3.1 从产品出发找用户

一个成功的账号的用户定位在于，账号的用户画像与产品的目标用户群体基本一致。

品牌和企业在规划账号时，必须提前考虑到后期的变现问题，产品在一定程度上决定了用户群体，所以要从产品出发找用户，即账号的粉丝要和产品的潜在用户人群基本一致。

例如，如果运营者所在企业的产品针对 40 岁以上的中老年人，那么账号内容要针对中老年人喜欢看的内容来设计，如搞笑剧情、人生哲理、健康养生等，这样才能吸引到中老年人，后期变现才不会太难。但如果运营者所在企业的主要产品是年轻女性时尚服饰产品，那么账号要以年轻女性为目标用户，账号内容要与服饰相关，或者将服饰穿搭融入一定的剧情中。

总之，用户定位的底层逻辑是：策划账号要以始为终，根据变现途径和产品来进行账号策划，而不是贸然开始，什么火就跟风做什么。

◆ 案例

抖音和视频号上的“女子成鉴”就是一个很经典的服装类账号。该账号的内容以各种职场、爱情、人生等话题为主，以二人对话的形式展开，每个视频中，对话人物都身着与场景相符的精美服装，从中景到近景再到特写，服装的切入丝毫不违和，服装与场景相结合反而锦上添花。

该账号看似是一个情感类账号，实则是推广和销售服装产品的账号。职场、感情等话题吸引的是年轻职场群体，而该公司的服装产品也是针对年轻职场群体的，服装以职业装为主，所以能够实现从流量到变现的闭环。截至 2023 年 12 月，该账号的抖音粉丝超过 250 万人，视频号点赞数据也很不错，经常产出超 10 万点赞量的视频。“女子成鉴”账号首页及视频截图如图 2-3 所示。

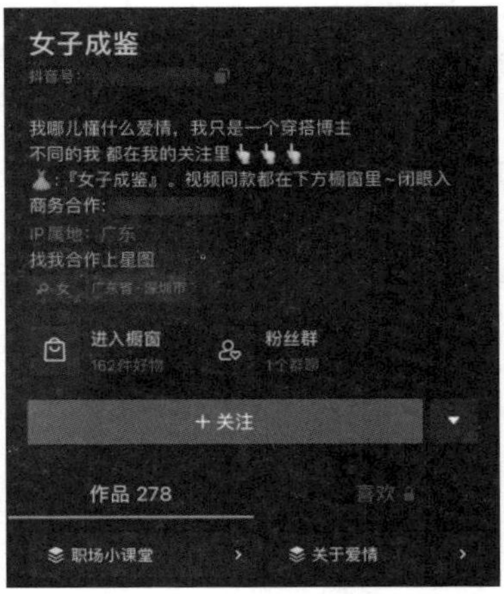

图 2-3 “女子成鉴”账号首页及视频截图

2.3.2 全媒体的用户定位

在结合品牌确定账号定位时，基本上已经确定了大概的用户范围。但用户范围是一个比较模糊的范畴，需要进一步细分，根据产品倒推出用户画像，从而找准用户需求。

用户画像又称用户角色，作为一种勾画目标用户、连接用户诉求与设计方向的有效工具，用户画像在各领域得到了广泛的应用。绘制用户画像是新媒体运营工作的起点。绘制精准的用户画像可以为后续的运营工作锚定整体方向，减少大量无效运营工作造成的资金和人力资源的浪费。

用户画像较为复杂，包含用户的年龄层分布、地域分布、活跃时间分布、兴趣爱好、性别偏差等，但用户画像也呈现出一定的总体性特点。拟定用户画像时，可以结合产品从以下用户属性出发。

1. 人口统计属性

人口统计属性是用户画像中最基本的属性也是最重要的属性，包括用户的性别、地理位置、年龄、身份等。

- 性别属性

确定是以吸引男性用户为主还是以吸引女性用户为主，或产品对性别属性的要求并不明显。

- 地域属性

确定是以一二线城市的用户为主还是以三线及以下城市或城镇（乡村）的下沉市场为主，是以北上广等城市的用户为主要用户还是以其他地区的用户为主要用户。

- 年龄层

确定要吸引的是 18～25 岁的用户，还是 30 岁以上的用户；是青年用户群体，还是中老年用户群体。

- 身份属性

确定是以学生群体为主要用户还是以职场白领为主要用户，是以女性为主要用户还是以男性为主要用户。

确定人口统计属性可以帮助运营者更好地了解用户的基本背景和特征，以便更好地定位和满足用户需求。

2. 兴趣和偏好

用户的兴趣、消费偏好、生活方式和爱好等属性可以揭示他们的需求和喜好。通过了解用户的兴趣和偏好，可以更好地生产产品，提供更有针对性的功能，让用户产生较好的体验。

3. 行为模式和使用习惯

用户的行为模式和使用习惯可以给产品设计和营销策略提供重要的参考。了解用户如何使用产品、何时使用、使用频率以及使用目的，有助于优化产品功能和提升用户体验感。

4. 心理和情感需求

用户的心理和情感需求是决定其购买和使用产品的关键因素。了解用户的情感状态、价值观念、所追求的体验感和情感需求，有助于设计出更具吸引力和切合用户需求的产品。

5. 痛点和需求

了解用户的痛点和需求，包括用户当前所面临的问题、挑战和不满意的方面，有助于开发出解决用户痛点和满足其需求的产品，提高用户的满意度和忠诚度。

课后练习

假设你要为一个户外运动品牌做短视频账号，请通过数据调查和竞品分析来明确这个账号的用户画像。

2.4 人设定位

确定好平台、账号和用户定位后，就要开始构思人设定位。人设是指账号所呈现出来的人物形象、特色、性格等设定。账号人设与账号定位、包装相辅相成。有人设的账号，更容易被用户记住。

2.4.1 好的账号人设的优势

对比表 2-2 所示的两个同类账号，你觉得哪个账号的粉丝更多？或者说，你更想关注哪一个账号？

表 2-2 两个同类账号对比

账号名称	头像	简介	账号背景图
川味盐太婆		“感谢您的关注！ 春夏秋冬，与你同粥”	
××教做菜		“视频所有同款商品都在橱窗 都是我们平时用到的”	

同样是美食做菜类短视频账号，“川味盐太婆”的粉丝量达到一千万，是“××教做菜”的很多倍。

原因在于，前者的主要出镜人物是一对有意思的老年夫妻，传递出一种朴实、温馨的生活气息，做菜视频有趣又实用。而后面的这个账号，虽然也“干货”满满，但没有出镜人物，缺少人设，趣味自然少了一些。

打造好账号人设，有以下三方面的优势。

1. 有人设的账号更容易被记住

以美妆行业的短视频账号为例，与其他行业的账号相比，美妆类账号的门槛相对较低，若美妆博主仅靠分享美妆知识很容易被淹没在各大平台涌现出的大量美妆博主中。激烈的竞争催生出更多另辟蹊径的美妆类达人账号，如仿妆账号等。对比普通美妆类账号，仿妆账号在人设上更有记忆点。

2. 有人设的账号更容易维持粉丝黏性

很多时候粉丝关注一个账号，不一定是因为账号提供的“干货”和价值，很可能是因为账号出镜人物的个性或形象气质。

◆ 案例

同样是讲解法律知识的账号，罗翔老师的账号就吸引了大量粉丝关注，其在哔哩哔哩的粉丝已突破 3000 万人次，如图 2-4 所示。而其他法律知识类账号，粉丝数量多在几十万到几百万人次。

图 2-4 罗翔老师账号截图

经过对比可以发现，罗翔老师的账号的人设，有专业权威的一面，如他是中国政法大学的教授，还有搞笑幽默的一面，他的视频中经常以“法外狂徒张三”来举例。其用通俗易懂的语言营造娱乐效果，用轻松风趣的方式传播法律知识，从而在粉丝心中留下深刻印象。

而其他法律知识类账号，有的没有出镜人物，有的出镜人物没有特色，法律知识讲解也枯燥无味，账号缺乏人设，趣味不足，粉丝黏性也低。

总而言之，有人设的博主会形成有一定个人品牌影响力的 IP，若其去了其他平台，或者重新开了新号，那粉丝很可能也会随其转移至其他平台或关注新号。

3. 有人设的账号后期更利于变现

有人设的账号，由于有主要出镜人物，有和粉丝之间的黏性，后期无论是视频“带货”还是直播“带货”，都更容易变现。合适的人设加持会让粉丝更加信任博主，更愿意购买其推荐的商品。

2.4.2 全媒体的人设定位

账号的人设类型如表 2-3 所示。

表 2-3 账号的人设类型

类型	特点	案例
专业型人设	擅长某一专业领域，能够传递出在某一学科、行业或者某项技艺上的专业性，能够有效解决领域内的各种问题	“秋叶大叔” “科学育儿小七老师”
偶像型人设	拥有较好的外在形象，有气质或才艺，能够吸引粉丝追随	“李柘远 LEO” “老师好我叫何同学”
励志榜样型人设	自强不息，能够在某方面形成精神鼓励	“苏敏（50 岁阿姨自驾游）” “房琪 kiki”
幽默搞笑型人设	以轻松、娱乐的方式呈现内容	“祝晓晗” “陈翔六点半”
个性化人设	或古灵精怪、特立独行、高冷神秘，或风格新颖、题材独特，给人以深刻印象，在同质化的账号中以个性化的存在而给粉丝留下印象	“papi 酱”

在全媒体账号中，短视频平台的账号人设体现得最为明显，因为其能通过较为直观的人物形象和记忆点来体现，但在图文平台、直播平台等也需要有一定的账号人设来加持。

1. 短视频平台的账号人设

抖音、快手等短视频平台的账号人设，可以通过这个公式来打造：

账号人设=身份标签+人物故事+记忆点

身份标签可以通过简介体现，通过将身份介绍给粉丝来建立信任。

人物故事即与粉丝有共鸣的故事，如成长故事、创业故事、感情故事、家庭故事等。

记忆点指能让粉丝记住账号的要点，具体包括 5 个方面。

- 昵称记忆点。通过在账号名称上强化人设记忆点，让粉丝看到账号名称就产生画面感，如“高矮胖瘦一家人”等。
- 外形记忆点。在外形上塑造一定的记忆点，如穿汉服、戴墨镜、拿扇子、带着相同的帽子、扎着相同的双马尾发型等，如安秋金的圆墨镜。
- 动作记忆点。在视频中重复某个动作，如扇扇子、喝茶、敲黑板、戴帽子、打响指等。动作记忆点一般需要与语言记忆点相结合，体现人物特色，如白冰视频开头的锁车动作。
- 语言记忆点。在短视频的开头或结尾重复强调同一句话，如 papi 酱的“我是 papi 酱，一个集美貌、才华于一身的女子”。
- 场景记忆点。视频在特殊场景中展开，或者反复在同一场景中展开，如账号“贫穷烧烤”中，视频主人公都是拿着很少的钱去买食材，然后将食材做成烧烤吃掉。

总之，身份标签+人物故事+记忆点，可以让人设更鲜明，运营者在打造短视频账号人设时参考这个公式，逐步细化每一点，就可以打造出一个较为形象的账号人设。

2. 图文平台的账号人设

图文平台，如知乎、公众号等，账号内容中虽然可能并没有人物形象，但仍然可以通过账号昵称、粉丝互动、观点倾向等来凸显人设。

例如，在亲子类公众号“李点点”中，账号的头像是一个卡通女性，其在日常的公众号文章中，也以“土豆番茄妈”（土豆和番茄是账号主人公的两个孩子）来自称或者与粉丝互动，以“妈妈”的口吻来进行内容的阐述，让粉丝产生对话的感觉。

建立账号人设，能够让粉丝感受到，账号不是一个机器，而是一个有温度、有个性、有观点和有态度的人，从而对账号内容产生认同，对账号主人公产生亲近感和信任感。

3. 直播平台的账号人设

直播平台的账号人设一般需要结合短视频账号的人设，要么往专业型方向塑造，打造靠谱、值得信赖的人设，要么往居家、省钱等方向塑造，打造帮粉丝谋福利、贴心的人设。

综合本章前文内容，全媒体定位策略如图 2-5 所示。

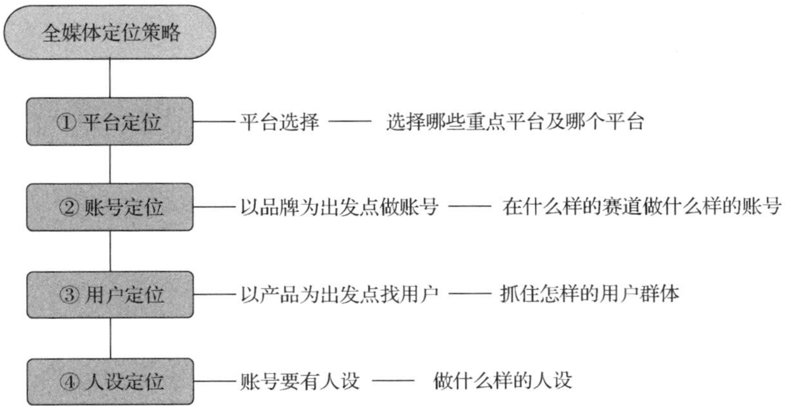
全媒体定位策略
① 平台定位
平台选择 —— 选择哪些重点平台及哪个平台
② 账号定位
以品牌为出发点做账号 —— 在什么样的赛道做什么样的账号
③ 用户定位
以产品为出发点找用户 —— 抓住怎样的用户群体
④ 人设定位
账号要有人设 —— 做什么样的人设

图 2-5 全媒体定位策略

课后讨论

1. 假设你要做一个学习技巧和能力提升类短视频账号，由自己出镜，你会给自己设定一个怎样的人设？为什么？

2. 请思考，人设是否需要绝对的真实。

课后习题

1. 简述你对全媒体定位的理解。
2. 简述平台定位、账号定位、用户定位、人设定位的逻辑关系。
3. 请选择一个你熟悉的品牌，分析该品牌的平台定位、账号定位、用户定位、人设定位。

PART 03

第三章 全媒体内容运营

学习目标

- 掌握图文类内容的策划。
- 掌握短视频类内容的策划。
- 了解不同平台的内容策划及传播技巧。

素养目标

- 坚守内容底线，从个人做起，坚持积极向上的内容导向，共同营造文明、和谐、友善的网络环境。
- 弘扬中华民族优秀传统文化，在全媒体内容设计中融入优秀传统文化和民族精神。

全媒体运营有四大核心，即内容运营、用户运营、电商运营和直播运营。内容在全媒体时代仍然是“爆款”密码，做好内容是“涨粉”的核心，是变现的基础，同样，内容运营也是用户运营和电商运营乃至直播运营的基础。

全媒体时代，内容运营的精髓在于多元化的表达形式，图文和短视频是很多新媒体平台的主要内容形式，不同的内容形式共同构建了一个庞大而复杂的内容生态系统。本章先聚焦于图文类内容的策划，深入挖掘不同图文平台的内容策划及传播技巧，包括公众号、小红书、微博和知乎等平台；然后阐述了短视频类内容的策划，包括抖音、快手、视频号和哔哩哔哩等平台；最后系统分析了全媒体融合下的内容运营。

新的媒体平台层出不穷，千变万化，但只要掌握好内容生产和策划能力，就能以不变应万变，在激烈的流量竞争中处于不败之地。通过对本章内容的学习，大家能够掌握不同形式、不同平台的内容生产和策划技巧，为全媒体运营打下坚实基础。

3.1 图文类内容策划

虽然短视频和直播的兴起转移了一部分用户的注意力，但图文类内容仍然拥有大量的用户，尤其是小红书的崛起，使图文这一内容形式有了新的天地。目前，较为典型的图文新媒体平台有公众号、小红书、微博、知乎。

3.1.1 图文类文案写作

无论是短图文平台，如小红书、微博，还是长图文平台，如公众号、知乎等，都离不开基本的文案撰写。

1. 文案的类型

按照不同的划分标准，新媒体文案有不同的分类。

- 按文案目的分类

按照文案目的，新媒体文案可分为促销文案和传播文案两类。

促销文案：用于提升产品或服务销售转化的文案。例如，“双十一”大促推广文案、产品福利活动文案等。这类文案可以提高销售业绩。

传播文案：为了达到扩大品牌影响力目的的文案。例如，企业品牌故事、创始人故事等。这类文案不一定能立即带动产品的销售，但能提升企业形象。

- 按篇幅长短分类

按照文案的篇幅长短，新媒体文案可分为长文案和短文案。长文案一般为 1000 字以上的文案，如公众号里的产品推广软文；短文案则为低于 500 字的文案。

长文案多用于公众号的推荐文章、电商产品详情页，有助于用户通过仔细阅读产生购买行为；短文案多用于海报、朋友圈或微博，更强调创造交流的需求。

- 按广告植入方式分类

广告分为“软广”和“硬广”。“软广”具有一定的隐蔽性，一开始不会直接介绍产品或服务，而是通过其他的方式将产品或服务带入，如在案例分析中植入品牌广告、在故事情节中植入品牌广告。用户通常不容易察觉“软广”。例如，在看电视剧时，画面中会出现某款产品的特写。“硬广”则相反，“硬广”是直接将内容发布在对应的媒体渠道上的，如地铁上、公交车上、电梯间的广告。

相应的文案分别为软文和直接推广的文案。

- 按使用场景分类

文案用在什么场景、哪个平台，也是写文案前应该考虑的，不同平台的文案内容应根据平台特点有所区别，即使用场景不同，文案也有所不同。按使用场景，文案可分为以下类型。

朋友圈文案：一般针对朋友圈好友，表达上不能过于官方，要有一定的亲切感，要利用好友关系强化信任，要控制好广告类朋友圈文案的比例。

微博文案：一般不宜太长，需要考虑到相关话题关键字，需要配合一定的图文，或者采用长图文的形式。

小红书文案：需要结合小红书的表达习惯和用户喜好，注意标题和封面图的作用，尽量总结“干货”或引发共鸣，注意运用表情包，带好相关话题标签。

公众号文案：一般在 1000 字以上，要完整地讲述一个主题或一件事，结尾要有一定升华，要有账号自己的风格。

短视频文案：要能清楚阐释短视频的内容，最好配合脚本形式，为拍摄者和剪辑者提供清晰的操作依据，尽可能简练。

2. 文案写作要点

① 标题

对图文类内容来说，由于无法像短视频一样直接让用户看到具体内容，需要用户点击打开，所以标题就显得尤为重要，标题能不能吸引用户至关重要。

所以，运营者需要在标题上下功夫，可以适当地使用一些表达技巧，如用夸张、惊奇或者提出疑问的方法，或用热点词汇，或者贴合热点事件等。但切记要适度，不要完全脱离正文，以免引起用户的反感。

图文类文案标题的常见写法如下。

- 亮点前置+犀利观点

入职 12 年，离职一瞬间。

最笨的努力，就是没有方法的瞎忙。

- 亮点前置+悬念

某大厂设计团队几乎全数离职，发生了什么？

- 设问+犀利观点（悬念）

你会把父母送进养老院吗？看看摄影师镜头下的老人。

- 颠覆大众的刻板印象，形成反差

孩子睡觉踢被子，别以为是热。

- 挑战认知，激发讨论

英语专业的我，成为一名数学老师。

- 犀利观点/现象，引发共鸣

对不起，我要的是辞职报告，不是入职申请。

② 开头

写作文案开头时可巧设悬念抓住用户的好奇心，也可开门见山地说出用户关心的热点话题。这两种文案开头技巧用得非常多，也是比较好掌握的技巧。

- 巧设悬念

巧设悬念有两种，一种是倒叙冲突，另一种是打破常识。

倒叙冲突是指以故事高潮开场，先告诉用户这个故事里最大的冲突事件或人物矛盾是什么，然后再回到正常的叙事逻辑，慢慢地解释故事的起因、经过、结果。例如，“是的，我分手了，原因是……”

打破常识，即文案要出乎意料。例如，“传统健身误区全揭秘！为什么你的锻炼方式可能是错的？”

- 开门见山

开门见山是指文案要直截了当地切入主旨。例如，语文课本中《白杨礼赞》这篇文章开头就触达主旨：“白杨树实在是不平凡的，我赞美白杨树。”这种写法干脆利落，入题快，颇受欢迎。开门见山的手法，总结来说，就是用平实朴素的语言，营造一个带有情绪的情境，能够让用户快速进入主题，与文案描述的内容产生共鸣。

3. 写作策略

图文类文案的写作策略有以下三个。

① 吸引力策略

- 与“我”相关

人总是关注自己想关注的内容，对与自己没有直接利益的事情都不会很在乎。

例如：

结婚生娃的“90后”，现在都怎么样了？——吸引“90后”用户的注意。

武汉周末“遛娃”好去处，不容错过。——吸引武汉的带娃父母这一群体。

让人越来越健康的饮食习惯，你都有吗？——暗示用户进来测试。

- 制造对比

对比，即把两种相关的事物对照比较，使目标人群的感受更加强烈。

例如：

月薪三千元和月薪三万元的人，思维差异是什么？

从PPT新手到高手，他做对了什么？

强身健体的5个食谱。

- 满足好奇心

工作与生活中有一个很好的运用句式——将“如何”这一词运用在句子开头，就可以自然而然地使用“认识性好奇”的原理。

例如：

如何快速阅读一本书？

如何在21天养成一个好习惯？

如何用3000元玩遍新疆？

- 启动情感

文案创作者通过刺激用户的情绪、情感，吸引用户注意、打动人心。刺激情绪、情感的文案更容易直达人的内心并引起强烈的感受。

例如：

别再为别人的期待而活了！

身心疲惫？这些简单方法让你重拾活力！

真正的爱，从学会爱自己开始。

② 代入感策略

- 讲故事

讲故事的方式几乎适用于任何产品和品牌的宣传文案，更适合宣传同质化比较严重的产品，用故事来加强用户和产品之间的情感联系。如品牌创始人的故事、用户的故事、产品背后的故事等。

- 提问题

提问题能让用户进行思考，引起重视，做出反应，更容易让用户产生代入感，促使用户理解广告文案要表达的主题。例如，“你有多久没有开心大笑了？”。

● 用情怀

每个品牌装饰门店的橱窗时都会花费极大的精力和成本，以达到不仅能体现品牌的风格，还能触动目标人群的效果，甚至店内的音乐也是精心挑选的。这些都用于营造一个场景，而营造这个场景的最终目的就是激发用户内心的情怀。情怀是一种高尚的心境、情趣和胸怀。例如，大家常说的“生活不只眼前的苟且，还有诗和远方”中的“诗和远方”就是典型的情怀。

在新媒体文案中，文案创作者需要动用一切能用到的资源来营造这样的情怀氛围，如用具有情怀的文字、图片、音乐等，将用户带入品牌所营造的氛围中。

③ 信任感策略

● 用细节

企业或品牌通常会通过拆分细节卖点来表现整体的卖点。例如，如果直接说某手机很好，可信度不高，但是通过展示手机的高配置等细节，就能说明手机好在哪里，为什么好。

● 用数据

在广告文案中用数据是以较理性的方式来呈现卖点，在必要的时候还需要罗列准确的数据。例如，“超过 5000 家餐厅选择我们的配送服务！”“经过 10 年的研发和 1000 项临床试验，我们的产品是有保障的！”。

● 用户自证

用户自证即鼓励用户通过自己的方式去验证产品或服务的卖点，让信息可信、可验证。例如，卖电饼铛的商家会邀请用户直接现场做蛋糕，卖刀的商家会邀请用户现场展示用刀切各种物品的效果。如此示范不仅能强调产品的卖点，还能够展示用户购买产品回家后使用的场景，让人产生代入感。

● 示范效果

对实用性强的产品，更适合运用示范效果这一策略。示范效果可以对产品卖点及效果进行进一步强调说明。

例如，汰渍自 1995 年进入中国市场以来，广告风格和创意几乎没有变更，都是通过“衣服非常脏—用汰渍清洗—展示洗过之后的效果”来表现汰渍洗衣粉的去污效果，提高了“有汰渍，没污渍”这句广告文案的可信度。

● 名人代言

菲利普·科特勒说过：“如果你的企业没有强有力的创新，那可以找一个代言人，如果用户看到一个有名的脸，那么会很快认识这个产品。”

名人代言就是利用名人的光环效应（或晕轮效应），将某知名的、令人喜爱的人物形象与具体产品联系起来，将前者的价值转移到后者上。

4. 图文搭配

对比短视频，图文的可塑性有限，难以有更多不同的形式，所以内容排版显得较为重要。

以小红书上的图文信息为例，一则图文信息会不会被用户打开，内容中植入的广告会不会被读者接受，除了受标题的影响外，封面图和正文中的内容排版也很重要。小红书上的图文排版如图 3-1 所示。

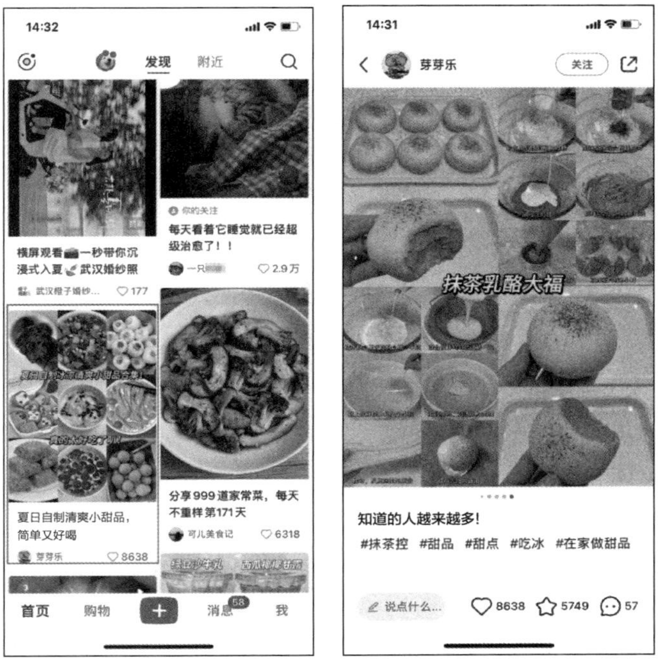

图 3-1　小红书上的图文排版

注重内容排版，一是要做到封面图吸引人，最好是与标题相呼应或补充，二是要做到正文的排版自然美观，图文相得益彰，信息量适度。

课后练习

请用计算机或手机浏览器搜索“文心一言”，注册后提问，让 AI 帮你生成一篇小红书“种草”文案，并思考，得到好答案的关键是什么。

3.1.2　公众号的内容策划及传播技巧

受短视频和直播的影响，公众号这类长图文平台的用户数量和用户活跃度不如以前。但由于用户基数大，其依然有着大量忠实的用户群体，对企业和品牌来说，公众号依然是全媒体运营中必不可少的一个宣传阵地。

1. 公众号的内容策划

公众号的内容以图片和文字为主，支持插入音频和短视频等内容。常见的公众号文章类型有以下 7 种，创作者可根据这些类型来产出内容。

① 教程型

这类文章的作用是让用户学会某一种技能或帮助用户解决某一个问题，实用价值较高。好的教程型文章会得到用户自发的转发和收藏，并吸引用户长期关注该账号。例如，职场类公众号“秋叶 PPT”每周都会发布关于 PPT 软件操作技能的教程型文章。

案例

不开玩笑，这个新出的 AI“神器”，真能一键生成 PPT！
完全不会写文案，居然还能靠文字赚到钱？这个方法我都不敢想……
制作下拉列表必用，1 分钟学会这个 Excel 引用函数！

② 故事型

故事型文章一般以叙述见长。小说类、传记类、报道类、历史类等题材都经常使用讲故事的方式吸引用户，一般诙谐幽默的讲解方式更能促使用户点赞与转发。故事型文章常用于叙述历史人物和事件，或者当下社会知名人物的成长经历、组织机构的发展壮大、文化的起源和发展过程等。

案例

从 35 岁裸辞到被央视推荐，他始终坚持做这一件事，太厉害了！
18 岁离开小镇，27 岁收入超一千万元，这个不认命的小伙，太厉害了。

③ 观点型

观点型文章常向用户传递自己的观点、评价、态度，一般具有鲜明的立场和个人风格，涵盖面比较广，从对新闻事件的解读，到对热门电影的评论，再到对商业经济的看法等。观点型文章是大多数自媒体创作者创作的主要内容类型。

一般结合热点话题的观点型文章会被广泛传播，有一定粉丝基数的自媒体人发布的观点型文章更容易引起用户的讨论和转发。所以，观点型文章也是追热点时常用的一种内容类型。

案例

比×××更狠！1800 元一支的“雪糕刺客”，到底是谁在买？
当别人问你工资多少时？千万别说“就那样”，聪明的人都这么说。
蜜雪冰城与瑞幸这一战，谁会是最终赢家？

④ 整合型

与观点型文章传递个人立场和价值观不同，整合型文章没有明显的主观判断，更多的是呈现搜集并整理好的某一类与主题相关的内容。这种类型的文章常用于推荐某样物品，如推荐假期书单、电影清单，以及家居百货、服饰鞋包、护肤品等物品。此外，这类文章还可以用于收集整理一些诗歌名句、名言警句等内容。

案例

免费送 10 个 PS 接单渠道，干兼职居然这么轻松！
我熬夜整理了近 1000 篇 Excel 教程合集，免费分享！
今年买风扇前，我劝你先看看我做的风扇测评。

⑤ 广告型

广告型文章的目的很明显，即广而告之，促进用户产生购买、报名、转发等行为，以此达到获利或者传播的目的。目前，比较常见的广告型文章有两种，一种被称为“硬广”，另一种被称为“软广”。其中，“硬广”一般纯粹介绍产品或者优惠信息，而“软广”指结合某一种类型的载体，如教程或故事，巧妙地将广告植入文章中。

案例

出过3本书的我，为什么还要坚持来秋叶写书私房课？
3天2晚、一价全包，这里是更适合中国人的亲子度假村。
换了3次电话手表后，我发现×××或许不是最好的选择。

⑥ UGC型

用户生成内容的本质是激发用户真实地表达情绪并与他人进行交互。UGC型文章主要用于引导用户输出内容，需要内容运营者制造话题，抛出能引起他人共鸣、能引发讨论的问题，引导用户在评论区留言讨论，而用户查看此类型的文章主要是看文章后的留言而不是文章本身。有的账号经过精心运营，甚至可以打造出“评论比内容更精彩”的效果。

案例

朋友圈疯狂“刷屏”的暑期总结，你也是这样吗？
“70后”“80后”“90后”妈妈带娃区别，看到第一条就笑了。
网友说的“男宝妈”和“女宝妈”的区别，第一条我就震惊了！

⑦ 资讯型

资讯型文章一般用于向用户传达某个信息，这类文章在企业、机构、学校、部门类的账号中比较常见。这些账号主体发布的资讯型文章一般是关于活动介绍、事件通知及政策传达。

案例

不简单！他们造了一架“飞机”，还有“火星探测器”！
知名品牌创始人，被公安机关控制！
紧急提醒：多地开学时间有变。

值得注意的是，在对一篇创作内容进行类型划分时，该创作内容不是只属于一种类型，它有可能同时涵盖两种类型，如有的教程型文章在讲解案例或介绍产品时植入了和品牌相关的信息，那么其既是教程型文章，同时又是广告型文章。

2. 公众号的内容传播技巧

公众号的内容传播技巧如下。

① 通过优化标题提高打开率

● 抛出问题

抛出问题不是简单地将陈述句变成疑问句，而是发现用户的真正需求，通过使用疑问句暗示文章内容可以为用户解决问题。所以在高点击率的标题中，“什么”“如何”“为什么”等都是高频词，如“职场新人必读：为什么老员工不愿意教我？”。

● 结合热点

结合热点就是利用名人效应、热点新闻引起用户兴趣。

● 对号入座

熟练使用相关词语，使用户能够根据标题对号入座，如“PPT 高手必备的 10 个‘神器’，你知道几个？”。

● 善用数字

除了从用户心理出发外，在标题的优化上，还可以用数字来增强标题的吸引力，如“90% 营销人写文案前犯的第一个错误”就比“大多数营销人写文案前都会犯的错误”更加直接、明确、吸引人。常见的“必备的十大网站”“必读的 100 本书”“必会的 20 个技巧”这一类标题关键词就善用了数字，总能吸引大量用户。

● 利用符号

符号并不是指我们通常所说的标点符号，而是具有鲜明指向性的人名、事物名等，如将“互联网企业都盯上了人工智能”换成“苹果、谷歌、阿里巴巴……都盯上了人工智能”之后，表达变得更清晰、明确。

● 巧设悬念

如果文章要点在标题里就已经全部讲清楚了，用户点击查看文章的欲望也会大大降低，所以可以在标题中巧设悬念。

如看到标题“国际足联世界杯冠军德国队：认真是一种可怕的力量”，用户基本能够猜出大概内容，但如果将标题改成“德国队！只因简单的两个字，便拥有可怕的力量”，就可以引起用户强烈的好奇心。

所以一篇文章的标题要营造悬念，引起用户的好奇心。但无论采用哪种方式来优化标题，都要谨记不要变成“标题党”，不要让标题与内容严重不符。

② 通过促进分享提高传播率

用户是否转发公众号内容，关键是内容能不能体现转发者的境界和品位。也就是说，能体现转发者本人的格调或态度，才是用户转发的主要动力。因为用户在社交媒体上总是把自己塑造为自己希望成为的人，每一次转发都是为了接近自己所期望的那个形象。

所以，转发与点赞、评论、收藏是有本质不同的，其核心是可以帮助用户进行“形象补充”，用户用所转发的内容向外界展示自己的兴趣爱好、价值观、世界观，或者借助所转发的内容表达自己的观点、立场和态度。

很多在朋友圈“刷屏”的文章，往往说出了用户一直以来想要说的内容。所以，运营者在写文章的时候，要尝试站在用户的角度想一想：如果我是用户，我为什么要转发？这篇内容可以帮助我表达什么？

③ 通过私域积累提升阅读量

除了可以通过用户转发提升阅读量外，还可以通过将文章链接转发到微信群、QQ 群的方式，让群内的用户点击阅读、进行转发来提升阅读量。为了让群内用户的转发更加有效，可以通过话题讨论、发红包、有奖问答的形式提高群的活跃度，让群内用户关注转发的文章。

3.1.3 小红书的内容策划及传播技巧

小红书平台的崛起，使图文这一内容形式重新进入用户视野。公开报道显示，截至 2023 年年初，小红书的月活跃用户量已突破 3 亿人次，日活跃用户量达到 1 亿人次。

1. 小红书的内容策划

企业运营小红书，内容策划可以从以下四个角度来构思。

① 攻略型笔记：够实用

现今，用户处在一个信息爆炸的时代，每天接触到的信息非常多，那些不具备实用价值的信息是很难得到用户青睐的。

所谓“攻略”，就是指用户希望通过阅读一篇笔记，找到解决问题的办法，比如旅游前应该准备哪些东西，或者有哪些“坑”可以避免。和攻略相关的笔记，需要突出的一个点就是：实用。常见的攻略型笔记如旅行类攻略、穿搭类攻略。

◆ 案例

某小红书创作者是一位旅游博主，日常致力于推广各地的旅游景区和民宿，截至 2023 年 9 月，其拥有 22.3 万个粉丝，点赞量和收藏量共计 228.6 万个。翻看该博主的账号主页，可以很清楚地看到，该账号发布的笔记的点赞量极其不均衡，相同时间段发布的笔记，有的获赞 3000 多个，有的点赞数才几个，如图 3-2 所示。

图 3-2 某博主的小红书数据

相较于短视频内容，图文笔记阅读起来比较烦琐，需要用户花费较多的时间和精力仔细阅读其中的内容。因此，如果不是实用性非常高的内容，用户是不愿意浪费时间阅读的。

这也提醒创作者在创作图文笔记时，要格外注意保证内容的实用性，尤其是攻略型的笔记，要从用户角度出发，找到用户在某方面的高频问题和痛点，为其提供解决办法。

② 知识型笔记：可复制

很多用户习惯在小红书搜索内容，希望通过阅读小红书笔记获得知识，助力个人成长。这就促成了知识型笔记的诞生和发展。常见的知识型笔记如学习类、房产类、汽车类、护肤美妆类等。知识型笔记示例如图 3-3 所示。

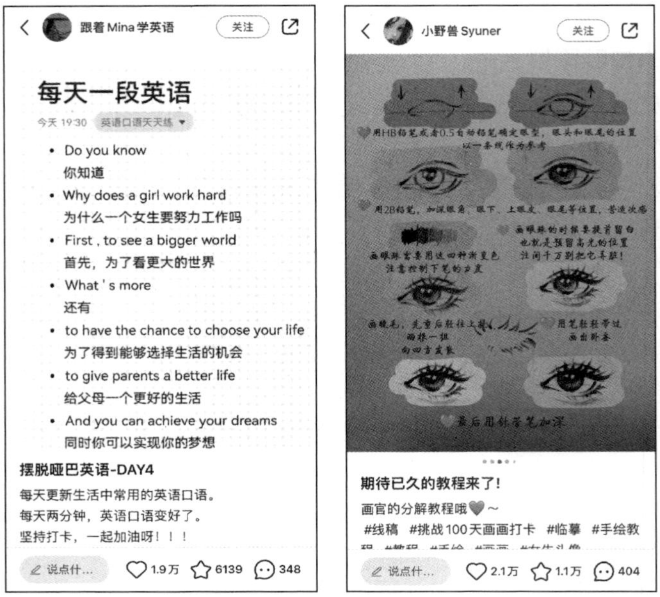

图 3-3　知识型笔记示例

◆ 案例

某用户想要学习英语口语，关注了一位相关领域的博主，该博主经常发布关于英语学习技巧的笔记，小到某一两个单词的解释，大到英语考研准备、托福和雅思备考等，笔记内容全面且方法落地性强。该用户跟着这位博主学习后，英语口语水平确实有一定的提升，于是该用户将这个账号分享给了自己的朋友。

由于当前生活节奏较快，时间和精力都越来越碎片化，所以很多人在选择内容时，更倾向于那些拿来就能用的内容。对那些需要花费很长时间才能理解、记忆的内容，大多数用户是不愿意接受的。

因此，创作者在创作内容，尤其是和知识相关的内容时，要格外注意内容的真实性和实操性，可考虑以下方面：用户是不是可以照着做，方法是不是可以轻松地被复制，需不需要用户花费很长的时间和很多的精力去理解。如果不能轻松被复制，轻松被理解，那么说明该篇笔记还需要仔细打磨。

③ 技术型笔记：能落地

这类笔记旨在教用户学会某项技能，需要突出的一个点便是能够落地，用户跟着笔记中的步骤或者方法做能够达到理想的效果。常见的技术型笔记有做菜类、装修类、整理类、清洁类、生活妙招类等。

图 3-4 所示为两篇典型的技术型笔记。

图 3-4 技术型笔记示例

◆ 案例

某博主前后两次买房、装修房子，积累了比较丰富的装修经验，为身边很多好友在装修房子的过程中避免了很多“坑”，于是他将自己在装修房子的时候遇到的问题、解决办法，以及装修选材技巧等，发在了小红书上。详细到“窗帘怎么选”“卧室灯避‘坑’选购经历”“这种洗碗机千万不要买”“乳胶漆 6 选 3 不选”等，吸引了大量用户点赞和关注，短短 10 篇笔记，“涨粉”量超过 20 万个。

事实上，在小红书上，不管是技术型笔记还是其他类型的笔记，都非常讲究实操性。对用户来讲，其阅读完一篇笔记之后，能够学习到一项技能，并且这项技能还可以应用在实际生活中，帮助自己解决一些难题或提升自己的生活品质，那么他们大概率就会点赞、评论或收藏这篇笔记。当用户产生这些行为后，笔记的影响力自然就会得到提升，账号也会发展得更好。

④ 励志型笔记：有共鸣

小红书上也有较多的励志型笔记。励志型笔记一般由一个矛盾问题或一个场景引入，或寻求其他用户的看法或答案，或分享自己的心得体会，引发他们的共鸣。励志型笔记适合情感类、职场类、心理类、生活类账号。图 3-5 所示为典型的励志型笔记。

想要创作出受欢迎的励志型笔记，可以从以下几个角度构思。

第一，尽可能真实，贴近生活。不要用华丽、空洞的辞藻，要贴近用户的实际问题。如“下班遇到瓢泼大雨打不到车，瞬间崩溃了”会比“成年人的崩溃谁懂啊”要好。

第二，抛出问题或观点，引发讨论。要么给人以答案或启发，要么让用户给出答案，形成讨论。如“第一次考研失败了到底要不要继续”比“我决定二次考研”吸引人。

第三，找对话题，引发共鸣。话题关键词很重要，如“原生家庭”“室友关系”“职场相处”“副业变现”等关键词，能够直接被用户搜到，很容易引发讨论。

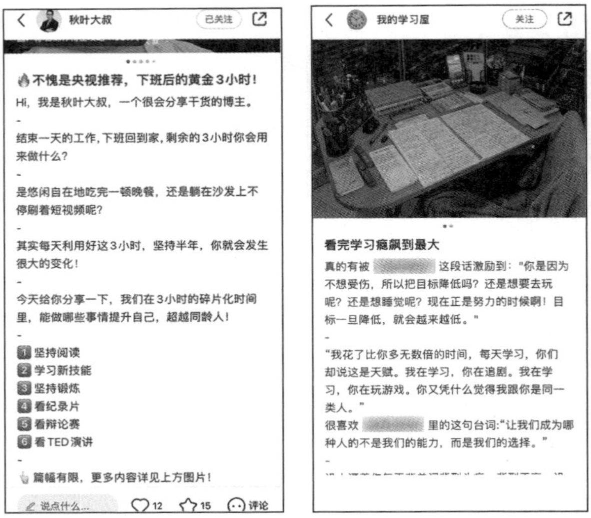

图 3-5　励志型笔记示例

2. 小红书的内容传播技巧

在小红书上，封面和标题很大程度上决定了一篇笔记是否会被用户打开，其是影响内容传播的关键。小红书的内容传播技巧具体如下。

① 标题：眼前一亮

标题是决定用户是否愿意点击查看笔记详情的关键因素之一，如果一篇笔记的标题不能在短时间内吸引用户，那么这篇笔记的打开率将非常低。

如何取一个极具吸引力的标题呢？具体分为两个步骤。

- 确定核心关键词

仔细观察小红书上的“爆款”笔记就能发现，几乎每一篇“爆款”笔记的标题的核心关键词都非常突出，让用户只看一眼就能了解这篇笔记的重点。无论是什么类型的笔记，标题中的核心关键词越突出，越能在短时间内吸引用户的目光，而且被搜索到的概率也越大。

如何找核心关键词？创作者可以通过千瓜数据、百度指数、微信指数等平台评判某一个词的关键性和热度，也可以直接在小红书搜索页面查看目前在小红书上搜索热度比较高的关键词。例如，在七夕节即将来临的时候，“七夕节礼物”“约会妆容”等就是热度较高的关键词。

在确定核心关键词时，一定要考虑到内容的关联度和契合度，不能为了追求热度，使用和内容不符的核心关键词。

- 将核心关键词融入场景中

确定好核心关键词之后，就可以撰写标题了。目前，小红书标题限制在 20 个字符以内，在创作标题时，要尽可能精简语言。

如何写出吸引人的标题呢？很重要的一点是要在标题中给出场景，新手创作者其实可以套用标题模板句式或公式，如“落差公式”和“结果公式”。

公式一：落差公式。

落差公式，顾名思义，需要突出的就是前后落差。前半句结果好，后半句结果不好；或是前半句结果不好，后半句结果好。

常见的以这个公式创作的标题如下。

"反复长痘？用急救祛痘法，一夜消痘不留印"

"职场小白？掌握这3个技巧，迅速成为核心员工"

"考了5次都没考上？你可以采取这种学习方法"

公式二：结果公式。

采用结果公式，要突出结果。用这个公式创作标题，要学会营造具体的场景，让某一件事情具体化，这样才能更好地突出结果。此外，为了突出、强调结果，还可以在结果之后加上一些保证或语气助词。

常见的以这个公式创作的标题如下。

"两分钟搞定的美味早餐，学会后可以多睡十分钟"

"每天一刻钟，有效改善勾肩驼背"

"学会做这个底料，你就是厨房小'达人'！"

② 封面：赏心悦目

下面介绍4种在小红书上使用率比较高且比较受用户欢迎的封面图片。

● 海报大片封面

想通过一张图片吸引用户的目光，那么图片就要带给用户强大的视觉冲击力，创作者可以使用海报大片作为封面，让用户在看到封面的一瞬间感受到美好。图3-6为小红书上某些以海报大片作为封面的图文笔记。这样高质量的海报大片无论是在推荐页面还是在搜索页面都能迅速吸引用户的目光，促使用户点击笔记查看详情。

图3-6 海报大片封面

制作这一类图片需要运营者具备一定的摄影技术，同时还需要运营者有一定的后期编辑能力，运营者选择要发布的图片后，可以借助小红书对图片进行二次编辑，如添加滤镜、添加文字和贴纸等。

● 拼贴式封面

当想要展示的元素较多，一张图片不够用时，就可以采用拼贴式封面，即将多张图片进行拼贴，提升封面的吸引力。

拼贴式封面多用于美食盘点、好物“种草”、旅游攻略、穿搭分享等内容，如图 3-7 所示。

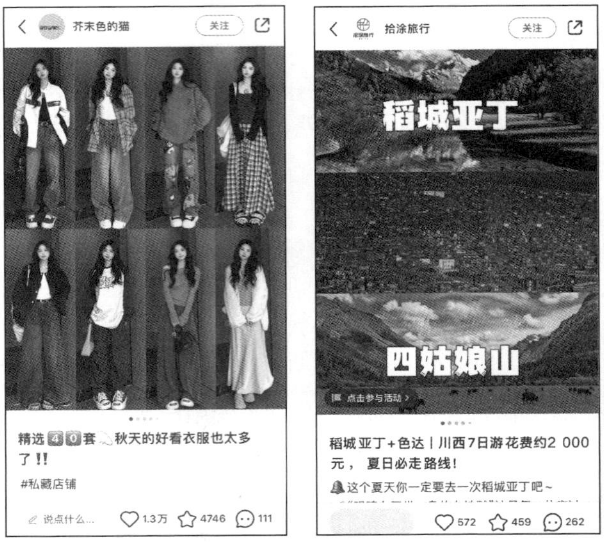

图 3-7　拼贴式封面

使用这种封面图片要注意，为了避免图片过于凌乱、没有重点，在对所有图片进行设计和排版时，要保证各个元素的风格、色调、氛围的一致性，让整体看上去更加协调。

- 对比类封面

对比类封面的特点在于通过对比形成的巨大反差来展现积极的改变，吸引用户关注。通常情况下，健身减肥、美妆护肤、穿搭分享、装修前后等内容常用对比类封面。对比类封面如图 3-8 所示。

图 3-8　对比类封面

使用对比类封面时需要注意，对比的重点是突出变化，反差要尽可能大一些，只有这样才能在更大程度上引起用户的注意。

● 文字信息类封面

用文字和信息内容作为封面图片更适用于“干货”分享、硬核教程、知识科普等笔记。因为笔记中涉及的内容过多，需要通过文字信息类封面在封面中使用若干关键词向用户介绍笔记的主要内容，以此来吸引用户关注。文字信息类封面如图 3-9 所示

图 3-9 文字信息类封面

即使是以纯文字图片作为封面图片，运营者在设计时也应该追求美感与趣味性，具体可以从字体、排版等方面着手，让文字看起来不那么单调。

3.1.4 微博的内容策划及传播技巧

虽然微博取消了字数限制，且逐渐发展短视频和直播等领域，但如今微博上的内容仍以短图文为主，用户还是习惯在微博上看短图文类内容。

1. 微博的内容策划

怎样的微博内容才能带动用户转发以及实现“涨粉”？其实内容的设计非常重要。运营者首先要了解微博上哪些内容是有“吸粉”特质的，然后再从中选择适合自己的。下面介绍比较受欢迎的几类微博内容。

① 热点类

对运营者来说，跟踪热点是一个非常重要的提升阅读量的途径。那么，如何才能更好地跟踪热点呢？运营者需要从及时性、精确性、图文并茂三个方面入手。

● 及时性

运营者在发现热点后要及时跟上热点，微博热搜的热度顺序：“爆”＞“沸”＞“热”＞“新”，如图 3-10 所示。

图 3-10 微博热搜的热度

● 精确性

发布的内容要符合账号定位。运营者在“蹭热点”之前一定要考虑拟“蹭”的热点是否和自己的账号定位能够很好地结合。如果“蹭”一些和自己账号定位无关的热点，则不利于可持续地获得粉丝。

● 图文并茂

运营者在“蹭热点”的过程中，要设计引导粉丝关注、点赞、转发的内容。好的“蹭热点”内容，会带给粉丝参与互动的空间。例如，运营者发布的内容在有配图的时候更容易吸引粉丝注意，一张好图可以发挥很大的作用。

②“干货”类

目前微博上的“干货”内容主要分为三类。

● 专业内容普及类

专业内容普及类拥有一定的专业门槛，只有拥有专业背景的人才能写。运营者可以将生活中的小事与行业专业知识相结合，进行专业内容普及。

● 实践经验分享类

实践经验分享类主打实用，同时要求在此基础上让用户产生共鸣。例如，分享摄影教程、美食教程、穿搭技巧、美妆教程等一些日常生活类内容。

● 合集分享类

合集分享类覆盖范围较广，如办公软件快捷键合集、英语四六级必备短句、职场人必看书籍等。

常见的微博“干货”形式有：九图“干货”、视频“干货”、长文“干货”、问答“干货”等，如图 3-11 所示。

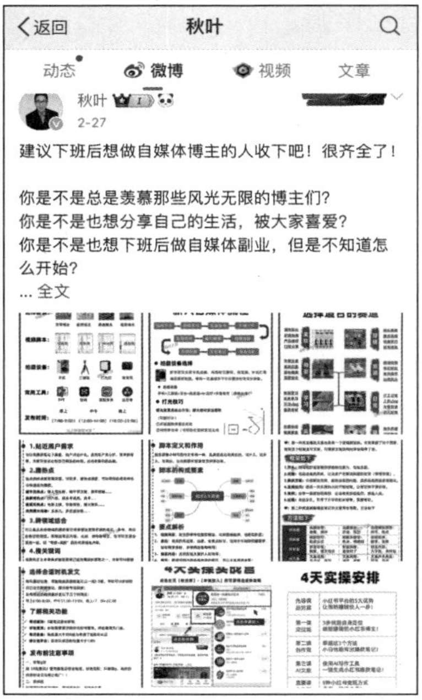

九图“干货”

视频“干货”

图 3-11 常见的微博“干货”形式

长文“干货”　　　　问答“干货”

图 3-11　常见的微博“干货”形式（续）

③ 美图类

美的图片总容易让人们产生对美好事物的喜爱，对美好生活的向往。美图类微博中的图片多为实地拍摄或者实物展示图片，用以引起粉丝的注意。例如，家居设计图、美食餐具图、清新风景图、人物图、饰品图等。

不管是否真人出镜，也不管是风景还是实物，只要运营者发布的图片精美，坚持输出，总能吸引喜欢这一类风格的粉丝。

④ 故事类

故事不仅能够吸引粉丝观看，故事中的人和事也经常能引发粉丝在评论区讨论。故事类微博不一定都需要原创，可以是从其他平台搜集到的故事，也可以是解析影视剧中的人物故事，还可以是一些新闻故事等。这类微博往往能吸引很多粉丝评论，或形成讨论。

⑤ 生活类

在微博平台上，真实的生活分享，配上美图，有一种生活的“烟火气”，能吸引很多粉丝的关注。例如，有的博主会分享自己每天的饮食，有的博主会分享自己产前产后的经历，有的博主会分享自己的备婚经历等，而有的博主会通过 Vlog 来记录生活。

例如，微博千万粉丝博主——“回忆专用小马甲”，他的微博中没有太多“干货”分享，也没有太多热点讨论，起初其靠分享自己家的宠物狗而吸引了用户的关注，而现在，他的微博内容更多的是生活分享，粉丝依旧爱看。

2. 微博的内容传播技巧

在微博平台上，内容只是基础，有效的传播技巧能够大大提升传播效果，使账号得到更多曝光。具体传播技巧如下。

① 通过有奖活动吸引用户参与

方法一：有奖转发。有奖转发是目前采用较多的活动形式，只要粉丝“转发+评论”或“转发+关注”就有机会中奖，这也是较为简单的活动形式。

方法二：有奖征集。有奖征集就是运营者通过征集某一问题的解决方法吸引粉丝参与。常见的有奖征集主题有广告语、段子、祝福语、创意点子等。

方法三：有奖竞猜。有奖竞猜指运营者通过出题并在回答正确者中进行抽奖。有奖竞猜包括猜图、猜文字、猜结果、猜价格等方式。

方法四：有奖调查。有奖调查目前应用得不多，主要用于收集粉丝的反馈意见，一般不直接以宣传或销售为目的。粉丝回答问题并转发或回复微博后就可以参与抽奖。

② 通过高效互动增强粉丝黏性

在微博平台上，与粉丝常见的互动形式有：回复评论；回复私信；点赞和评论粉丝发布的与自己相关的微博；转发精彩的评论；创建粉丝群，在群内和粉丝保持适度互动；设置粉丝活跃度奖励，每年为活跃度排在前面的粉丝送出礼物。

③ 通过话题提升微博阅读量

这里谈到的"话题"有两种含义。第一种是热点信息，既然是热点就有话题性、传播性，一般能够引发讨论和转发的微博都是话题，运营者需要实时关注微博热搜话题，将微博内容与热搜话题巧妙结合。第二种是微博平台的话题功能，运营者可以在内容中设置关于企业和品牌的常用话题，可以把话题关键词用"#"标注，吸引更多粉丝注意。

④ 与"大V"账号互动

有时候，一个"大V"账号的转发，能够为账号带来大量曝光，尤其是在新账号起步阶段，很有必要通过"大V"账号来强化知名度。一方面，企业可以通过已有微博账号来转发新账号的相关内容，实现老号带新号；另一方面，新账号要多与行业内的"大V"账号互动，发布与某些"大V"账号相关的优质内容，并"@"这些"大V"账号，吸引用户转发。

3.1.5 知乎的内容策划及传播技巧

知乎是一个知识型问答平台和内容社区，被新生代用户喜爱。企业要想抓住"00后"用户，必须运营好知乎账号。

1. 知乎的内容策划

知乎的内容策划可以从综合型账号、专业型账号、故事型账号这三个角度来构思，如表3-1所示。

表3-1 知乎的内容策划

	综合型账号	专业型账号	故事型账号
内容特征	不同话题相关性低，专业内容输出能力较弱，内容垂直度低	不同话题相关性高，专业内容输出能力较强，内容垂直度高	专注故事创作，如短篇故事、长篇小说创作
主打内容	经验感受、生活分享	知识科普、问题解析	小说、故事
价值点	满足用户对情感体验的需求	满足用户对某方面专业知识的需求	满足用户的阅读需求
适合的运营者	个体、品牌和机构	个体、品牌和机构	个体
典型账号	"天眼查"	"李雷""华为"	"七月荔"

① 综合型账号

综合型账号的话题选择很广泛，运营者一般会在多个话题维度下回答问题，没有特别注重某一个话题或某一个领域，且回答的内容具有很强的生活气息，如图3-12所示。

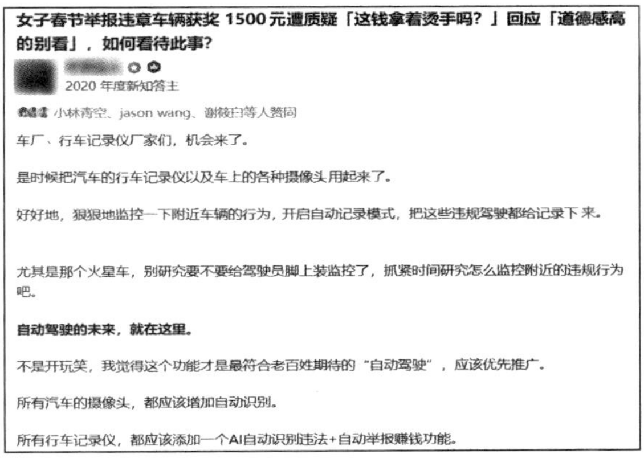
女子春节举报违章车辆获奖 1500 元遭质疑「这钱拿着烫手吗？」回应「道德感高的别看」，如何看待此事？

[redacted]
2020 年度新知答主

小林青空、jason wang、谢鼓手等人赞同

车厂、行车记录仪厂家们，机会来了。

是时候把汽车的行车记录仪以及车上的各种摄像头用起来了。

好好地，狠狠地监控一下附近车辆的行为，开启自动记录模式，把这些违规驾驶都给记录下来。

尤其是那个火星车，别研究要不要给驾驶员脚上装监控了，抓紧时间研究怎么监控附近的违规行为吧。

自动驾驶的未来，就在这里。

不是开玩笑，我觉得这个功能才是最符合老百姓期待的“自动驾驶”，应该优先推广。

所有汽车的摄像头，都应该增加自动识别。

所有行车记录仪，都应该添加一个AI自动识别违法+自动举报赚钱功能。

图 3-12 综合型账号案例

这类账号的优缺点如下。

优点如下。

- 回答大多不涉及深度专业内容，对账号创作者知识积累深度要求较低。
- 可选话题广泛，各类话题均有权重，可快速转换运营策略。
- 各类热点话题均可享有部分流量。

缺点如下。

- 文章多为生活事件描述，需要有较多生活经验和良好的写作功底。
- 流量不固定，缺乏稳定获取粉丝的手段。
- 获取官方认证领域优秀答主困难。

很多知乎账号都属于综合型账号，这也是大多数创作者的选择，其亮点是通过独特的行文风格，从独特角度解析问题，用贴近生活的故事给用户带来不一样的阅读体验。因此，具有深厚写作功底和生活阅历，却没有较多专业知识储备的运营者，不妨选择建立一个综合型账号。用自己独到的观点、独有的风格，来圈定属于自己的粉丝营地。

② 专业型账号

专业型账号是吸引普通用户入驻知乎的中坚力量，知乎大多数优质内容都来源于专业型账号，如图 3-13 所示。

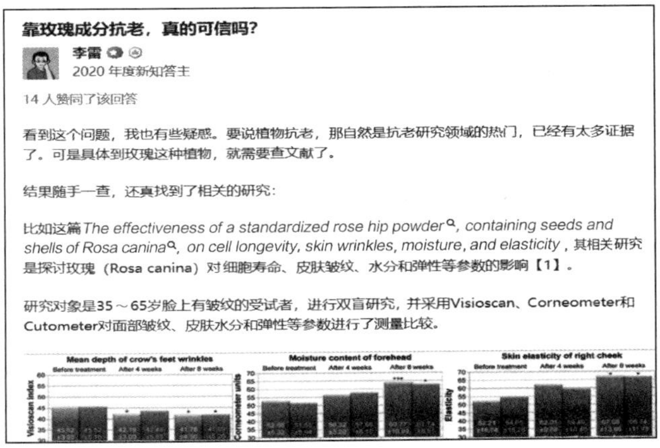
靠玫瑰成分抗老，真的可信吗？

李雷
2020 年度新知答主

14 人赞同了该回答

看到这个问题，我也有些疑惑。要说植物抗老，那自然是抗老研究领域的热门，已经有太多证据了。可是具体到玫瑰这种植物，就需要查文献了。

结果随手一查，还真找到了相关的研究：

比如这篇*The effectiveness of a standardized rose hip powder, containing seeds and shells of Rosa canina, on cell longevity, skin wrinkles, moisture, and elasticity*，其相关研究是探讨玫瑰（Rosa canina）对细胞寿命、皮肤皱纹、水分和弹性等参数的影响【1】。

研究对象是35～65岁脸上有皱纹的受试者，进行双盲研究，并采用Visioscan、Corneometer和Cutometer对面部皱纹、皮肤水分和弹性等参数进行了测量比较。

图 3-13 专业型账号案例

专业型账号的话题垂直度高，着重就某一个领域进行知识输出，回答具有很强的专业性，其优缺点如下。

优点如下。

- 在擅长领域内，账号内容的权重极大，回答会被优先展示。
- 在相关热点话题中，账号回答的排序较高，粉丝积累较快，有稳定积累粉丝的能力。
- 优质内容持续输出，容易获取官方认证。

缺点如下。

- 话题涉及面较窄，运营策略单一，转型较难。
- 对账号使用者特定领域专业知识积累程度及持续输出能力要求较高。

专业型账号能够持续输出某一领域的专业知识，粉丝积累较快，多数知名博主或者企业号在知乎都是专业型账号，有相应粉丝基础后，专业型账号发布的内容在盐选专栏、“知+”“带货”等方面有很大的优势。因此，如果运营者在某一方面具有很多专业知识储备，那么不妨选择创建专业型账号，从而快速吸引粉丝。

③ 故事型账号

故事型账号是知乎近年来大力投资推广的账号类型，吸引了不少网文作者入驻。这类账号的运营者以在盐选平台撰写小说为主，对问答、想法、文章等站内其他功能，并没有过多涉猎。故事型账号案例如图 3-14 所示。

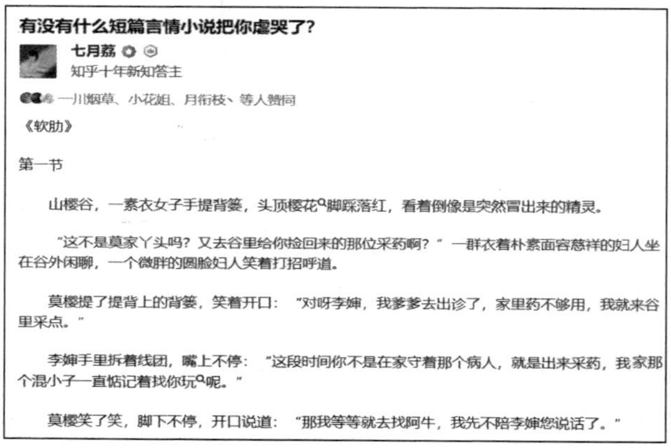

图 3-14 故事型账号案例

这类账号的优缺点如下。

优点如下。

- 容易得到平台的定向扶持。
- 优质内容持续输出，更容易变现、获得收益。

缺点如下。

- 入局门槛较高，需要运营者具备一定的创作功底。
- 需要投入大量精力进行创作。

对故事型账号运营者来说，一旦单部作品创作失败，没有得到签约、合作，之前的努力就会付诸东流。现在，越来越多的创作者入驻知乎，并进行变现。如果运营者在网络文学创作、小说创作领域颇有建树，或特别喜欢网络小说，想在该领域持续深耕，可以选择在知乎进行小说创作，将精彩文字变成现金收益。

2. 知乎的内容传播技巧

在知乎上，使用以下运营技巧有助于达到更好的内容传播效果，实现账号“涨粉”。

① 关注热榜问题并参与其中

以网页端为例，知乎的首页分为“关注”“推荐”“热榜”“视频”四个类别，如图 3-15 所示。热榜榜单由 50 条内容组成，2～3 小时更新一次，热榜内容会被推荐给全站用户。热榜会给优秀回答带来巨大的流量。

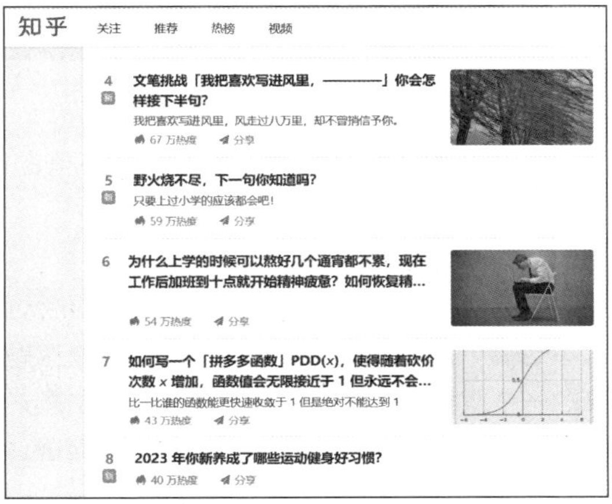

图 3-15 知乎首页

热榜在知乎无疑是一个巨大的流量入口，上榜的问题一般都有百万到千万的热度。

因此，运营者在创作的时候，应该尽可能选择近期发生的、热度比较高的话题在第一时间进行回答，并且在回答之后关注内容的浏览量、互动量，这样才更有可能获得平台的流量加持。

② 为官方运营提供内容素材

知乎官方运营的重点话题和模块大概分为五种。

- 突发热点类事件

从突发热点类事件在知乎被提出到被大量曝光，一般有 10～20 小时的反应时间，这对回答者的新闻敏感性、观点论述能力、素材整合能力要求较高。如果用户具备新闻从业背景或比较喜欢评论文章，不妨尝试。

- 周期性热门话题

周期性热门话题的引爆时间段是可以被预测的，如中高考、四六级、毕业论文、年终总结等，这些话题每年一到特定时间都会成为热门话题。对回答者来说，可以提前做一份时间节点图，在时间节点来临之前抢先布局，将这些话题的答案先梳理清晰，再找准时机发布，这样就能轻松获得这波流量。

- 官方专题活动

在创作中心，创作者可以看到知乎官方近期推荐的话题，其中包括了每周热点汇总和当下专题活动，如图 3-16 所示。每个话题持续周期不等，创作者可以根据自己的创作优势进行回答。

图 3-16 知乎官方专题活动

回答创作中心的话题会获得流量加成或现金收益。用户从不同的视角对专题内容展开提问，创作者可以选择自己擅长的问题进行回答。

● 圆桌话题

知乎圆桌话题是利用知乎的问答机制，围绕特定主题举办的活动，通过单击网页版知乎首页右侧相应按钮或者从移动端个人中心进入。网页版知乎圆桌话题入口如图 3-17 所示。圆桌话题是知乎聚合信息的一个重要途径，平台通过收录用户在圆桌话题中的讨论，让用户快速找到相关话题下的优秀回答，好的圆桌话题会带来巨大的流量。

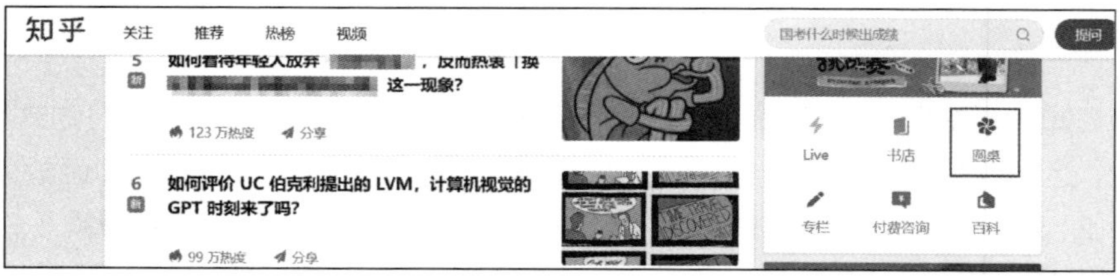

图 3-17 网页版知乎圆桌话题入口

● 推荐问题

创作者也需要重点关注知乎的推荐问题。在知乎创作中心，能看到为用户提供的推荐问题，如图 3-18 所示。

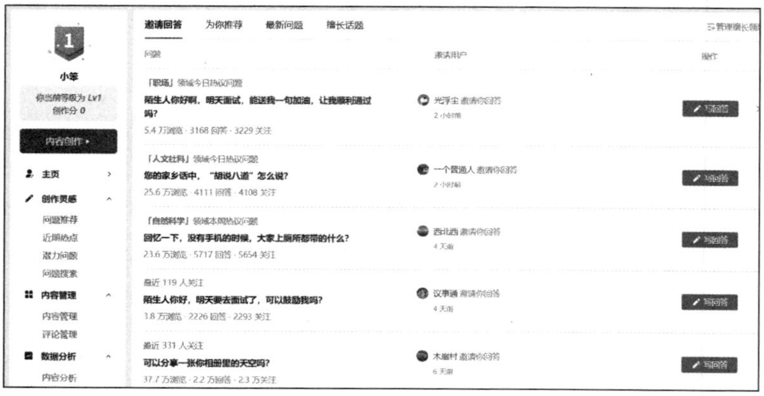

图 3-18 知乎的推荐问题

其中需要重点关注“为你推荐”和“擅长话题”，因为知乎算法会以创作者曾创作的内容，以及在不同话题下获得的互动数据为判断依据向创作者推荐，同时也代表该创作者在这个话题下具有一定的权重，创作者的回答会具有一定的起始排名和流量。

③ 找生活共性话题进行互动

知乎有很多生活共性话题（即普通人都会遇到或观察到的生活类问题），这类话题会周期性地被浏览，从而带来巨大的持续流量，创作者参与其中也能收获不小的流量加成，如以下几种话题。

生活技巧类话题，如做菜技巧、食品选取、家具选取等。此类话题时谈时新，不断有用户产生需求，有较稳定的流量。

生活共性类话题，如原生家庭、相亲经历等。此类话题往往会被社会热点事件引爆，再次获得大量流量，重新进入用户视野。

脑洞类话题，如“假设你和你的猫互换身体 24 小时，你会如何安排这一天”，这类话题会不断吸引用户点击看答案，不断获得流量。

④ 利用站外流量指数倒推热点

除了搞清楚知乎站内创作中心的话题榜之外，利用站外的大数据平台倒推明天、后天甚至未来一段时间的热点并抢先布局也是不错的选择。百度指数、微信指数等都是可预测知乎站内未来几天热点的工具。

课堂练习

假设你要为某一个大学生服装品牌店做一个小红书账号，你会从哪些角度入手来策划内容？为什么？

3.2 短视频类内容策划

对比图文内容，短视频的内容策划难度更高。因为短视频要将文本语言转换成镜头下的动态语言，借助镜头表达内容，最后的内容呈现效果不仅受短视频文案的影响，也受到拍摄、剪辑等因素的影响。

3.2.1 短视频选题确定与脚本写作

一个短视频要呈现在用户面前，一般要经过：选题确定、脚本写作、短视频拍摄、短视频剪辑这几个流程。本小节阐述前期的文本创作，即短视频选题确定与脚本写作。

1. 选题确定

好的账号内容不是依靠一时的灵感，而是经过严谨的选题策划，再逐步落地的。在撰写短视频脚本之前，首先需要确定短视频的主题，然后再根据这一主题进行创作。例如，某短视频的主题是“大学生应该如何为就业做准备”。那么，在创作短视频脚本时要紧紧围绕这个主题，切勿跑题、偏题等。

怎样找到容易产生“爆款”的短视频选题呢？有以下诀窍。

● 平台热榜选题法

每个平台都有自己的热门榜单，以抖音为例，抖音不仅有“抖音热榜”，还有“直播榜”“音乐榜”“团购榜”“品牌榜”“影视榜”“‘种草’榜”等。这些榜单事件和话题或多或少能为创作者提供一定的选题素材。若短视频与热门话题结合得好，其流量数据可能远远超出平常的短视频。

● 热点日历选题法

热点日历包括两个方面。一是每年的常规性节假日选题，包括传统的春节、元宵节、中秋节、端午节、七夕节等，这些节假日可以衍生出一定的话题，尤其是对一些知识类账号、文学类账号、亲子类账号来说。二是针对父亲节、母亲节、儿童节、世界读书日等热点节日，都可以提前筹备选题，按日程放进选题库，与账号定位结合，在内容上关联，这样往后每年都能在同一时间产出该类型选题。

● 高赞视频选题法

高赞视频选题法，是指从同类账号的高赞视频中去寻找选题。

除了平时多关注、多积累同类账号，留意这些账号的视频更新情况，在账号中找到高赞视频来改写选题外，还可以去新抖、蝉妈妈等第三方平台查找近期某些内容分类下的高赞视频。

图 3-19 所示为新抖收录的“近 3 天”萌宠类抖音短视频的数据排行榜。同样地，短视频创作者可以从对应类别的高赞视频中找到选题灵感，去模仿和改写选题。

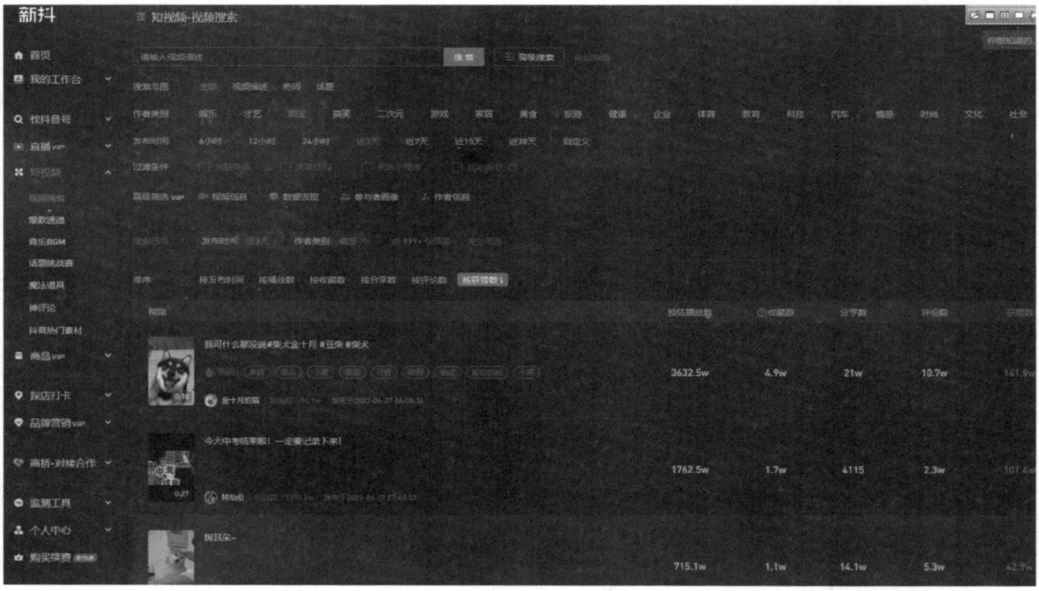

图 3-19 新抖上的榜单案例

● 日常素材随时记

越是反映现实、反映日常的选题，越能引发用户共鸣，从而爆火，所以要多从生活中找素材、找选题。

怎么找呢？其实大家身边很多故事和素材，都是可以加工成短视频选题的。要使这些故事、这些一闪而过的灵感可以落地成选题，就要做到多记录。随时拍照、随时录音备忘、随身携带笔记本、网络“冲浪”时遇到素材随时截图和保存等。

只要会找角度，找好切入点，生活中的很多事情都是可以演变为选题的。用一段顺口溜总结就是：

看综艺，写个选题
蹭热点，写个选题
吃个饭，写个选题
旅个游，写个选题
遇个事，写个选题
上个课，写个选题
过个节，写个选题
聚个会，写个选题
吵个架，写个选题
开个会，写个选题
…………

- 高赞图文选题法

在知乎、微博、小红书、今日头条、公众号上，甚至在微信朋友圈，都有大量的图文素材，这些图文素材中，有的观点很好，有的故事很棒，有的情绪描述很到位，这些都可以作为短视频的选题。

例如，临近中秋节，某账号创作者想要做一期关于“中秋月饼测评”的短视频，创作者可以在公众号上搜索关于月饼测评的文章，也可以在知乎上搜索用户对中秋月饼的讨论，还可以在微博上找到一些关于中秋月饼的评论或精美图片，甚至可以直接采用有些高赞图文内容，将其拍摄成短视频。但需要注意适当采用，避免版权问题。

2. 脚本写作

脚本多指分镜头脚本，来源于影视剧创作流程。对比传统的影视剧分镜头脚本，短视频的脚本相对简单，多以表格的形式呈现。

一个选题只是一个想法、一个主题、一个创意，要落实为脚本，需要以下三个步骤。

① 根据选题搭建框架

确定了短视频的主题之后，创作人员需要进一步搭建脚本的框架，设计短视频中的人物、场景、事件等要素。

例如，围绕“大学生的职场成长”这个选题，可以搭建以下脚本框架。

小李是应届毕业生，独自来到上海之后，住在窄小的合租房里，后因为工作失误而被辞退。

这是一个非常简单的框架结构，以叙事手法完成。如果能在脚本中加入多样的元素，比如引发矛盾、形成对比、结尾反转等，会达到更好的效果。

- 技巧 1：引发矛盾

例如：小李的工作失误，是由同事或上司的疏忽造成的。

- 技巧 2：形成对比

例如：另一个同为应届毕业生，却快速得到上司赏识的人物，与小李形成鲜明对比。

● 技巧 3：结尾反转

例如：小李的“工作失误”是领导对他的考验，当他正准备离开公司时，人事总管将合同递到他面前，告诉他已经顺利转正了。

这些元素可以让短视频的内容更丰富，让“大学生的职场成长”这一主题更为突出。

总之，在搭建脚本框架时，创作者可以多设置一些有趣的情节和冲突，来突出主题，或制造令人意想不到的戏剧性效果。

② 填充细节

细节决定成败，细节打动人心，脚本只有具有丰富的细节，才能使视频内容更加丰富、饱满。

例如，搭建好以“大学生的职场成长”为主题的短视频脚本框架后，可以填充这样的细节。

刚毕业的小李实习工资每月只有 3000 元，住在一间四人合租的隔断房里，房间很小，只有 10 平方米，进门就是床。房间里的空调年久失修、动力不足，还嗡嗡地响，夏天的晚上，小李经常被热醒，或者被空调声吵醒，很难睡一个好觉。

③ 可视化表达

脚本既是前期摄影师拍摄的依据，也是后期制作人员剪辑的依据。不同类型的短视频对脚本的精细程度要求不一样，但再精细的脚本，也是围绕视频主题、台词与旁白、人物与动作、分镜头场景、背景音乐这五个要素展开的。

从确定主题，到搭建框架，再到填充细节，完成这三个步骤，一个脚本基本能完成了。表 3-2 所示为某短视频脚本。

表 3-2 某短视频脚本

视频主题：地三鲜的多种表达

出镜人物：服务员、某女顾客

拍摄地点：某餐馆内

镜头号	镜头、景别、拍摄角度	人物与动作（拍摄画面）	台词与旁白	背景音乐
1	固定镜头，近景，仰拍	餐馆内，服务员手上拿着笔和纸，询问顾客	“小姐，要不要试一下我们的特色菜地三鲜？”	无
2	固定镜头，近景，俯拍	顾客对服务员说道	“不要地三鲜。”	无
3	固定镜头，近景，仰拍	服务员手上拿着笔和纸，对顾客说道	“好的没问题，那我们为您准备炒茄子、土豆和青椒。”	无
4	固定镜头，近景，俯拍	顾客对服务员说道	“能不能不要用炒的，不健康。”	无
5	固定镜头，近景，仰拍	服务员手上拿着笔和纸，对顾客说道	“好的没问题，那我们将烹饪方式改为少许油加热后放入青椒、茄子和土豆进去搅拌。”	无
6	固定镜头，近景，俯拍	顾客对服务员说道	“不想吃土豆。”	无
7	固定镜头，近景，仰拍	服务员手上拿着笔和纸，对顾客说道	“好的没问题，那给您把土豆换成马铃薯。”	无

续表

镜头号	镜头、景别、拍摄角度	人物与动作（拍摄画面）	台词与旁白	背景音乐
8	固定镜头，近景，俯拍	顾客对服务员说道	“今天还是想吃西餐。”	无
9	固定镜头，近景，仰拍	服务员手上拿着笔和纸，对顾客说道	“好的没问题，那为您准备普罗旺斯切块马铃薯，里面可能有一些青椒作为辅料。”	无
10	固定镜头，近景，俯拍	顾客对服务员说道	“你会做日料吗？”	无
11	固定镜头，近景，仰拍	服务员手上拿着笔和纸，对顾客说道	“好的没问题，茄块、马铃薯、青椒综合串烧，帮您拆串放在一起，您看可以吗？”	无
12	固定镜头，近景，俯拍	顾客对服务员说道	“嗯，行。”	无
13	固定镜头，近景，仰拍	服务员对顾客说道	“好的”	无
14	固定镜头，近景，仰拍	服务员对着厨房（或收音）的位置喊了一声	“三号桌地三鲜一份。”	无

3.2.2 短视频拍摄与剪辑

短视频拍摄与剪辑，一般需要专业的拍摄和后期团队完成。根据营销需求不同，难易程度不一，这里不展开详细论述，仅介绍一些基本的拍摄思路和剪辑工具。

1. 短视频拍摄

① 拍摄提纲

在完成分镜头脚本以后，就可以着手拍摄了。根据拍摄的难易程度，制作团队可以在拍摄前列出拍摄提纲。

拍摄提纲是指短视频的拍摄要点，只对拍摄内容起提示作用，适用于一些不易掌握和预测的拍摄内容，一般包括以下几点。

- 明确短视频的选题、立意和创作方向，确定创作目标。
- 呈现选题的角度和切入点。
- 阐述不同体裁短视频的表现技巧和创作手法。
- 阐述短视频的构图、光线和节奏。
- 呈现场景的转换、结构、视角和主题。
- 完善细节，补充音乐、解说、配音等内容。

② 拍摄器材

如今，各种电子产品层出不穷，创作者可以用手机、单反相机等设备拍摄短视频。若设备充足，可以采用多机位拍摄，这样在演员演技到位、台词熟练的情况下可以减少拍摄次数，提高拍摄效率。

常见的拍摄器材一般包括卡片机、微单、单反、摄像机四种。

- 卡片机即卡片相机，指普通的数码相机，区别于微单、单反，体积较小，机身轻薄。
- 微单俗称无反相机，体积介于卡片机和单反之间，和单反一样可以更换镜头。
- 单反即单反数码相机，可更换镜头，有反光板，功能更丰富，体积相对较大。
- 摄像机即数码摄像机，种类繁多，多用于专业的电视剧、电影、新闻采访拍摄。机器笨重，但功能多。

这四种拍摄器材如图 3-20 所示。

卡片机　微单

单反　摄像机

图 3-20　四种不同类型的拍摄器材

这四种拍摄器材的优缺点对比如表 3-3 所示。

表 3-3　四种拍摄器材的优缺点对比

拍摄器材类型	优点	缺点	适用场景/人群
卡片机	体积小，轻薄如手机； 操作简单，适合新手； 外形精致	功能简单，一般都是自动曝光，难以满足细节和高质量拍摄	日常生活拍照和家庭聚会拍照； 适合女生携带
微单	体积相对较小，可更换镜头； 能满足日常拍摄需求； 高端微单已向单反靠拢	与单反相比，可用于更换的镜头少； 对焦速度较慢，成片效果不如单反	适合生活拍照； 适合摄影新手； 可满足短视频拍摄者的基本需求
单反	功能齐全，可更换镜头； 可满足不同情况下的拍摄需求； 对细节要求高，拍照效果好	体积相对较大； 操作相对复杂，需要一定摄影基础； 储存空间有限，拍摄长视频受内存和电量限制	适用于专业的人员； 适用于拍照和拍摄短视频
摄像机	更适合长视频拍摄； 功能多，拍摄质量好； 储存空间大，电量可支持长时间拍摄	价格昂贵； 操作难，需要连接其他辅助设备； 体积大，携带不方便	适合专业摄影师； 适合复杂的剧情类拍摄和长视频拍摄； 适合新闻工作人员

对新手创作者和小团队来说，使用单反基本上就足够了。但如果想满足拍摄风景、高清特写等不同场景的需求，可能要准备不同焦距的镜头备用。

③ 辅助设备

现如今的手机拍摄功能很全面，对新手创作者来说，手机携带便捷且用起来方便，很多时候只用手机，就能满足基本的短视频拍摄要求。要想有稳定的、清晰的拍摄效果，最好配备一些辅助设备，包括但不限于以下几种。

- 手机支架

手机支架是一种让手机固定的辅助设备，使手机保持稳定。用手机拍摄近距离的事物时，比如口播视频的拍摄，就可以用手机支架。目前手机支架在直播中较为常用。不同的手机支架如图 3-21 所示。

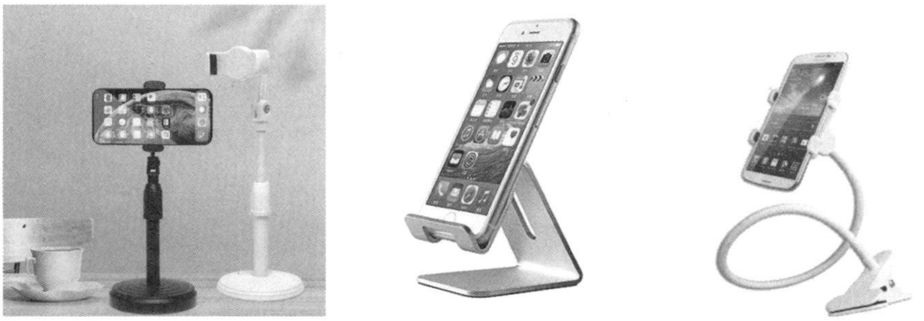

图 3-21 不同的手机支架

- 三脚架

三脚架以前是专为相机配置的，但近几年也出现了很多供手机使用的三脚架。对比手机支架，三脚架的高度更高，部分三脚架还具备连接蓝牙、远距离操控等功能。图 3-22 所示为不同类型的三脚架。

摄像机三脚架和手机三脚架类似，但可调节的高度更高、角度更灵活、稳定性也更强，当然也更重。

图 3-22 不同类型的三脚架

- 云台

云台是指云台稳定器，将拍摄设备固定在云台上后，云台能在保持稳定性之余，根据拍摄者的运动自动调整方向，使画面一直保持稳定状态。云台分为固定云台和电动云台，后者的视野范围和活动范围更大。图 3-23 所示为不同类型的云台。

图 3-23　不同类型的云台

目前市场上用于单反和手机的云台都有，手机云台尤为热门，在购买时可根据拍摄设备来选对应的云台。

- 打光设备

在室内拍摄或者在昏暗的环境中拍摄时，经常会出现光线不足的情况，即使肉眼看到的画面是正常的，用机器拍摄出来也会稍暗，这时使用打光设备就很有必要。

打光设备有很多类型，包括有线和无线两种，根据功率大小不同，照亮范围和效果也不同。不同类型的打光设备如图 3-24 所示。

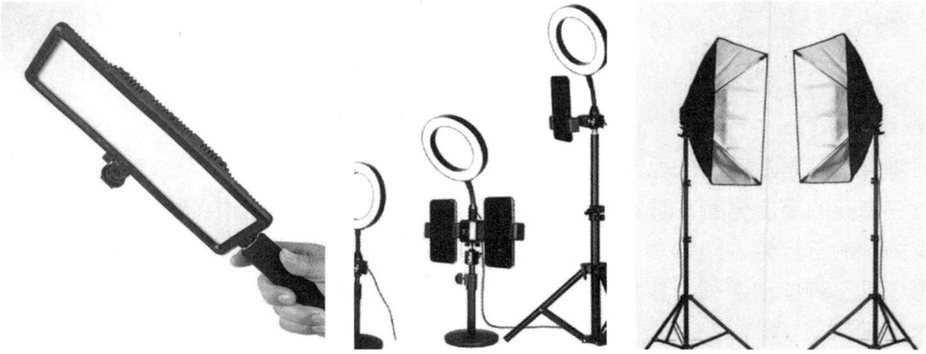

图 3-24　不同类型的打光设备

- 收音设备

为了使拍摄设备接收到清晰的现场声音，有时候还需要使用专门的收音设备来采集声音，尤其是一些口播类视频或者人物对话类视频，收音设备能清晰地采集人物的现场音，还能免掉后期配音的烦琐工作。常见的收音设备如图 3-25 所示。

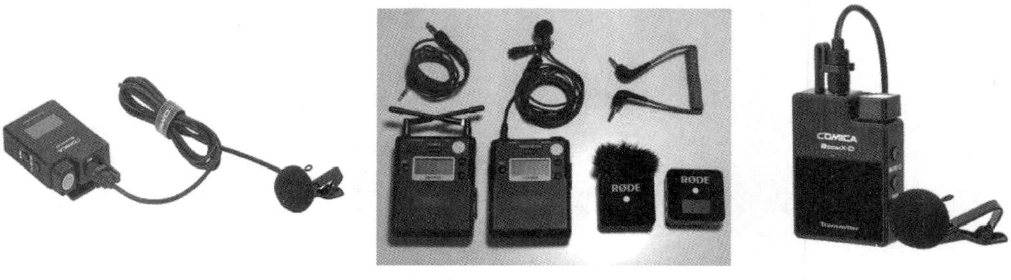

图 3-25　常见的收音设备

有一些专为手机收音使用的话筒，收音效果明显比手机好，可以减少环境中的杂音。

机器的收音设备相对多样，常用的诸如小蜜蜂话筒，一端连接在机器上，另一端佩戴在拍摄对象身上，可以收集到较为清晰的声音。

2. 短视频剪辑

现如今，视频剪辑已经简单到使用一部手机就可以操作。常用的个人计算机（Personal Computer，PC）端剪辑软件有 Premiere[①]、EDIUS、会声会影、爱剪辑、Final Cut Pro 等，其中 Premiere 应用较为普遍；常用的移动端剪辑软件有剪映、秒剪等，其中剪映的功能较为丰富，操作也简单，同时，剪映也适用于 PC 端。

本部分主要演示剪映的移动端操作步骤。

（1）剪映的基本步骤

剪映页面设计简洁，基础操作步骤如下。

第一步：打开剪映。

打开剪映 App，首页会出现【开始创作】和【拍摄】选项，通过这两个选项可以进行短视频剪辑。中间部分为草稿箱，剪辑草稿会自动保存在此处。下方主菜单分别为：【剪同款】【创作课堂】【消息】【我的】，如图 3-26 所示。

第二步：挑选（拍摄）素材。

点击【开始创作】可以挑选手机中已有的视频和照片素材进行短视频剪辑；点击【拍摄】可以直接拍摄视频或照片作为素材，进行短视频剪辑。挑选（拍摄）素材如图 3-27 所示。

除了手机中已有的拍摄画面外，剪映素材库为用户提供了丰富多样的剪辑素材，许多短视频中常见的转场效果、结束画面等，都能在素材库中找到，如图 3-28 所示。挑选合适的素材能为短视频锦上添花。

图 3-26 剪映首页

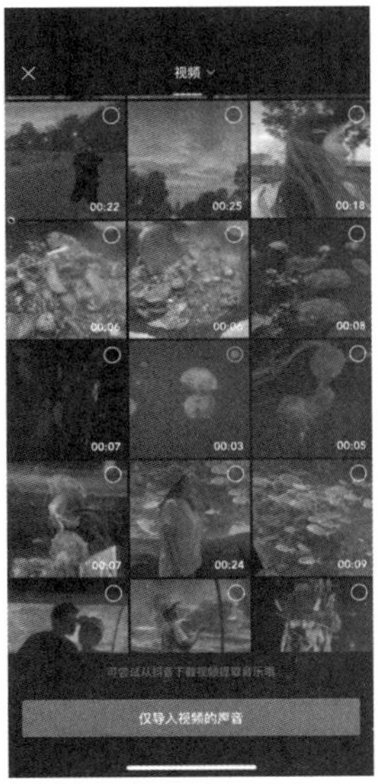

图 3-27 挑选（拍摄）素材

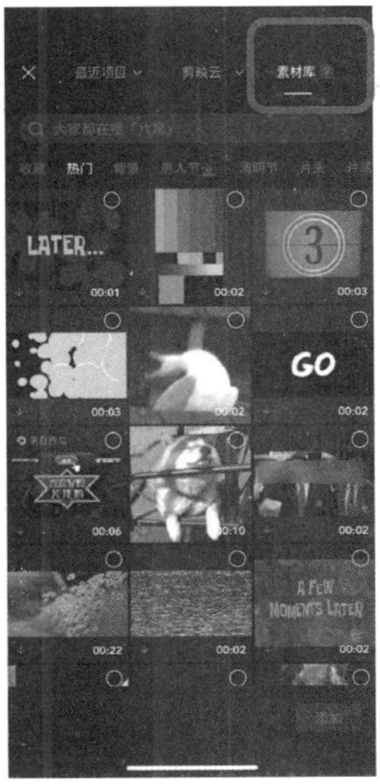

图 3-28 剪映素材库

① Premiere：Pr，全称 Adobe Premiere Pro，是 Adobe 公司推出的一款知名的编辑画面质量比较好的视频编辑软件。

第三步：剪辑短视频。

进入剪辑页面后，下方会出现多个剪辑功能，比如，“音频”“文字”“贴纸”等，如图 3-29 所示。使用这些功能剪辑短视频，能使短视频内容更加丰富、画面更具观赏性。

第四步：输出—导出视频。

剪辑完成后，点击右上角的【1080P】可选择不同的视频分辨率和帧率。选择的分辨率和帧率越大，视频越高清，但所占内存以及发布时消耗的流量也就越多。输出数据调整页面如图 3-30 所示。

点击【导出】就可以将视频保存在手机上，这个过程需要几秒乃至几十秒，视频导出面如图 3-31 所示。

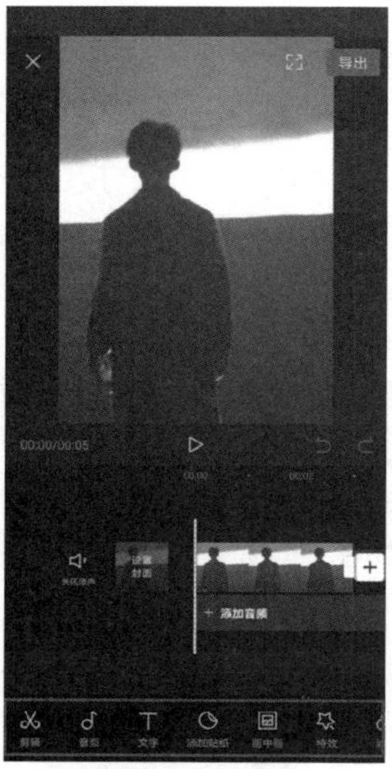

图 3-29　剪辑短视频

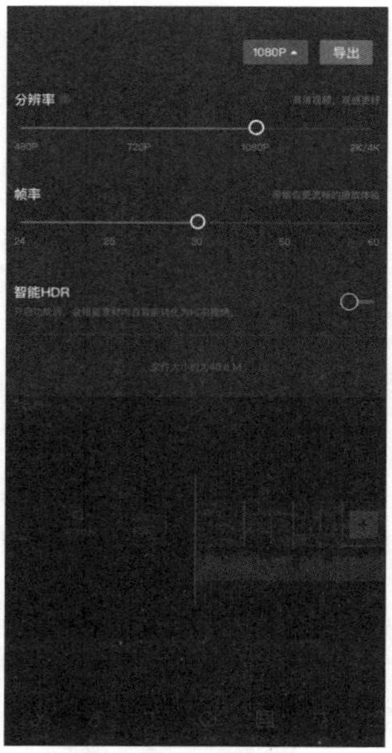

图 3-30　输出数据调整页面

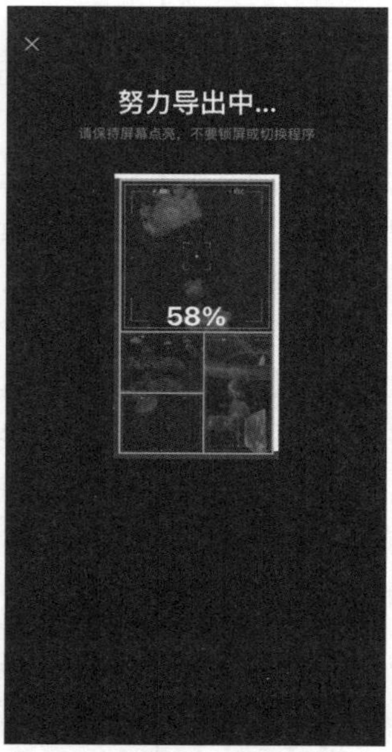

图 3-31　视频导出页面

第五步：保存/发布短视频。

视频导出完毕后即自动保存到操作者的手机相册中。这时在剪映页面可以一键分享视频至抖音或西瓜视频。

（2）剪映的 10 个功能

学会以下这 10 个功能的操作步骤，基本上就掌握了剪映的功能，能满足日常的视频剪辑需求。

① 视频分割

导入视频素材后，如果觉得视频过长，或者想截取视频中的部分内容，可以利用“分割”功能，去掉不需要的部分。

第一步：点击视频素材，将播放线移到想要分割处。

第二步：点击下方的【分割】，把视频分割为左右两段。

第三步：点击不需要的那段视频素材，再点击下方的【删除】即可。

视频分割如图 3-32 所示。

② 音频分割

将视频素材导入剪映后，音频有三种选择，一是使用视频原声，二是使用配音，三是为视频配上背景音乐（Background Music，BGM）。三种音频的处理方式各不相同。

● 视频原声。

使用视频原声，想要对视频原声进行处理时，就需要将音频导入音频轨。

操作步骤为：导入视频后，点击视频素材，在下方功能栏，点击【音频分离】，音频轨就出现在视频轨下方了。

点击音频素材，会发现下方有【音量】【淡入淡出】【分割】【声音效果】【删除】【人声美化】等。后续如果想对音频素材进行音量调节、声音分割等处理，只需在功能栏点击对应按钮即可。这类音频的分割处理与视频的分割处理步骤基本一样。

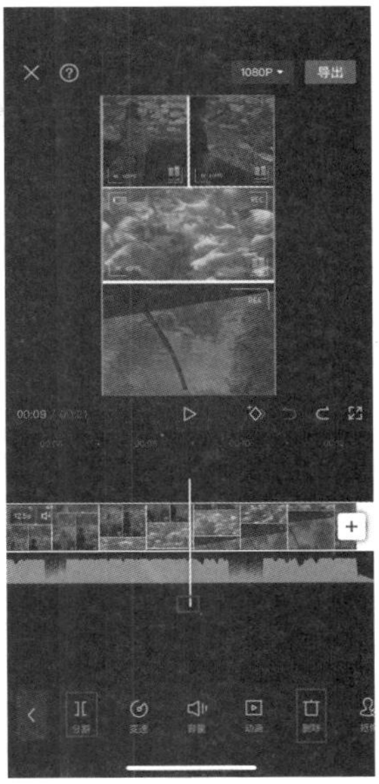

图 3-32 视频分割

● 使用配音

如果不想使用视频原声，怎么加入配音呢？

第一步：关闭视频原声。操作步骤为：导入视频后，直接点击【关闭原声】即可。

第二步：录音。点击下方功能栏的【音频】，点击【录音】，就可以进行在线录音了，录制完毕后，对音频素材进行处理，实现音画同步，如图 3-33 所示。

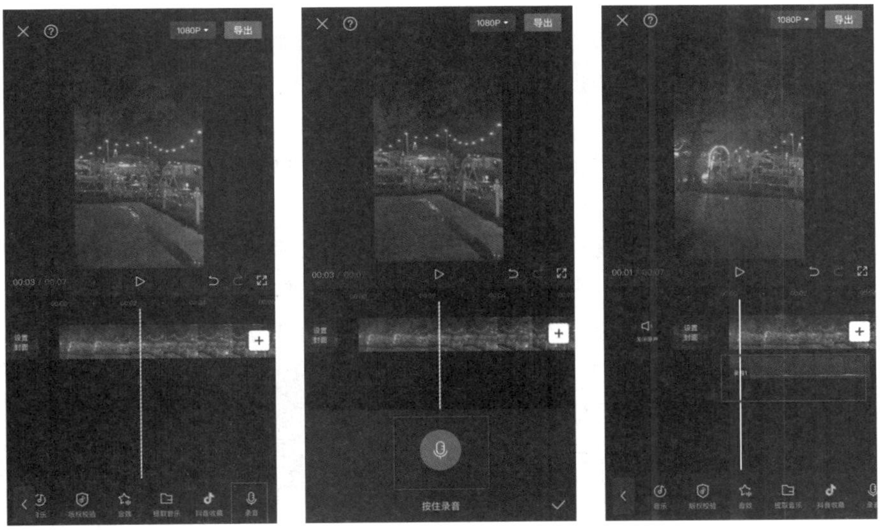

图 3-33 在线录音

如果不想使用剪映录音，可以提前用其他配音设备或软件录制好声音，剪辑时直接导入音频素材即可。同样，后续如果想对音频素材进行音量调节、声音分割等处理，只需点击音频素材，点击下方功能栏对应按钮即可。

● 背景音乐

选择背景音乐的操作步骤为：导入视频素材后，点击【音频】—【音乐】，可以发现有【推荐音乐】【收藏】【抖音收藏】【导入音乐】四种选择，如图 3-34 所示。

图 3-34　添加背景音乐

其中，【推荐音乐】选项卡中罗列的是剪映推荐的音乐片段，可以在此选择合适的音乐，也可以在搜索框中搜索音乐名称。

【收藏】选项卡中罗列的是用户在剪映收藏的音乐。【抖音收藏】选项卡中罗列的是用户在抖音平台收藏过的音乐。在【导入音乐】选项卡中可以采用其他平台的音乐或视频背景音，将链接复制在这里即可。

不管选择哪一种背景音乐导入方式，都可以先试听一下，判断音乐与视频的氛围是否搭配，然后点击【使用】即可。

背景音乐和视频声音也可以同时存在，可以将视频声音调大一点，将背景音乐调小一点，以免音乐声音盖住人物声音。

③ 调色滤镜

剪映里面有很丰富的视频滤镜可供选用。具体操作步骤是：将视频导入剪映后，点击视频素材，在功能栏中点击【滤镜】，然后选择将想要的滤镜风格即可。

参考如下。

- 人像滤镜选“亮肤”“粉瓷”等。
- 影视级滤镜选“青橙”“深褐”等。
- 风景滤镜选“樱粉”和“绿研”等。
- 美食滤镜选“食色”和“贝果”等。

当然，滤镜可以为视频增添韵味，但也会降低视频的清晰度，应视情况适度采用。采用时，可以手动调节滤镜的应用程度，从 0～100 不等，滤镜应用程度渐深。

④ 氛围特效

想要制造氛围感，特效少不了。特效包括声音特效和画面特效，例如大笑的声音，或者人物表情放大的画面。

应用声音特效的操作步骤是：点击【音频】【音效】，有【热门】【笑声】【综艺】【机械】【悬疑】等，下载后点击【使用】即可应用想要的音效。使用后，这个音效就会出现在音频轨道，可以移动音效的位置，还可以调整音效的持续时间。

应用画面特效的操作步骤为：点击【特效】，可以发现有【人物特效】和【画面特效】等。每个特效下面都有诸多分类，大家可以选择自己想要的特效效果，如图 3-35 所示。

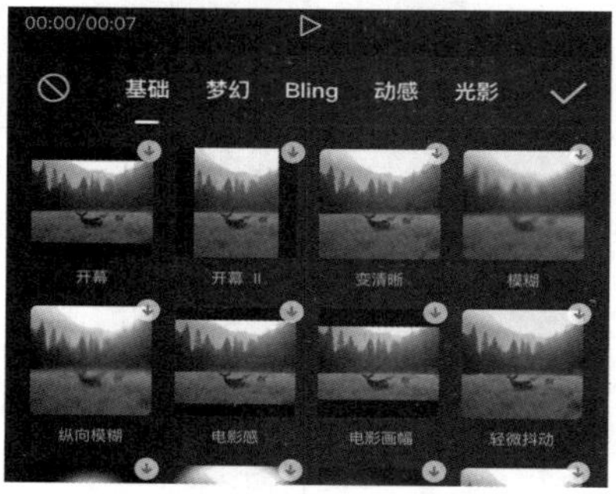

图 3-35　画面特效

应用画面特效以后，视频轨道下方会出现特效轨道，点击特效素材可以拖动调整特效位置，还可以调整特效时长。

⑤ 文字编辑

通过剪映添加字幕，有两种方式。

第一种，系统自动识别字幕。操作步骤为：导入视频素材后点击【文字】—【识别字幕】即可。识别完以后，可以点击字幕修改错别字，还可以拖动调整字幕在视频画面中的位置。

第二种，自建字幕。操作步骤为：点击下方功能栏的【文字】—【新建文本】，就可以自己添加字幕了。但这种方式要求剪辑者一句一句地添加，添加完以后还要求剪辑者根据声音来调整字幕的显示时间，稍微复杂一点。

第二种字幕添加方式更适合做字幕贴纸和字幕特效，比如在视频画面的左上方打出今天的日期，在视频画面中的人头位置处打出问号表示疑问等。

⑥ 画面贴纸

想要将画面的某些位置“打码”，或者想要给某些画面增添一些贴纸特效，就可以使用画面贴纸功能。

操作步骤：导入视频素材后点击【贴纸】，点击【添加贴纸】，就可以看到多种类型的贴纸。直接点击想要使用的贴纸，然后点击【√】即可。然后贴纸就会出现在视频画面中，点击画面中的贴纸，双指缩放，可以调整贴纸的大小。

⑦ 转场过渡

在剪映里还可以设置转场过渡，包括声音过渡和画面转场过渡。声音过渡可以为某些画面留下一定的联想空间，使得声音的出现和结束没有那么突兀。在剪映里可以进行声音的淡入和淡出处理。

操作步骤：选中音频素材，在下方功能栏点击【淡入淡出】，可以看到有【淡入时长】和【淡出时长】两个选项，针对音频开头和音频结尾，可以手动设置淡入时长和淡出时长，即让声音慢慢变大和慢慢变小，根据需求设置为 2～3 秒即可。

画面转场有多种形式，剪映中提供的很多画面转场特效可以直接套用。

画面转场特效适用于两段视频之间。操作步骤为：点击两段视频之间的白色衔接方块，底部就会出现各种转场特效，选择想要的即可，如图 3-36 所示。还可以设置画面特效的时长，以及是否将特效运用到所有的画面衔接处。

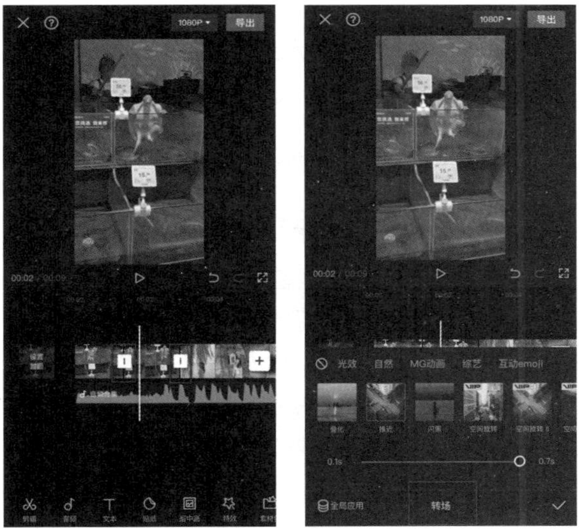

图 3-36　添加转场特效

⑧ 变速

如果想要实现视频慢速或快速播放，可以用“变速”功能来实现。

操作步骤为：点击视频素材，点击下方功能栏的【变速】，可以发现有【常规变速】和

【曲线变速】两种。常规变速即匀速，指整体按照一样的速度来调整，从 0.1～100 不等，1 以下就是放慢速度，1 以上就是加快速度。

曲线变速是“时快时慢”，可以选择模板，也可以手动设置。另外，在变速后，要避免音画不同步的现象，视频速度变了，声音也要做出对应的调整。

⑨ 倒放

如何实现人倒着走路？如何实现树叶往树上收回？可以使用倒放。剪映里可以实现一键倒放。

操作步骤为：点击视频素材，在功能栏中点击【倒放】即可，点击后画面即实现了倒放。

⑩ 画中画

使用“画中画”功能可以将另一段视频素材放在已有的视频素材上，实现两段素材在同一画面中同时播放的效果。并且，短视频剪辑人员还能够灵活调整新加入素材在画面中的位置。“画中画”功能可以丰富短视频内容的呈现形式，如图 3-37 所示。

图 3-37 “画中画”功能

操作步骤为：点击视频素材，点击【切画中画】，即从原有画面中选取一部分作为画中画；或者在主页面点击【画中画】—【新增画中画】，将其他素材添加到原有画面中。

3.2.3 抖音的内容策划及传播技巧

在抖音，内容场景与消费场景相互融合，消费用户迅猛增长，用户喜欢通过“达人”推荐，发现并购买优价好物。做好抖音运营，是企业开展全媒体运营的关键一步。

1. 抖音的内容策划

抖音上的短视频内容丰富，形式多样，常见内容形式有以下几种。

● “干货”口播类

口播类短视频指出镜人物对着镜头进行口头播报，传达信息、讲解内容等。这类视频通常以单人出镜+内容口述或真人真声+对话语音的形式呈现，台词、拍摄场景、形象气质、选题内容、表现力等都是影响口播类短视频质量的主要因素。

“干货”口播类短视频通常以固定出镜人物为主角，通过口播的形式分享一些实用的知识或技巧。例如，分享美容护肤小技巧、健康饮食建议或职场技能等。典型的“干货”口播类短视频如“秋叶大叔”“卢战卡”等账号发布的短视频，如图 3-38 所示。

● 剧情类

剧情类短视频在抖音上也非常受欢迎，可以是搞笑、反转、悬疑、温馨或夸张等不同类型的剧情。

剧情类短视频对创作团队的脚本创作能力、视频拍摄和剪辑能力都有一定要求，需要团队合作，制作成本相对较高，但同时也更容易受到用户的喜爱，容易产生“爆款”。典型的剧情类短视频账号有“papi 酱”“陈翔六点半”“情绪唱片”等。

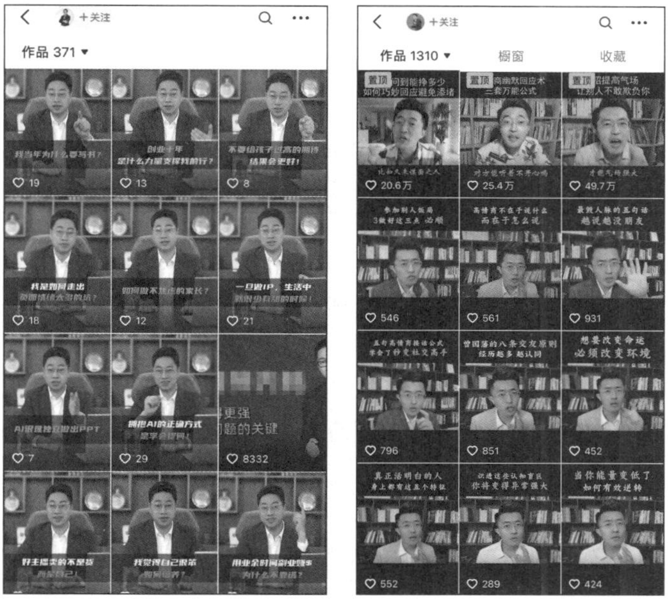

图 3-38 “干货”口播类短视频

● Vlog 类

Vlog 即视频日志，这种视频以记录日常生活、活动和体验为主，通常由一些连续的日常生活片段组成，同时配有主角的语音讲述和背景音乐。这类视频可以让用户了解主角的日常生活和经历，以真实感和贴近生活吸引用户。

● 测评类

测评类短视频的内容通常是出镜人物到访某个地点或使用某个产品后进行评测和评价，打卡类短视频也是同样的原理。例如，打卡餐饮门店、品尝美食或试用化妆品、拆箱测评产品等。这类短视频可以让用户了解不同地点或产品的特点，满足用户的好奇心，替用户“试水”，做出一定判断和参考。

● 品牌宣传类

很多企业或品牌的官方认证账号的短视频多为品牌宣传类短视频，主要是为宣传企业或产品而制作的短视频，通常以展示企业形象、产品特点和优势为主。这类短视频可以通过展示企业文化、员工生活或用户案例等来吸引潜在用户并提升品牌知名度。

> ◆ 抖音内容小贴士
>
> 在流量竞争激烈的抖音，全媒体运营者可以考虑从小切口入局，这样在抖音更易成功。
>
> 抖音作为一个创作者生态较为饱和的平台，头部大号已经具有稳定的优势，并积极开始战略扩张，新创作者还有机会吗？
>
> 有，机会在垂类赛道。全品类并不适合所有人，从小切口入局，在抖音上反而更容易成功。这其实很好理解，小切口就是细分赛道，竞争更少，只要发挥好优势，就可以冲得很快，还可以借鉴已有的头部创作者的经验，规避相应的风险，实现“后发优势”。

例如，女装赛道已经形成一片“红海”，在很多同类商家难以抢占市场的时候，女装的细分领域，如内衣、汉服、大码女装、妈妈装等却诞生了一批快速成长的“达人”和商家。非常重要的是，细分赛道的粉丝更精准、黏性也更强。比起“路人粉”，精准粉丝的变现价值更高。某大码女装品牌在粉丝不到 100 万个时，却做出了月销售额 1768 万元的好成绩。

2. 抖音的内容传播技巧

在抖音上，使用以下运营技巧有助于达到更好的内容传播效果，实现更多曝光。

① 运用抖音热点小助手

在抖音发布短视频时，可以借助抖音热点小助手这个工具来参与热点话题，提升短视频的流量（目前抖音热点小助手只针对粉丝数量在 1 万人以上的创作者开放投稿功能）。

运用抖音热点小助手有两种操作办法。

第一种：在抖音中搜索“热点小助手”，从顶部的小程序入口处进入，点击【立即投稿】，即可选择对应热点话题发布视频，如图 3-39 所示。

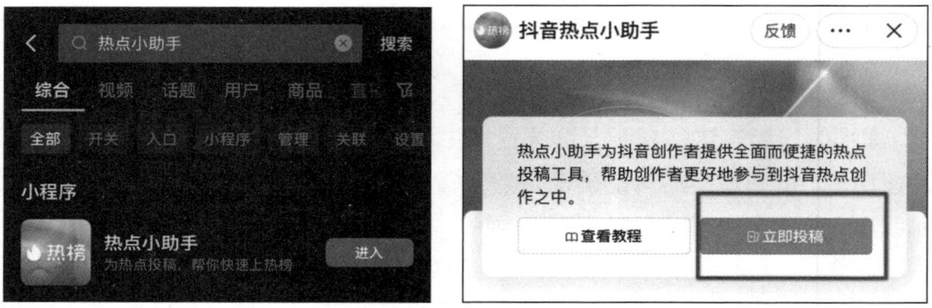

图 3-39 “抖音热点小助手”入口

第二种：粉丝数量在 1 万人以上的账号在发布短视频时，点击【申请关联热点】，选择要关联的热点话题即可。

短视频发布后，即进入平台审核阶段。运营者可以在“抖音热点小助手”的【管理】页面这里查看审核情况和上榜情况，如图 3-40 所示。

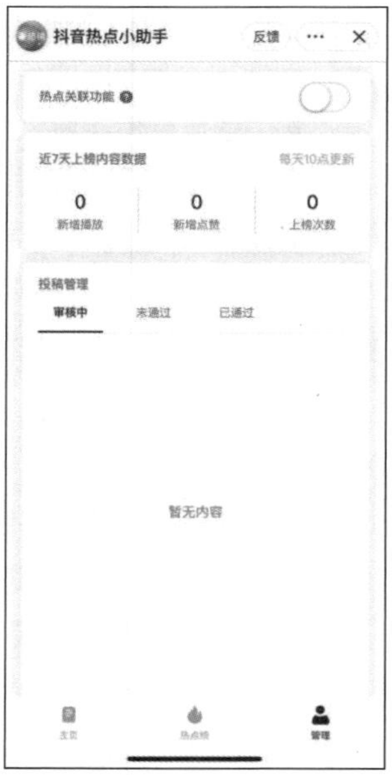

图 3-40 后台审核页面

② 流量竞争激烈，适当有效投放

如今抖音平台的内容生态丰富，创作者饱和，后来者若想在抖音平台快速崛起，需要进行付费推广。

运营团队可以适当地付费推广，但切忌盲目推广。

- 在可能会火的短视频中进行推广。很多新来者为了数据好看，会对每个短视频都进行推广，这样其实没有必要。不会火的短视频，推广了也不会“涨粉”，没有实际意义。
- 先测试再推广。如果是多平台分发运营，建议在次要平台先测试再去主打平台推广，很多时候用户的喜好其实是一致的，在一个平台较火的短视频，在另一个平台火的可能性也比较大。

● 复盘投放数据。对新手来说，其凭直觉、凭经验进行推广不如凭数据进行推广。

③ 带好话题，巧妙“蹭”流量

在抖音发布短视频时，发布文案中有必要带上相关话题。发布短视频时的常见话题有垂类常用话题、人物标签话题、平台热门话题、品牌固定话题、平台活动话题等，运营者可以选择 1～5 个话题。常见话题的总结如表 3-4 所示。

表 3-4 常见的话题类型及适用情况、作用、案例

话题类型	适用情况	作用	案例
垂类常用话题	适合账号初期	用于强化账号标签，利于系统精准推荐	#仿妆 #美食探店 #汽车 #街拍
人物标签话题	人设鲜明的账号，以及一些想要打造个人品牌的账号	凸显账号人物的个性，形成用户的记忆点； 强化个人品牌	#张同学 #秋叶大叔
平台热门话题	各类短视频都适用，但不能盲目追热点，内容要相关	“蹭”热点，借热门话题提升营销视频的播放量	#挑战柳夜熙仿妆
品牌固定话题	品牌账号及短视频； 固定栏目短视频话题； 活动话题	强化品牌曝光； 用户搜索以及话题短视频的聚合； 用于维持品牌关注度，提升品牌话题影响力	#华为 #浓浓年味安慕希
平台活动话题	视频内容与活动话题较为相符，或相关	借助官方话题扶持，有可能上热门，获得更多流量	#每日穿搭 #哔哩哔哩新星计划

总结：

● 必须运营好抖音账号，但其不一定是主打平台。

● 抖音流量大，但是想要后来居上还是有难度的，普通创作者从小切口进入更合适。

● 抖音竞争激烈，要规划成本，要会推广。

● 抖音的审核机制较为严格，不要轻易挑战平台规则。

3.2.4 快手的内容策划及传播技巧

快手上的短视频账号类型多样，生态丰富，抖音上的各式内容快手几乎都有，在此基础上，快手上的内容生活气息较浓，地域特色鲜明，有难以取代的优势。

1. 快手的内容策划

快手的用户群体中，下沉市场用户占比相对较大，因此，快手的内容策划需要考虑到这一点。“干货”口播类、剧情类、Vlog 类、测评类、品牌宣传类等较为常见的短视频类型这里就不重复介绍了，本小节主要阐述快手上的特色短视频类型，运营者可以从特色内容入手策划内容。

● 乡村生活类

快手上的乡村生活类内容有一定比例，且很受用户欢迎，经常能产生“爆款”，不管是乡间劳作、春耕秋收，还是乡村美食、乡村美景、赶海日常、家庭生活等，都能让用户感受到一股浓浓的生活气息，贴近用户。

例如，快手上的“王奶奶农村一家人”“山村小杰”“川味盐太婆”等，其内容都很有趣，都有大量粉丝。快手上的乡村生活类短视频如图 3-41 所示。

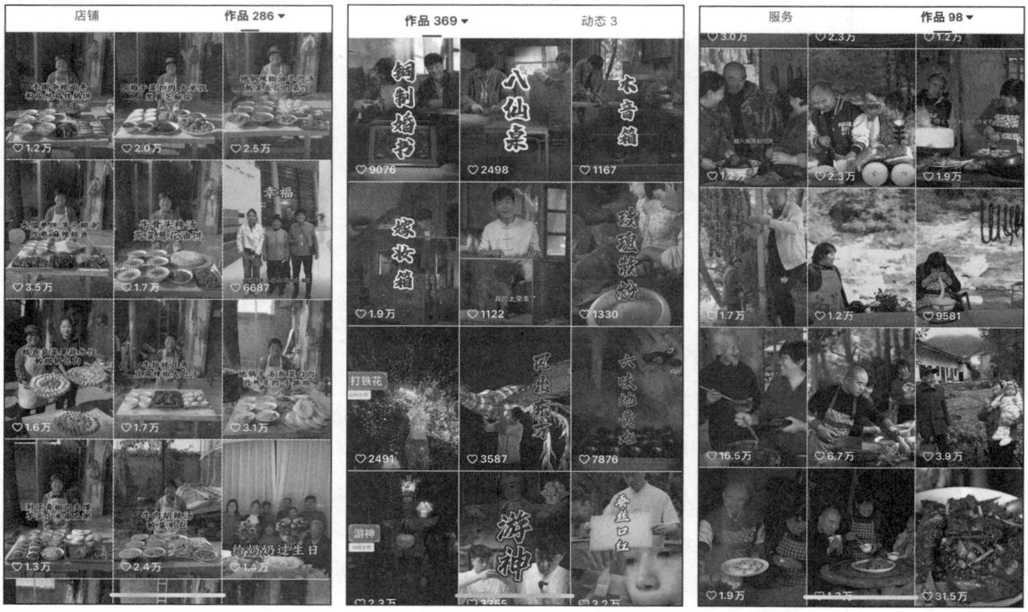

图 3-41 快手上的乡村生活类短视频

此外，在快手上，很多乡村生活类账号被认证为“乡村守护人”“新农人”等，这类账号不仅受到用户的喜欢，为带动乡村经济发展贡献了力量，还经常能得到平台的流量扶持。

- 逗趣搞笑类

快手以其“接地气”的风格吸引了大量喜欢幽默的用户，逗趣搞笑类内容在快手非常受欢迎。无论是搞笑段子、滑稽模仿，还是夸张表演，这些内容都能迅速在用户间传播。

这些内容以其轻松愉快的氛围，快速吸引用户的注意力，使用户观看后哈哈大笑。例如，快手上的“张百乔”以充满想象力的剧情和逗趣的互动走红，不仅积累了 800 多万个粉丝，还经常登上热搜，其短视频内容将原创性和娱乐性结合，是用户乐于分享的内容。

- 才艺展示类

才艺展示类内容在快手同样占据重要位置。许多创作者通过快手展现自己的手工制作、杂技、房屋装修、唱歌、跳舞、乐器演奏等才艺，满足了用户对个性化表达的需求。这类内容不仅展现了创作者的特长，还激励和影响了许多用户发掘和展示自身的才华。

以账号“山村小杰”为例，其出镜人物小杰凭借出色的手工制作和木匠雕琢技术，被称为“山村鲁班大师”。在其短视频中，他总是可以凭借自身出色的手艺活完成各种高难度作品，如木音箱、驱蚊膏、自制衣柜、自制足球等。因此其在快手上吸引超过 700 万个粉丝，并获得了快手“幸福乡村带头人”的官方认证，如图 3-42 所示。

- 挑战和互动类

快手上充满了各种各样的挑战和互动类内容，创作者通过提出各种有趣的挑战，引导用户参与和与用户互动。这类内容既增强了用户的参与感，也扩大了内容的传播范围。

图 3-42 快手账号“山村小杰”

例如，快手上的账号“爆笑办公室Officia”，经常推出各种办公室团队挑战，如投壶挑战、搞笑表情包挑战、摸盲盒挑战等，在吸引用户注意力的同时，也能为用户提供各种新奇的玩法和点子，如图 3-43 所示。

图 3-43 快手账号“爆笑办公室Officia”

- 情感分享类

快手还是一个重视情感分享的社区。不论是人生感悟、家长里短，还是寻求建议、分享故事，情感分享类短视频通常真实、温暖，易引发用户的情感共鸣。通过分享生活点滴和心灵感悟，创作者与用户之间可以建立起一种独特的情感联系。

如“夜听刘筱”这一快手账号，经常分享关于亲情、友情及爱情的深刻见解，帮助众多用户在情感上得到慰藉，同时促进了用户间的深度互动。

◆ 快手内容小贴士

因为快手的大多数用户群体都来自下沉市场，所以在快手上可以适当地往接地气的方向发展，而查询快手的主播榜单也可以发现，在快手上，亲民、接地气人设的账号及主播更受欢迎。

例如，“秋叶 PPT”的抖音账号和快手账号，就呈现出不一样的风格，在封面和标题设置上，相比于抖音账号更强调 PPT 本身的功能，快手账号的短视频标题更有情景感和代入感，“工资只有 2500 元”等表述，更有画面感，更接地气一点。

同时，在快手上开展短视频“带货”和直播“带货”更需要适应快手的风格与氛围，“带货”风格和商品品类应该从日常生活着手，而不是只发力于那些大牌商品以及高价格、高利润的商品，走所谓的“高大上”路线。

2. 快手的内容传播技巧

在快手上，使用以下运营技巧有助于达到更好的内容传播效果，提升曝光度。

① 封面大标题，适当夸张

快手的浏览模式有全屏播放模式和点击播放模式，给予用户一定的选择权。这种情况下，当几个短视频一起呈现在用户手机屏幕上时，用户会选择点开哪个短视频呢？

当然是封面更吸引人的那个。做快手短视频封面，要尽量体现内容亮点，用大字、大标题来体现内容，选择吸引人的一帧画面做封面，适度夸张，这样才能提高短视频被打开的概率。

② 强化互动，增强黏性

一直以来，快手以“流量普惠”作为底层产品逻辑，给每位创作者相同的曝光机会，促进平台内容的多样性。

快手中的“网红”多诞生于基层，乡村生活类短视频在平台上的占比很大。另外，快手有很强的网络直播氛围，用户有较强的黏性。用户愿意主动点赞、评论、分享自己喜欢的“网红”发布的短视频。

基于此，在快手运营账号时，有必要强化和粉丝的互动，不管是在短视频中还是在直播中，“认同的‘老铁’可以在评论区‘扣’一波 666”这类话术，都有利于强化互动、拉近和用户间的距离。运营团队可以在视频评论区发起提问、投票，可以多回复用户的评论和私信，可以建立社群，在群中拉近和用户的距离，通过多种运营动作来增强用户的黏性。

③ 拥抱平台，寻找机遇

快手经常会针对不同垂类的内容创作者开展话题活动，并给予流量扶持，这对一些新手创作者来说非常重要。

例如，快手已经连续多年举办“光合创作者”大会，快手官方会从创作者扶持、直播电商、商业化变现、产品运营等方面，来解读快手每年的新动向，以期多维度赋能用户及创作者；快手还多次举办“快手幸福乡村人带头计划”，助力乡村创业者通过短视频和直播推动乡村经济发展。

运营团队如果能够在相关活动中获得奖项，得到的流量扶持可能会远远超过账号的日常流量，这对新账号和新主播来说，有利于实现“冷启动”。

技巧：关注“快手+行业”之类的账号，如“快手时尚”“快手新知”“快手美妆”等，从而获得快手关于不同行业的最新活动和政策，还可以加入快手针对快手创作者设立的不同社群，从而获得更多官方平台资讯。

总结：

- 亲民接地气的账号和人设更适合快手。
- 短视频封面要适度夸张，标题要突出，吸引用户点击观看。
- 关注平台活动，多参与，争取获得平台流量扶持，更有利于曝光。

3.2.5 视频号的内容策划及传播技巧

视频号扎根于微信，运营者在内容策划和传播技巧上都可以运用好这一优势。

1. 视频号的内容策划

视频号内容丰富，但以下类型的内容更适合在视频号上发力。

① 知识类 IP 创作的内容

知识类 IP 往往以社群为载体，有着强大的私域流量。由于视频号和公众号、社群、朋友圈等应用打通，所以视频号成为很多知识类 IP 账号的聚集地。很多知识类 IP 账号在抖音、快手上可能火不起来，但是在视频号，其依靠私域群体和同类圈层的扩散，有可能形成“爆款”。

② 同主体公众号类创作的内容

公众号作为品牌聚集用户、触达用户，进行品牌宣传的新媒体必备工具，已经成为品牌连接用户的有效平台，尤其是对服务类公众号来说，公众号已经成为企业沉淀用户的流量池。

而在视频号中，同主体认证的视频号和公众号可以完全打通，用户可以从企业的视频号进入公众号主页，也可以从企业的公众号进入视频号主页，公众号和视频号已经有了统一的主页，如图 3-44 所示。

图 3-44 公众号与视频号的主页

所以视频号非常适合已经有公众号基础的企业和个体，其可以做到逐渐将公众号的大量粉丝导入视频号，当运营者在视频号发布视频、“种草”商品，或者直播“带货”时，公众号能带来基础的流量。

③ 教育类内容

父母群体、专业人士和学习者，他们对幼儿教育、专业技能提升、学术知识等教育性内容感兴趣，所以教育类内容易引起微信用户群的关注，也能够吸引其转发、扩散。

④ 政企机构类创作的内容

微信创始人曾在微信之夜上说过：希望视频号能成为个人和机构的官网。

传统意义上，机构通常会通过建立官方网站来展示自己的信息、产品或服务。然而，随着社交媒体的崛起，越来越多的机构选择在社交平台上建立官方账号。

视频号作为微信的一部分，具有高度的用户活跃度和良好的社交互动，能够提供更直观、丰富的视听体验，能够更好地展示企业的形象和内容，从而帮助企业更有效地与用户建立互动关系，增强自己的品牌形象和影响力。

视频号内测以后，便邀请了政务号入驻，如人民日报、人民网等。现如今，政企机构类账号在视频号上表现得非常活跃，如高校账号、政务账号、企业宣传账号等，视频号俨然成为政企机构开展舆论宣传工作的得力平台。

例如，某大学在高考志愿填报季推出了该学校的宣传片，吸引了大量本校学生点赞，使得该视频一度爆火，推动上千名高中毕业生在视频号后台私信咨询报考事宜。

◆ 视频号内容小贴士

数据显示，用户一般不是主动进入视频号页面的，而是通过朋友圈好友分享的视频链接或者社群内视频链接进入的，即在社交场景下由好友分享进入。而在主动进入视频号页面，并在视频号中较为活跃的用户中，中老年用户群体占据了一定比例。

所以，在视频号做内容，激发分享，引导转发，促进病毒式传播，是推动内容传播的很重要的一个因素。

2. 视频号的内容传播技巧

视频号在传播机制和社交属性上有一定特殊性。在视频号上，应用以下运营技巧有助于达到更好的内容传播效果。

① 运用好公众号

认证过的视频号可以关联公众号，关联成功后，公众号后台会和视频号后台统一，用户可以由视频号直接跳转到对应公众号，也可以由公众号直接跳转到对应视频号，这对原本就有公众号的创作者来说非常有利。

◆ 案例

知名情感公众号“夜听”原本就有超过 3000 万的粉丝，其创始人刘筱开通视频号“夜听刘筱”后，采用一定的导流动作，再加上有效的内容运营，将其公众号粉丝大量导入视频号，这使得其视频号粉丝数量快速突破一百万，经常产生多个“爆款”内容。

此外，公众号粉丝会收到视频号直播的提示，如图 3-45 所示。

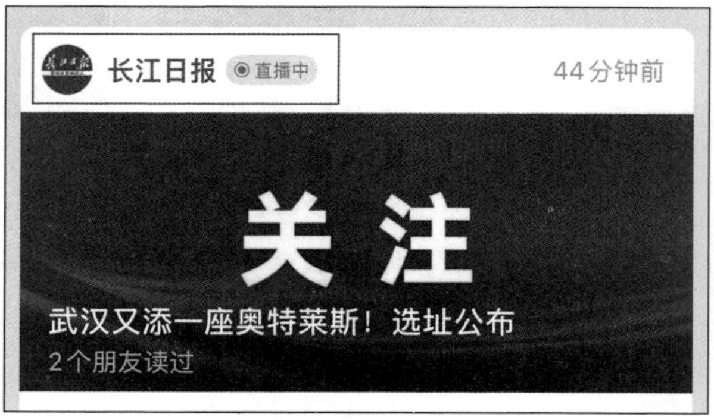

图 3-45 公众号的直播提示

② 积累私域流量，发动私域流量点赞和转发

对视频号创作者来说，微信好友越多越有利，好友点赞率越高越有利。

创作者应利用好视频号的这一特点，积累私域流量，尽量多积攒微信好友、社群好友，甚至可以多创建几个微信号，或者发动身边的同事、朋友来点赞和转发视频到朋友圈。

此外，如果企业积累的社群数量多，对企业开展推广非常有利，视频号支持将视频转发到企业微信群，可以大大增加曝光量。

③ 坚持直播

目前，视频号还没有流量集中的头部创作者，流量分配相对公平，新手也有机会。平台对新手创作者和主播都有较大的流量扶持，经常推出各种官方直播活动。新手创作者坚持做好内容，坚持直播，就会慢慢积累流量。

总结：

- 对没有团队、没有经验的创作者来说，视频号还是容易起步的，最起码平台头部创作者还没出现，流量分配相对公平，后来者也有机会。
- 视频号更适合有公众号粉丝、私域流量多的创作者。
- 新人只要坚持在视频号直播，获取的流量会比其他平台多一点。

3.2.6 哔哩哔哩的内容策划及传播技巧

针对哔哩哔哩的“Z 世代”和男性用户占多数的用户群体特点，哔哩哔哩的内容策划和内容传播可从以下角度入手。

1. 哔哩哔哩的内容策划

① ACG[①]相关内容

哔哩哔哩以二次元文化起家，因此其用户对动漫、游戏等相关内容有着极高的接受度。用户群体中有大量的二次元爱好者，如果企业制作的视频涉及相关内容，会更容易获得关注和互动。

② 美食类

哔哩哔哩美食类内容历史沉淀较深，相关数据显示，早在 2020 年上半年，哔哩哔哩月榜统计的数据中，TOP100 的账号中美食类占比最大，达到了 24.1%。从最开始的吃播，到后期的探店、美食制作等，哔哩哔哩平台上美食类内容的播放量增长迅速、活动丰富多样、UP 主数量不断增加，美食记录成为新风尚。

③ 数码科技类

在哔哩哔哩，数码科技类账号发展非常迅速，因为哔哩哔哩年轻、活泼的用户群体对数码科技领域的关注度很高。数码科技类账号的内容通常为最新的科技产品评测、科普知识、数码设备分析、科技趋势分析等内容。

例如，哔哩哔哩知名 UP 主“老师好我叫何同学”专注于数码科技赛道，其会通过自己试用，对各种科技和电子设备进行比较和评测，账号内容还会涉及一些新兴的科技趋势和产品，如智能家居、虚拟现实、增强现实等。虽然何同学视频更新慢，但是视频质量很高，因此经常产生“爆款”。

④ 科普学习类

哔哩哔哩上的用户群体以年轻人居多，其对知识、学术和科普类内容表现出浓厚的兴趣。因此，制作有趣而深入的科普视频、学科解说等，能够在哔哩哔哩上收获更多粉丝。这也符合哔哩哔哩推崇的“年轻人的知识社区”的理念。

---

① ACG：Animation、Comics、Games 的缩写，指动画、漫画、游戏等领域。

例如，哔哩哔哩知名 UP 主“罗翔说刑法”是刑法讲解和法律科普类账号，罗翔老师的视频风格以严谨、务实为主，同时也不乏幽默和风趣。他能够把复杂的法律问题和案例讲深讲透，让用户容易理解。

现如今，哔哩哔哩上的美食、财经、知识分享、时尚、宠物等领域的 UP 主迅速崛起。为了保持平台的活力，并为用户持续输出高品质内容，哔哩哔哩还采取了多种培养措施和计划来激励 UP 主积极生产优质的原创内容，吸引了许多领域的内容生产者逐渐入驻哔哩哔哩，使平台的内容更加多元化。而多元化的内容又吸引了更多用户进入平台，从而形成了用户与内容丰富程度同时增长的正向循环。

◆ 哔哩哔哩内容小贴士

查看哔哩哔哩的工作岗位的招聘要求，可发现大多都要求是“95 后”，甚至是“00 后”。

所以，哔哩哔哩账号一定要找年轻人来运营。最好是那些哔哩哔哩爱好者，即喜欢哔哩哔哩，经常“刷”哔哩哔哩，对哔哩哔哩有较多了解，能够追上热点，知道用户喜欢什么的年轻人。

2. 哔哩哔哩的内容传播技巧

在哔哩哔哩上，使用以下运营技巧有助于达到更好的内容传播效果，提升曝光度。

① 向“00 后”靠拢

哔哩哔哩的主要用户是“Z 世代”，要想运营好哔哩哔哩账号，必须向“00 后”靠拢。

怎样向“00 后”靠拢呢？要做到年轻化营销，即在账号形式、账号内容、互动等各方面都做到年轻化。

◆ 案例

领克汽车为了更加贴近年轻用户，账号的整体包装和内容运营都从年轻化视角展开。由图 3-46 可知，其简介为“点个关注你就知道我是不是真官方了！”。而账号日常发布的视频的主题也都是年轻人较为喜欢的主题，视频文案和标题的风格也多为调皮和活泼的风格。

图 3-46 领克汽车的哔哩哔哩账号

② 弹幕互动设计

在视频中设计或引导一些适合弹幕互动的内容，如投票、点赞等，鼓励用户发送弹幕。弹幕互动可以提升用户参与感，也可以在一定程度上提高视频曝光度。

同样地，回应弹幕、与用户互动也是重要的一环。

③ 积极参与平台活动

哔哩哔哩也会不断推出创作者激励活动。运营者登录哔哩哔哩后，在上方的菜单栏单击【活动】，就可以看到哔哩哔哩近期推出的话题活动，如图 3-47 所示。

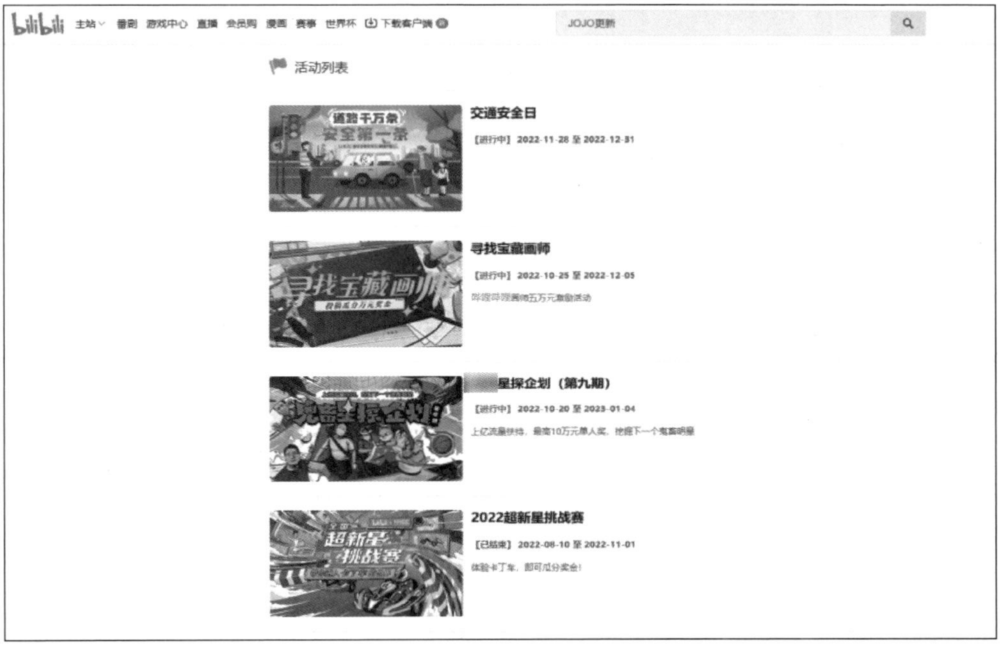

图 3-47　哔哩哔哩的话题活动

除了活动，哔哩哔哩还经常推出各种创作大赛、专题合作、活动合作、联动推广等，创作者可积极参与，除了可能会赢得平台的流量加持外，还有机会赢取平台的现金奖励。

④ UP 主是变现关键

用户在哔哩哔哩上更喜欢有个性、人设突出、有特色的 UP 主。与此同时，在哔哩哔哩上，粉丝“打赏”是很多账号的主要变现来源，哔哩哔哩的直播“带货”正在起步，未来几年可能会有所突破。

在这种情况下，UP 主的个人影响力和粉丝黏性就具有很关键的作用，账号的主要出镜人很重要，是变现的关键因素乃至决定性因素。甚至很多粉丝会随着 UP 主换平台而转移，所以 UP 主是变现的关键，既要考虑到用户是否会喜欢，又要考虑到后期的发展是否稳定。

总结：

- 年轻化运营，内容、表现方式、话术都要年轻化，要懂年轻用户。
- 让年轻人来运营哔哩哔哩账号更合适，最好是哔哩哔哩爱好者。
- 哔哩哔哩粉丝黏性较强，UP 主很重要，不要轻易改变。

课后练习

请就地取材，尝试为身边的某一商品写一个植入性宣传脚本，并评选出班内最好的脚本，说明原因。

3.3 全媒体融合下的内容运营

在全媒体融合的背景下，内容运营的能力已经成为每个媒体人必须掌握的基本技能。

3.3.1 内容运营所需的基本能力

内容运营是指通过各种渠道，以文字、图片、音频、视频等形式，生产和发布原创或经过筛选和整合的内容，并通过对这些内容进行策划、编辑、审核、发布和推广，实现内容的传播和价值的增值。

要想做好内容运营，一般需要具备以下几种能力。

1. 内容策划能力

内容策划是内容运营的核心，它需要运营者对目标受众的需求和兴趣有深入的了解，也需要运营者对各种媒体平台的特点和优势有清晰的认知，还需要运营者经常使用各大新媒体平台，通过大量的阅读，以及对优质内容的分析来积累经验和素材。

一名优秀的运营者应该能够根据不同的平台和受众，设计和制定出具有吸引力和独特性的内容运营策略，并能够根据策略进行内容的选择、策划和制作。因此，运营者需要熟悉各平台规则及平台上的优质同行账号，并且能够识别及采集优质的内容。

2. 热点洞察能力

内容运营工作需要运营者借助热点提高内容的曝光度。但热点的热度持续时间通常比较短，运营者需要关注各大新媒体平台，在热点出现后，在短时间内迅速做出反应，在热点事件中快速找到和品牌或产品相关的内容，完成内容的创作及发布。

3. 内容创作能力

在全媒体融合的背景下，运营者不仅要写出高质量的原创文章，还要根据不同的媒体形式，如图片、音频、视频等，进行相应的创作和编辑工作。此外，对一些特定领域的内容，如科技、时尚、美食等，运营者还需要进行深入的研究和分析，以提供更专业、更实用的内容。

此外，运营者还需要熟悉广告法的相关规定，并且可以根据用户的需求撰写包括公众号推文、产品文案、互动文案、活动文案等在内的文案内容。

4. 内容推广能力

内容推广是内容运营的重要环节，它要求运营者不仅需要具备对各种媒体平台的了解和运用能力，还需要具备对市场和用户需求的敏锐洞察能力。通过运用各种推广手段，如社交媒体分享、私域激活、搜索引擎优化、广告投放等，运营者可以将内容传播给更多的用户，提升品牌知名度和影响力。

5. 数据分析能力

数据分析是内容运营的重要保障，它可以帮助运营者了解受众的需求和行为习惯，从而优化内容生产和推广策略。通过对各种数据的分析和评估，如点击率、转化率、用户停留时间等，运营者可以判断出内容的传播效果和价值增值情况，从而及时调整策略，提升运营效果。

6. 团队协作能力

在全媒体融合的背景下，全媒体运营通常需要多个岗位人员的协同合作，如策划人员、撰稿人员、编辑人员、设计人员等。因此，一名优秀的内容运营者应该具备团队协作能力，能够与其他成员进行有效的沟通和协作，共同完成工作任务。

3.3.2 内容运营的工具

内容运营者不一定是专业的设计师或程序员，但必须知道如何快速找到合适的新媒体工具、如何借助工具提升工作效率。

例如，当内容运营者需要设计一张活动海报时，即使没有设计功底，也可以在创客贴网站或稿定设计网站等制作一张海报。

为了提升工具应用能力，内容运营者需要持续加深对以下工具的了解程度并熟练使用，如表 3-5 所示。

表 3-5 内容运营者应具备的能力、应了解的工具及应用平台

能力	工具	应用平台
图片处理	PS、美图秀秀	几乎所有新媒体平台
海报制作	创客贴、稿定设计、PPT	公众号、小红书、微博等
图文排版	135 编辑器、秀米、壹伴、PPT	公众号、小红书
视频处理	剪映、Premiere、Final Cut Pro	抖音、快手、哔哩哔哩、视频号等
表单处理	微盟表单、金数据、Excel	社群、网页、微博等
H5 制作	秀米、易企秀、iH5、MAKA	公众号、微信朋友圈、社群
AI 运用	ChatGPT、文心一言、讯飞星火、Midjourney	几乎所有新媒体平台
数据获取	新榜、清博智能、飞瓜数据、蝉妈妈	几乎所有新媒体平台

3.3.3 整合内容运营的基本策略

很多企业做全媒体运营，只是做到了表面上的内容整合，即同一个短视频或图文内容全平台分发，并没有起到“整合”的作用。内容整合是指将不同类型、形式、媒介的内容进行有机结合，以产生更丰富、更吸引人的信息呈现形式，它能够让企业有效地利用多个平台，传达一致的品牌信息和价值主张。

内容整合可以用以下策略。

1. 制定内容整合规划

在整合内容之前，需要制定一个明确的内容整合规划。这个规划应该包括以下几个方面。

- 确定内容来源：需要确定内容的来源和渠道，包括原创内容、第三方内容、用户生成内容等，并制定相应的获取和管理策略。
- 确定内容整合形式：需要确定内容的整合形式，如文字、图片、音频、视频等，以及不同形式内容的整合策略。
- 确定推广渠道：需要确定内容的推广渠道，包括各种社交媒体平台、搜索引擎等，并制定相应的推广策略。
- 确定评估指标：需要确定内容的评估指标，如点击率、完播率、转化率、粉丝增长数量等，以便对内容整合的效果进行评估和调整。

2. 原创内容+有效分发

原创是基础，分发要有效。企业所在的媒体平台越多、账号越多，内容整合越复杂、越有难度。企业难以做到在不同平台都收获很好的效果，只能利用有限的资源发挥较好的效果。做好内容整合需要做到以下几点。

- 创意改写

将一个创意话题改写成多种内容形式。例如，针对一个口播视频文案，其实是可以经过简单的风格加工，加上合适的话题，改写成小红书笔记或者微博内容的。同样，一篇小红书笔记，是可以改成短视频发布到抖音的。

- 素材留存

企业的新媒体账号大多是先后做起来的，为了使后面新建的账号可以复用之前的内容，素材留存很重要。例如，关于某个产品的短视频素材，完整的视频成片、产品图片、详情页、文案、直播话术等，都要保存好源文件，以备后续复用。

- 关注热点

不同平台热点话题和玩法有所不同，在保持日常更新的情况下，运营者要关注不同平台的热点情况，及时反应，针对平台热点和活动产出新的内容。积极参与不同平台的活动，留意平台热门话题和玩法，根据内容做好融合。

- 注重个性

企业在不同平台的营销应根据平台特点在内容上有所侧重。例如，瑞幸咖啡在小红书上的内容以吸引人的咖啡图片为主，配合“点单攻略”“咖啡 DIY”“隐藏喝法”等延伸话题，注重营造生活氛围，经常产生“爆款”笔记，引发平台用户自发传播；而在抖音平台上，其内容以新品和活动宣传为主，强化品牌形象，主打直播销售，日常视频数据一般。两个平台的账号对比如图 3-48 所示。

3. 建立内容管理机制

在内容整合中，建立一套完整的内容管理机制是至关重要的。这个机制应该包括以下几个方面。

- 内容审核机制：需要对各种来源的内容进行审核和筛选，确保内容的真实性和可信度。
- 内容分类机制：需要对内容进行分类和标签化，以便更好地管理和查找内容。

图 3-48　瑞幸咖啡的小红书账号与抖音账号

- 内容存储机制：需要对内容进行存储和管理，以便更好地保护版权和提高效率，为后期内容的二次编辑、剪辑和利用做储备。
- 内容更新机制：需要对内容进行定期更新和升级，以保持其时效性和吸引力。
- 内容协作机制：需要建立一套有效的协作机制，以便团队成员之间的合作和协调。

4. 内容要服务于品牌的一致性

品牌整合是市场营销学的概念，是指将一个品牌的不同元素、资产和活动整合到一个协调一致的整体中，以确保品牌在市场中呈现一致和统一的形象。品牌整合包括整合品牌的视觉元素、声音元素、口号、标志、产品线、广告、宣传活动、数字渠道和社交媒体等。

品牌整合涉及品牌传播的众多因素，落实到全媒体运营只是品牌整合传播策略的一个小分支。品牌整合一般涉及以下几点。

- 账号一致性

不同新媒体平台账号，头像尽量相同，最好是以企业或者品牌标志为头像，如瑞幸的蓝色鹿头和小米的黄色米标。账号务必要认证为官方账号，以便用户搜索到，并增强信任。账号名称尽可能一致。

- 形象一致性

不同平台的账号，要尽可能展现出一致的品牌形象。从视觉呈现上来说，无论是账号头像，还是账号背景、视频封面的整体色调等，都要与品牌的调性保持一致。除此之外，视频、图文中的内容互动以及传递出来的品牌观念、价值观等，也不能有损品牌形象。

- 定位一致性

品牌在不同平台的账号，要尽可能保持风格统一，无论是搞笑幽默的，还是沉稳干练的，要确保内容在不同平台上的一致性，以形成统一的品牌形象，不能为了刻意迎合平台用户而随意改变调性。定位一致性涉及视觉风格、语言风格、话题标签的一致性，以使用户无论在哪个平台接触到品牌，品牌都能够给用户留下一致的品牌印象。

课后练习

观察某个企业或某个品牌在不同平台的账号及其内容，总结出其在不同平台的内容策划和传播技巧，以及其是如何做到内容上的整合运营的。

课后习题

1. 简述你对全媒体内容运营的理解。
2. 简述主流的新媒体平台的内容策划以及传播技巧。
3. 请选择一个你喜欢的短视频，尽可能详细地拆解出这个短视频的脚本。

PART 04

第四章 全媒体用户运营

学习目标

- 掌握用户运营的基本概念。
- 掌握用户运营的四大板块。
- 掌握社群中的用户运营。
- 了解如何做好全媒体融合下的用户运营。

素养目标

- 同时关注不同立场和观点的媒体，以获取更全面的信息和观点，不造谣，不传谣。
- 深入了解国家政策、法律法规，了解政府的工作方针、政策调整和法规变化，有助于在社群运营中更加准确和恰当地表达。

在粉丝没有转化为用户之前，是泛流量；在转化为用户以后，才是有效流量。在全媒体运营中，很多工作是围绕用户展开的，很多运营工作的最终成效，就是以用户数量的增长、用户的转化等与用户相关的指标来衡量的。因此，用户运营在全媒体运营中有着贯穿始终和承上启下的重要作用。

本章先从用户画像入手，讲解如何绘制用户画像和如何看懂用户画像，然后详细阐述用户运营的四大板块，即拉新、促活、转化、留存；用户运营的私域“场地”离不开社群，所以本章用一节来专门讲解社群中的用户运营；本章最后系统阐述全媒体融合下的用户运营。

4.1 用户运营与用户画像

在互联网企业中可能会存在一些岗位，从名称上看这些岗位似乎与用户运营无关，如社群运营、活动运营甚至网店客服等，但如果在招聘网站搜索上述岗位，可以从这些岗位的岗位描述中看到，这些岗位的岗位职责中有很多事项都与用户运营密切相关。用户运营相关岗位如图 4-1 所示。

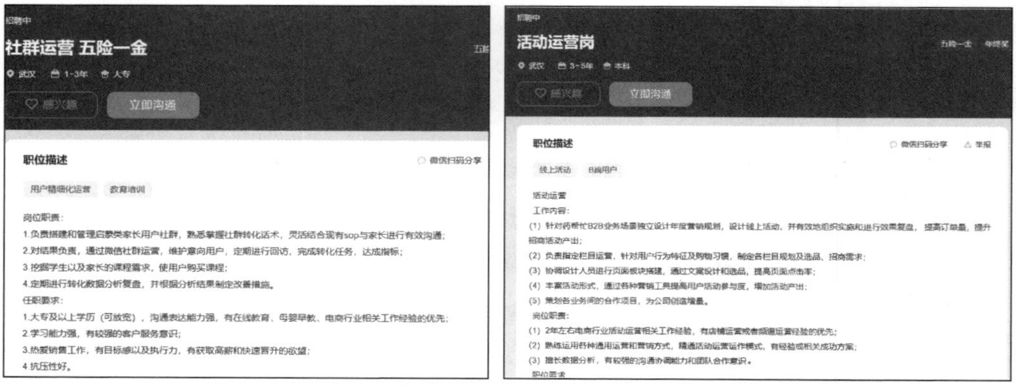

图 4-1　用户运营相关岗位

4.1.1 用户运营的基本概念

用户运营，是指以用户为中心，通过搭建用户体系，针对目标用户开发需求产品，策划内容与活动的过程。在进行用户运营的过程中，运营者要严格控制实施过程与结果，最终达到甚至超出用户预期，进而实现全媒体运营目标。

在具体的用户运营工作中，运营者需要明确用户运营的对象、目标及手段。

1. 用户运营的对象

精细化的用户运营，需要根据不同用户的特点及需求制定有针对性的运营方案，从而实现最佳的运营效果。在用户运营工作中，运营者在任何时候都必须清晰地知道目标用户是谁。

2. 用户运营的目标

制定运营目标，可以帮助运营者更清楚地判断接下来要进行的具体工作。运营者需要结合企业现状，制定合理的、可实现的运营目标，运营目标必须是可量化的。例如，在制定用户增长目标时，应该具体到增长的数字，而不能以“较多”“很多”这类模糊的词汇作为衡量标准。

3. 用户运营的手段

在制定用户运营的目标以后，运营者就需要采用相应的运营手段达成目标；应该明确，每一个运营动作可能带来的结果。运营者往往需要有规划、有节奏地实施多个运营手段，来达成一个运营目标。

4.1.2 绘制用户画像

用户运营的主要工作是围绕拉新、促活、转化、留存进行的。在此之前，运营者有必要先弄清楚用户画像，包括如何绘制用户画像和如何看懂用户画像。

某企业准备推出一款宠物烘干机，那么在将该产品正式推向市场前，市场营销和产品运营者勾勒出的关于这款宠物烘干机的目标用户画像如下。

年龄：25 岁到 45 岁。

性别：男女均可。

地理位置：主要集中在城市和近城市地区。

喜好与习惯：对宠物美容、护理和健康有一定关注度，愿意为宠物的健康和美容投资；视宠物为家人，愿意为宠物提供全面的照料和护理，希望宠物拥有更舒适的生活。

生活方式：重视时间成本，追求高效、便捷的生活方式，希望能够以更快的方式完成宠物护理工作；希望使用安全、舒适的工具和设备为宠物提供护理服务，对产品的安全性和舒适性要求较高。

用户画像经过具象化表达，可以有不同的展现形式，如人物故事、人物框架等形式，图 4-2 所示为常见的用户画像表达形式。

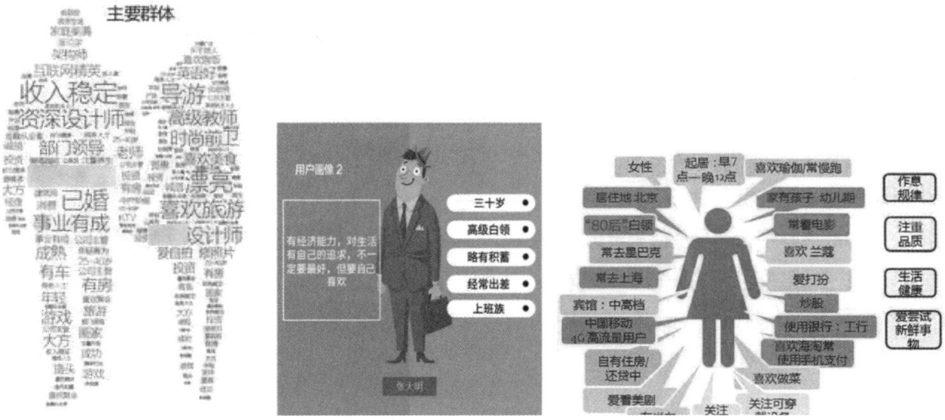

图 4-2 常见的用户画像表达形式

前文讲过，用户画像是勾画目标用户、连接用户诉求与设计方向的有效工具，涉及用户的性别、区域、年龄、身份、爱好等诸多属性和元素。

精准绘制出用户画像，可以帮助运营者更好地理解用户的行为和心理，了解目标用户的需求和特点，从而更好地制定营销策略和设计产品，提升用户的体验感和满意度。

绘制用户画像可以分为以下三个步骤。

1. 筛选目标用户

绘制用户画像是围绕目标用户展开的。目标用户不同，绘制出的用户画像可能会有较大偏差。在不同的活动中，以及在不同的时间段内，目标用户可能随时变化。所以，找准目标用户是绘制精准的用户画像的第一步。

在同一个企业中，不同的活动可能会有不同的目标用户。例如，品牌在淘宝官方旗舰店举办的优惠福利活动和在微信社群举办的分享裂变活动，针对的用户就是有差别的。

另外，企业长期战略规划针对的目标用户和某一次活动所针对的目标用户也可能不同。例如，一家化妆品企业，制定了希望通过公众号实现“涨粉”及变现的长期目标。在这一规划中，企业的目标用户可能是所有使用公众号，并且有可能购买产品的用户，覆盖了非常庞大的用户群体。与此同时，为了提高复购率，该企业决定举办一次以回馈老用户为主题的社群活动。这时，目标用户可能是在半年内有购买记录，并且已经添加过客服微信账号的用户。

目标用户的确定直接影响后续一系列运营方案的制定。所以，在开展每一次的运营工作之前，都要先进行目标用户的筛选。筛选目标用户，一般可以通过 4 个步骤完成，如表 4-1 所示。

表 4-1　筛选目标用户的 4 个步骤

步骤	要点
第一步：用户查找	搭建活动场景，找出所有可能参与活动，并且能够帮助企业达成活动目标的用户
第二步：用户分类	归纳这些用户的特征，并按照不同的特征进行分类
第三步：用户筛选	对比不同类别的用户，找出获取成本最低、参与意愿最强、最容易对结果产生正向影响的那一部分用户，将其作为活动的目标用户
第四步：用户验证	在有条件的情况下，可以对目标用户采样，在小范围内进行测试与验证

2. 明确用户标签

用户画像，其实就是用户信息的标签化。针对特定的用户群体，运营者通过收集他们在个人基本属性、社会属性、消费习惯等多个标签下的数据，对其进行统计和分析，就可以判断或预测用户的偏好及行为了。

可以说，绘制用户画像就是通过提炼用户标签来完成的。每一个标签都是对用户某种特征的描述。多个标签汇聚在一起，就构成了用户画像的轮廓，如图 4-3 所示。

图 4-3　用户画像轮廓

3. 绘制用户画像

绘制完整的用户画像，可以帮助运营者了解以下 3 个方面的内容。

● Who：用户是谁？分析用户的固定属性，能够帮助运营者判断用户偏好，以决定推送什么信息给用户。运营者可以通过固定属性标签来进行描述。

● Where：用户在哪里？分析用户路径，包括用户打开频率较高的聊天软件、用户常用的搜索网站、用户常看的内容平台等。通过对用户路径的分析，运营者能够找到触达用户的渠道。运营者可以通过路径标签来进行描述。

● What：用户在做什么？分析用户场景，包括用户在某特定场合或特定时间的常见动作。例如，了解在早上起床、通勤路上、晚上睡前等场景内，用户是如何学习、如何娱乐的。了解这些，能够帮助运营者明确用户在具体场景下喜欢做什么。运营者可以用场景标签来描述。

因此，绘制用户画像，可以用以下公式：

用户画像=固定属性标签+路径标签+场景标签

其中，固定属性标签又可以分为个人基本属性、生活/社会属性、兴趣偏好、消费偏好、行为信息这 5 个小类。用户画像的标签拆解如表 4-2 所示。

表 4-2 用户画像的标签拆解

标签类别		用户画像常见标签
固定属性标签	个人基本属性	年龄、性别、学历、身高、体重、健康状况、收入水平、婚恋状况等
	生活/社会属性	职业/行业、社会地位、居住情况、出行方式、就餐方式等
	兴趣偏好	对旅行、音乐、影视作品、体育、美食、书籍等内容的兴趣偏好等
	消费偏好	价格/价位偏好、品牌偏好、购买决策时长、购买渠道等
	行为信息	登录情况，浏览情况，收藏、点赞、评论等互动情况，消费记录，等等
路径标签		常用的 App、常访问的网站、常用的购物平台、关注的新媒体账号等
场景标签		用户在特定场合、特定平台、特定时间内的行为习惯

了解了以上内容，企业可以初步构建出一个具有说服力的用户画像。用户画像有助于深入了解目标用户的特征和需求，企业可以据此制定有效的运营方案。

以下为某智能家居品牌的用户画像拆解。

◆ 案例

品牌：某品牌

活动：某品牌智能家居体验活动

用户画像拆解

● 固定属性标签。

年龄：25～35 岁

性别：男女均可

职业：IT 从业者、自由职业者等

地域：一二线城市

收入：中高收入

- 路径标签。

关注科技媒体和智能家居信息

经常参加科技活动和展览

喜欢线上购物，特别是喜欢在线上购买智能家居产品

- 场景标签。

在家庭中，注重生活品质和便利性

在工作中，追求高效和舒适的工作环境

在休闲时，喜欢与家人和朋友分享智能家居带来的乐趣

根据这一用户画像，该品牌可以采取以下运营方案。

通过科技媒体和社交媒体进行宣传和推广，吸引目标用户关注。

在一二线城市举办智能家居体验活动，让用户亲身感受产品的便利性和品质。

在线上购物平台提供优惠和促销活动，吸引用户购买产品。

与社交媒体合作，通过口碑传播和分享，扩大品牌的影响力和用户群体。

4.1.3 看懂用户画像

当企业的产品上线一段时间后，或者新媒体账号建立后，企业就可能会积累现成的用户数据，产生既定的用户画像，即关于品牌产品或关于平台账号的用户画像。

每个新媒体平台都设有创作者中心和创作者后台，用于创作者了解自己的内容数据。全媒体运营者要学会看懂不同平台上账号的用户画像，从而更加了解自己账号的用户习惯和喜好，及时调整账号运营方向。

以抖音为例，运营者在 PC 端登录抖音，进入【抖音创作者中心】后，即可看到当前账号较为详细的用户数据。在【数据中心】这个板块，即可查看粉丝画像，如图 4-4 所示。

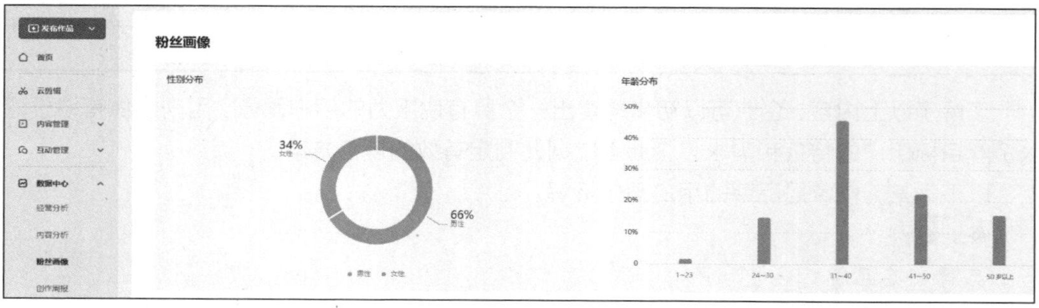

图 4-4　抖音后台的粉丝画像

1. 性别与年龄

在【抖音创作者中心】—【粉丝画像】这一栏，能看到粉丝的性别分布和年龄分布。这些看似无用的数据，能够对内容和整体的运营起到指导作用。

例如，一个以“宝妈”群体为目标导向的账号，其粉丝以年轻女性，甚至是大学生为主，这个时候就要考虑是调整账号内容还是调整后端的变现产品。

2. 用户活跃度

用户活跃度是指活跃用户占总体用户数量的百分比，这个数据可以体现用户（粉丝）与品牌（账号）之间的互动程度。通俗地讲，用户活跃度可以反映账号不同黏性粉丝的比例，用户活跃度是账号粉丝质量的一种表现。用户活跃度越高，账号数据越好，粉丝黏性越高，越有利于后期变现和转化。

以抖音为例，某抖音账号的用户活跃度数据如下：重度活跃粉丝占比 58%，低活跃度粉丝占比 31%，如图 4-5 所示。可见，该账号的用户活跃度相对较高，多数粉丝会积极观看账号视频，在视频下进行点赞、评论等互动。

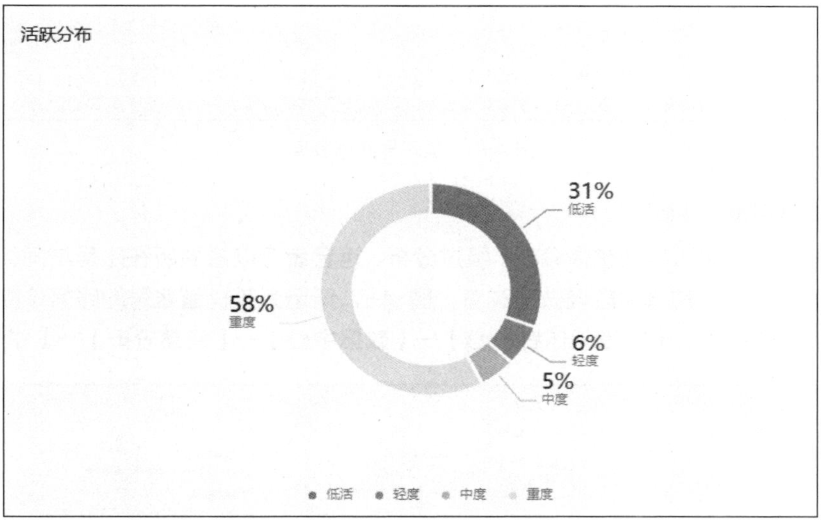

图 4-5　某账号用户活跃度数据

如果账号的用户活跃度太低，运营者要考虑在内容上、互动引导上做出一定设计，提高粉丝互动率。

3. 粉丝关键热词

在创作者后台，运营者还可以看到关于账号的粉丝关键热词，这是系统提取的一些粉丝经常评论的词语，包括某个视频或某场直播的评论分析、趋势表现等。根据这些热词，运营者可以看到粉丝经常讨论哪些内容，对哪些话题较为关注，从而调整内容方向。

4. 完播率

完播率指的是那些打开短视频后看完短视频的用户所占的比例。例如，某个短视频的完播率为 18%，这意味着，每 100 个观看该短视频的人中，有 18 个人看完了短视频。短视频的完播率高，意味着视频内容吸引人。同时，平台和系统会给予完播率高的视频更多的流量。

以抖音为例，在【抖音创作者中心】，依次单击【数据中心】—【内容分析】，可以看到当前账号近期发布的作品的具体数据，包括播放量、完播率等，单击右侧的【分析详情】，可以看到这个作品更具体的数据，如均播时长、点赞量以及该视频带来的新增粉丝量等，如图 4-6 所示。

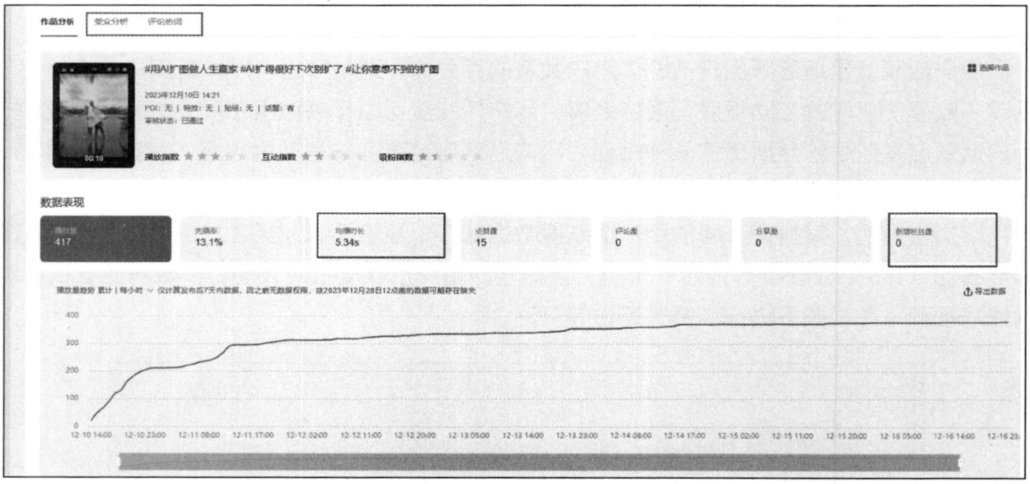

图 4-6　某账号数据表现

5. 账号诊断

账号诊断是关于账号的整体分析。经过分析，运营者可以看到所在账号与同类竞品账号的对比情况，从而针对具体短板做出改善。图 4-7 所示为某抖音账号的账号诊断。抖音账号诊断的操作路径为：【抖音创作者中心】—【数据中心】—【经营分析】—【账号诊断】。

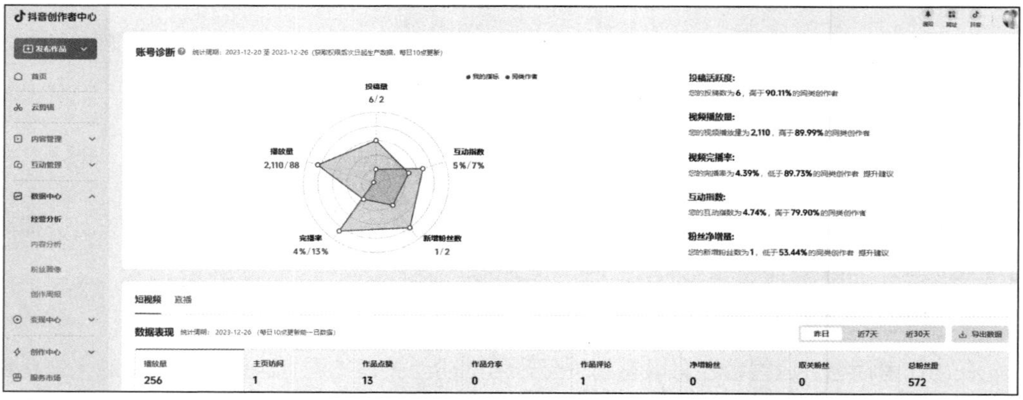

图 4-7　某抖音账号的账号诊断

除了平台所在的创作者中心外，运营者还可以通过第三方统计平台查看账号的多维度数据。如新榜、蝉妈妈、抖查查等。运营者通过这些平台不仅可以查看自己账号的用户画像，还可以查看他人账号的用户数据，包括直播数据、电商“带货”数据等，获得数据方面的对比参考。

课后练习

你有新媒体账号吗？请尝试登录该账号所在平台的创作者中心，找到你的账号的用户画像，并做一定的分析。

4.2 用户运营的四大板块

在全媒体运营中，用户运营涉及方方面面的工作，贯穿始终，但要做的工作基本上离不开拉新、促活、转化和留存这四大板块。

4.2.1 拉新：扩大用户规模

拉新，顾名思义是拉到新人。用户拉新，主要是指通过短视频、软文、活动等方式实现用户数量的增加。当运营的主体不同时，用户拉新也对应着账号引流数量、新增注册用户数、粉丝增加数量、新加好友数等不同的数据指标。

拉新是开展用户运营的开端，是针对用户开展促活、转化和留存工作的基础。运营者想取得理想的效果，实现如变现、扩大品牌影响力等目标，都需要以拥有一定体量的用户作为基础。所以，运营者要高度重视用户拉新工作。

1. 筛选合适的新媒体平台

通过线上渠道拉新时，运营者需要在众多新媒体平台中做选择，找到合适的渠道。运营者可以从以下 3 个角度进行考量。

● 关注平台用户的精准度

拉新工作力求精准。运营者需要关注新媒体平台用户的精准度，避免在投入了大量的人力、物力之后，获取的是不匹配的用户。

前文讲的路径标签就是对目标用户所在流量池的描述。运营者可以对用户路径进行分析，找到用户精准度相对较高的新媒体平台。

● 关注平台的定位及内容偏好

不同的新媒体平台，可能会有不同定位以及不同的内容偏好。例如，同样是短视频平台，快手以生活化、下沉市场为特色，而抖音则以年轻时尚的内容为主导。

运营者需要关注新媒体平台的定位与内容偏好，分析是否与团队现阶段的运营目标及运营能力相符合。

● 关注平台的规则

所有新媒体平台，都通过平台规则对用户行为做出规范。有的平台对外部引流的限制会较为严格。例如，小红书就明确指出不鼓励发布营销或导流信息，有较为严格的管制，如图 4-8 所示。

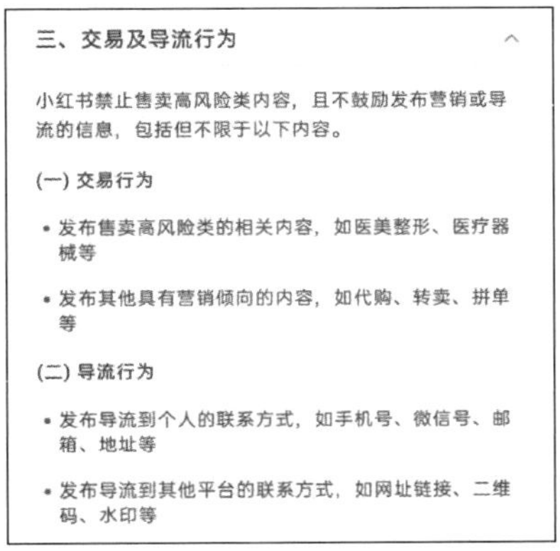
三、交易及导流行为

小红书禁止售卖高风险类内容，且不鼓励发布营销或导流的信息，包括但不限于以下内容。

(一) 交易行为

- 发布售卖高风险类的相关内容，如医美整形、医疗器械等
- 发布其他具有营销倾向的内容，如代购、转卖、拼单等

(二) 导流行为

- 发布导流到个人的联系方式，如手机号、微信号、邮箱、地址等
- 发布导流到其他平台的联系方式，如网址链接、二维码、水印等

图 4-8 小红书的导流管制

在选定一个平台进行拉新之前，要先了解和熟悉平台的规则，避免在后续的操作中受到意料之外的限制，影响拉新效果。

2. 线上拉新技巧

拉新可以分为线下拉新和线上拉新。对全媒体运营团队来说，在线上渠道获得曝光，完成用户拉新主要有以下关键点和技巧。

● 以优质内容为基础

只有内容够好，才会被平台推给用户；用户只有被内容吸引，才有可能关注账号；只有关注了账号，后续才有可能会转化，如私信、进入粉丝群等。所以，优质的内容是拉新的基础。

持续、稳定地输出高质量的内容，是在内容型新媒体平台获得曝光，实现“增粉”的主要方式。想实现粉丝增长，运营者必须具备较强的内容输出能力。因为大多数平台都需要通过优质的内容来满足平台用户的需求。一些平台甚至会定期推出一些内容创作活动，鼓励运营者发布高质量的内容。

● 设置引流动作

有时候，设置一定的引流动作或者引流暗示，会激励用户主动关注，提高拉新效率。

例如，在公众号评论区留言告诉粉丝“关注我，私信获取××资料包”；在短视频结尾加上一句“关注我，每天一个××小技巧”“关注我，学习××不迷路”；在账号主页简介中提示“加入粉丝群，获取×××福利”等。

● 重视导流品的设计

用户关注账号或进入私域社群后，能获得什么利益，是非常重要的，这就涉及导流品的设计。

在设计导流品时，要考虑吸引人的因素，也要考虑成本可控，即不会因为领取人太多就产生较多的成本。所以选取如 PPT 模板、营养餐食谱、会员卡、优惠券、在线课程等虚拟产品比较合适。采用这类导流品，成本一次性产生，并且永久可复用，不会使成本受导流人数和转化率影响。

◆ 案例

“秋叶 PPT”是职场办公类公众号，创建于 2013 年，专为职场办公人士提供 PPT 方面的知识和技巧，经过多年优质内容的积累和有效的用户运营，截至 2023 年 9 月，粉丝量突破 255 万。

作为一个 PPT 技能账号，“秋叶 PPT”在公众号的菜单栏内设置了很多隐藏福利用于吸引用户关注。具体隐藏福利如下。

关注后回复【知识】，能得到 3000 多篇精华 Office 教程。

关注后回复【模板】，能得到超 200 套读书笔记 PPT 精美模板。

关注后回复【神器】，能得到超多好用的办公工具。

关注后回复【课程】，能领取 100 门免费课程+ 40 个高质量的自学网站。

● 用好付费推广

除了通过优质内容换取流量以外，运营者也可以以付费的方式在新媒体平台上购买流量。例如，购买抖音的“DOU＋”或小红书的“薯条推广”，通过定性、定量地选择人群，针对年龄、性别、地域、喜好等属性来推广，从而更精准地找到对应群体。

3. 裂变活动拉新

每个用户都有自己的人际关系网络，运营者在触达某个用户之后，就可以设计裂变活动，引导该用户在自己的人际关系网络中推广指定的信息；完成推广任务后，该用户就可以获得相应的奖励。这一过程，就是种子用户裂变。依靠这种裂变活动来拉新，运营者能够在短时间内获得大量新用户。

◆ 案例

秋叶书友会是一个学习分享类免费社群，以新媒体实战专家兼知识类 IP“达人”“秋叶大叔”为核心。这些社群用户，来自各个内容平台，“秋叶大叔”公众号、视频号、抖音号、快手号等不同渠道引流来的非付费用户基本上都沉淀在了秋叶书友会的社群中。

截至 2023 年 10 月，秋叶书友会社群一共超过 900 个，群成员人数超过 12 万人。

除了内容平台的账号矩阵导流，社群中还有很大一部分用户是通过引流或裂变活动进群的。秋叶团队会不定时推出社群裂变活动，例如，用户邀请 3 个好友进群即可以获得书一本，这类社群裂变活动会引入大量新成员，因此社群总人数越来越多。

2023 年 7 月，秋叶书友会团队策划了一个社群裂变送书活动，用户邀请 6 名好友进群即可获得图书《秒懂 AI 写作：让你轻松成为写作高手》一本，邀请 12 名用户入群可获得 2 本图书。用户入群后，还可以听到 2 场针对社群成员的“干货”直播分享，主题是“如何利用 AI 工具助力小红书‘涨粉’变现？”。

经过提前 3 天的预热宣传和 2 天的社群分享，裂变活动的拉新人数达到 4335 人，最终获得图书的用户有 366 人（预期是 200 人），是一次较为成功的裂变活动。

总之，一场成功的裂变活动，有以下 3 个关键点。

● 一定数量的种子用户 。在举办裂变活动之前，企业需要先积累一定数量的种子用户。这部分用户应该对产品有一定的认知，最好曾经使用过产品并认可产品。

● 有吸引力的裂变“诱饵”。“诱饵”即能吸引已有用户群体扩散和“拉人”的奖品，如秋叶书友会的送书和主题直播分享。

● 完善的裂变活动方案。裂变活动方案中应该有对活动时间、人员安排、活动预算、活动流程等内容的详细规划。例如，秋叶书友会的裂变活动，在上线前团队经过了详细的活动讨论，撰写了详细的裂变活动方案，细化到朋友圈扩散文案和运营动作、用户进群后的欢迎话等细节，经历了近半个月的筹划，让活动在有 4000 多名用户参与的情况下能顺利推进。秋叶书友会的裂变活动方案如图 4-9 所示。

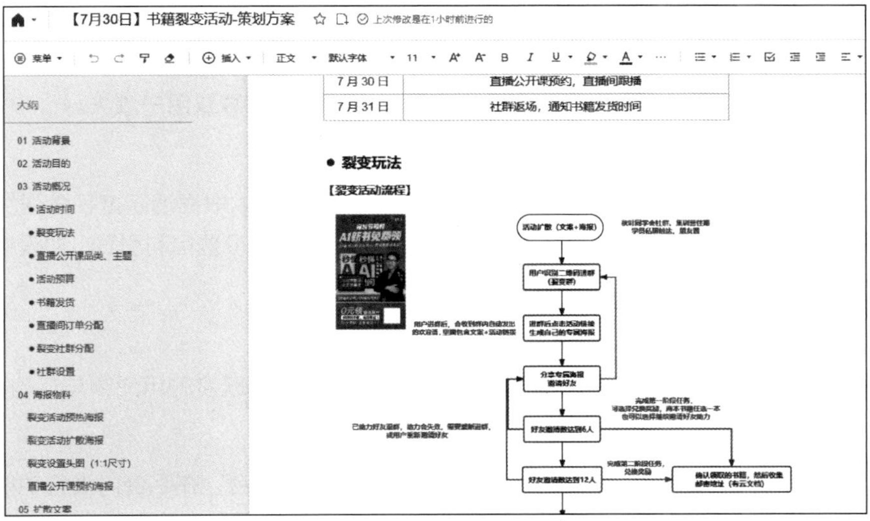

图 4-9 秋叶书友会的裂变活动方案

【思考与练习】

以下维度中，你认为考核拉新效果的有（　　）。

A. 用户增长数

B. 用户精准度

C. 用户增加成本

D. 用户留存情况

4.2.2 促活：提升用户活跃度

企业可以依据用户在线时长、互动频率、登录频率、创作者后台的数据等，将用户分为活跃用户与非活跃用户。

一般而言，活跃用户使用产品的时间更长，可能对账号、品牌及产品有着更高的忠诚度、喜爱度与信任度，因此对企业而言，活跃用户具备更高的价值。所以，运营者需要不断提升用户的活跃度，增大活跃用户在总用户数中的占比。

常见的促活手段有以下几种。

1. 内容优化与引导

能否提供用户想看的内容，是用户是否会继续关注账号的关键影响因素。运营者要清楚了解用户喜好，包括分析评论区留言、用户评论热词、不同内容的数据对比等，做出用户喜欢的、爱看的内容。

另外，在内容中进行一定引导，能够有效激活部分用户。小技巧如下。

- 引导分享和评论。例如，在视频结尾问“这件事儿你怎么看”，或设置置顶评论“分享你相册中的××”等。
- 制造“Bug[①]”。例如，某做菜视频中，有一句台词是“在碗中打入 3 个公鸡蛋”，于是用户纷纷在评论区留言“你家公鸡还下蛋？”；某短视频中，刻意设置了主人公走路时掉了 100 元的小“Bug”，用户在评论区留言“你钱掉了你不知道吗？”。这种看似不起眼的、与内容无关的“Bug”，会带动用户互动，激活部分用户。
- 制造争议性话题。视频内容中的观点有歧义时，很容易引起用户评论。但设置争议性话题时要把握好尺度，如果观点与多数用户不一样，有可能导致用户流失。

2. 福利引导

如设置“点赞+关注+评论”“抽奖送出礼品”等引导；或根据活跃度积分送奖品等，给每年或每月活跃度最高的粉丝送出奖品。微博上的博主经常设置福利引导，如设置评论点赞数排名前三的送出奖品等，引导粉丝积极评论。

3. 互动设计

抽奖、调查问卷、投票、测试等互动设计，可以激发低活跃度的用户参与互动。

4. 功能优化

如果是企业专门针对用户设计的小程序、用户 App 等平台，在平台内进行功能优化也

① Bug：计算机术语，指程序错误，在网络用语中指小错误、漏洞。

可以有效激活用户。如设计一些产品之外的互动广场、话题讨论、用户测试、小游戏等，加一些用户感兴趣的高频使用的功能，促使用户增加打开次数，增加用户在线时长，提高用户活跃度。

此外，还可以在平台内强化用户成长激励体系，即制定引导用户做出特定的动作的一系列激励或约束规则，用户等级越高权益越多。这在很多 App 中都可以看到，比如打卡签到送积分、登录送“点数”等，激励用户每天登录。

5. 发送通知

运营团队也可以尝试定期主动给用户发私信或发送通知，主动向用户推送其可能感兴趣的内容，或巧妙提示近期福利。该手段适用于公众号、微博、抖音、淘宝电商等。

但发送通知的频率不能过高，一个月不要超过一次，否则会导致用户“取关”或屏蔽消息，甚至是卸载 App。

4.2.3 转化：以产品做激发

转化可以理解为变现，是用户运营的关键环节，前面的拉新、促活，包括后面的留存，都是为用户转化做准备的。企业在拥有了一定数量的活跃用户之后，可尝试通过电商“带货”、会员充值、内容付费等方式进行商业变现，获取收入。转化效果的好坏，直接影响企业最终的经营结果。

1. 转化率与转化路径

转化率是指付费用户占总体用户的比率。企业每获取一个用户都是有成本的，需要把已获取的用户尽可能多地转化为付费用户，所以转化率是衡量转化效果的核心指标之一。不同阶段的转化率考核依据不一样，需要针对转化路径来设计。

◆ 案例

某英语学习类软件在抖音平台投放了“软广”，用于引导用户下载和注册该企业的学习软件，则其转化率其实是用于衡量观看短视频的用户中，有多少用户下载了该软件，这其中涉及一整个导流路径。某软件的导流“销售漏斗”如图 4-10 所示。

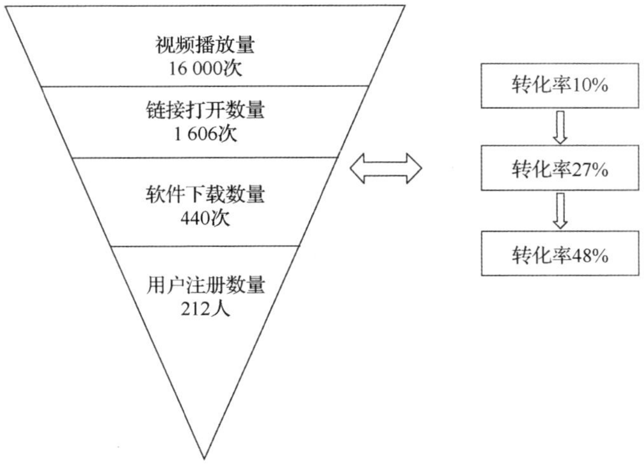

图 4-10 某软件的导流“销售漏斗”

这个转化路径为：用户看到该短视频—通过视频打开导流链接—进入软件下载页面—下载成功并进行注册。而在这个流程中，每个环节都有用户流失。而在每一个环节中，用户转化率、流失率，都体现了导流的合理性。

在案例中，整体的转化率仅仅只有 1.33%（212÷16000×100%），但从软件下载到用户注册的转化率，达到了 48%。所以，考量转化率，不应该只盯着最后的结果，要从路径设计上，从“销售漏斗”中，找到用户流失的节点，分析流失的原因，从而有针对性地做出改善，从根本上提高整体的转化率。

◆ 案例

某品牌服饰类企业，在 2023 年中秋节当天在小红书账号上进行了连续 6 个小时的中秋主题直播，该次直播的部分数据如表 4-3 所示。

表 4-3 直播的部分数据

	数据		数据	转化率
直播间总场观	33089 人	下单人数	961 人	2.9%
人均在线时长	2 分 46 秒	人均成交金额	258 元	—
商品 1 成交人数	377 人	商品 1 浏览人数	2372 人	15.89%
商品 2 成交人数	156 人	商品 2 浏览人数	2967 人	5.26%
……	……	……	……	……

直播类场景的用户转化路径相对简单：用户进入直播间—浏览商品详情页—付款购买。在直播中，不仅要看整体转化率的高低，即下单人数占直播间总场观的多少，还要看具体商品的转化率。

如商品 1 和商品 2，虽然商品 2 的商品浏览人数（指点击商品链接的人数）多于商品 1 的商品浏览人数，但转化率却远不如商品 1，原因可能是：商品 2 虽然吸引用户，但价格过高，或差评太多等。

2. 如何提升转化效果

用户每一次做出购买决策，都受到很多因素的影响。运营者需要了解所有可能影响用户付费转化的因素，并逐个优化，最终提升用户的转化率。

要想提升最终的转化效果，就要针对转化路径的每个环节，分析每个环节的转化率，从而做出对应的优化动作。

以案例为例，来展示如何提升转化效果，如表 4-4 所示。

表 4-4 优化动作拆解案例

	数据	转化率	分析	优化动作
视频播放量	16000 次	—	播放量是日常平均水平，正常	在开头 3 秒提升吸引力，加快内容发展节奏
链接打开数量	1606 次	10%	视频没有吸引力；视频引导不够； 链接的设置不明显、标题不对应； 链接出现的时间不合适	优化视频内容，从用户关心的利益点入手，如英语四、六级； 强化下载引导； 调整链接的显示设计
软件下载数量	440 次	27%	关注分析软件下载步骤是否流畅、跳转是否顺利、页面设置是否有吸引力	简化下载步骤； 简化跳转流程； 优化下载页面

续表

	数据	转化率	分析	优化动作
用户注册数量	212 人	48%	关注分析注册步骤是否烦琐；注册条件是否便捷；用户的页面体验感如何	简化注册步骤和注册条件；强调注册福利和用户关心的利益点；优化注册页面，使其更吸引人

表 4-4 是针对具体场景的转化率进行优化。对企业来说，销售渠道、销售途径、销售平台复杂多样，有必要从整体的战略层面出发，来提高企业产品的转化率，一般可从以下方面入手。

● 产品基本属性

一般而言，每个产品都有包括价格、品牌、创始人/代言人、外观/包装、附加价值、售后服务、销售平台、用户体验感在内的 8 个基本属性。不同用户在购买不同产品时，会对产品的不同属性有不同的要求。

例如，一些用户在购买食品和化妆品时，出于安全考虑，比较看重产品的品牌；在购买首饰等饰品时，则更看重产品的外观。运营者可以通过九宫格法，在每个方格内罗列产品的基本属性，找出产品在每个属性下的优势，如图 4-11 所示。

价格	品牌	创始人/代言人
外观/包装	产品基本属性	附加价值
售后服务	销售平台	用户体验感

图 4-11 产品的基本属性

运营者可以通过九宫格法找到产品的特色和竞争优势，并在产品推广与用户转化过程中重点突出和强调其特色和竞争优势。

● 活动及优惠

一个有趣的活动，能吸引用户关注；一项有吸引力的优惠政策，能增强用户的购买意愿。企业有必要每年，甚至是每季度，推出一定的优惠活动，来激励用户购买。

● 用户评价

目前的内容平台和电商平台，基本上都引入了用户评价机制。当用户不能准确判断产品能否达到商家所宣传的效果时，其他用户的评价就成为一个重要的参考依据，可以帮助用户降低决策成本。所以，管理用户评论变得格外重要，有时候一个差评的消极影响可能大于 10 个好评的积极影响。

● KOL 或 KOC①推荐

因为信任 KOL 或 KOC 的专业意见，一些用户可能会选择购买 KOL 或 KOC 推荐的产品。所以，企业可以选择与产品所在领域的 KOL 或 KOC 合作，通过付费的方式，邀请其帮助宣传产品。

● 消费场景

同样的产品，因为消费场景不同，用户可能会做出不同的购买决策。例如，对生鲜类产品，用户考虑到保鲜问题，可能会更倾向于在线下渠道购买。如果想在线上渠道销售生鲜类产品，运营者应该重点宣传物流速度快、产品是保鲜包装的，打消用户的顾虑，并突出产品

① KOC：Key Opinion Consumer，即关键意见消费者，指能影响自己的朋友、粉丝，产生消费行为的消费者。相比于 KOL，KOC 的粉丝较少，影响力较小。与 KOC 合作的优势是更垂直，合作推广更便宜。

产地直发、质量更好的优势。

运营者在运营时应代入用户的购买场景和使用场景，分析用户在不同场景下的不同需求，提出相应的运营和转化策略。

4.2.4 留存：减少流失用户

留存，是指用户关注账号、注册 App，或进入私域后，在一定时间内，没有离开、取关、注销，仍然保持着一定的访问或使用、互动频率，这样的用户就可以称为留存成功的用户。

1. 用户生命周期

每个用户从接触产品开始，直到彻底流失，一般会经历引入期、成长期、成熟期、休眠期和流失期五个阶段，这就是完整的用户生命周期。用户的活跃度会在引入期及成长期逐渐提高，并在成熟期达到最高，然后逐渐降低，直至用户完全流失，如图 4-12 所示。

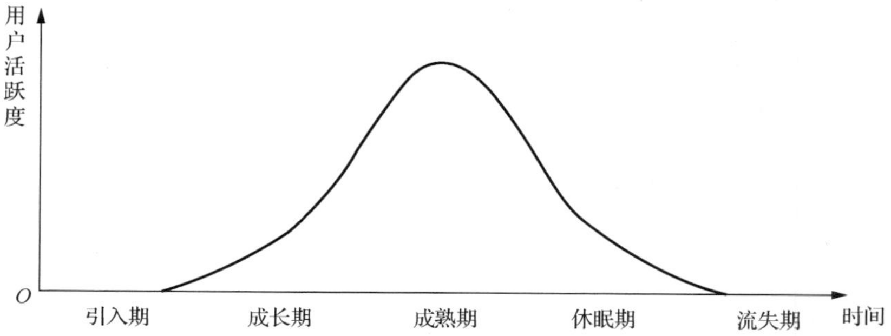

图 4-12 用户生命周期

对处在不同阶段的用户，运营者应该采用不同的运营策略，如表 4-5 所示。

表 4-5 不同阶段的用户运营策略

用户所处阶段	运营策略
引入期	帮助用户了解产品，建立认知，信任产品可带来的价值
成长期	为用户持续提供价值，并通过促活手段，提升用户黏性
成熟期	站在用户角度，完善产品和激励体系，延长用户的活跃期
休眠期	分析活跃度降低的原因，提供新的价值，刺激用户重新活跃
流失期	找到能够触达流失用户的途径，向用户发送信息，召回用户

2. 用户留存判断标准

想召回流失用户，运营者需要先确定一个判断用户留存与流失的标准。一般而言，运营者判断一个用户是否已经流失，可能会遇到以下两种情况。

第一种情况，用户已卸载 App、注销平台账号，或者取消关注账号，这时就可以认为该用户已流失。

第二种情况，根据用户的活跃情况判断用户是否已流失。若一个用户长期不活跃，就可以认为这个用户已经流失了。这时候，运营者就需要对“长期不活跃”设定一个可量化的标准。这一标准可以参考企业自身及所在行业的具体情况设定。

需要注意的是，促活和留存，通常有着密不可分的关系。一般来说，用户活跃度持续降低所带来的结果就是用户流失。所以，促活主要针对还未彻底流失的用户，提高其在单位时间内的访问频率；而留存，主要针对已经流失或可能流失的用户，通过运营手段将其召回或留下。

3. 召回流失用户

用户流失以后，运营者需要先罗列所有能够触达用户的途径（电话、短信、公众号、微信个人号、邮箱），然后向流失用户发送召回信息。常用的用户召回方法如下。

- 给予利益

向用户给予利益是比较常见的用户召回手段。运营者可以向用户发送专属的优惠券、让用户免费试用会员功能或通知用户参与在平台内举办的福利活动等。

- 告知损失

运营者可以告知用户，离开平台后就无法继续享受平台提供的服务，也就是说，用户离开了平台会损失继续享受这些服务的机会。运营者可以提醒用户注意这一情况，利用用户对损失的厌恶心理，引导用户留下。

- 利用社交关系

如果平台有较强的社交属性，运营者可以向用户强调平台的社交价值，或利用用户在平台上的社交关系，吸引已流失用户回归。例如，向用户发送短信“您的好友××在××（平台）上发送了一条新动态，点击查看……”。

课堂讨论

你现在在做一个大学生能力提升类公众号，在账号建立初期，你认为可以通过什么技巧和方法来拉新？

4.3 社群中的用户运营

在新媒体如此发达的今天，企业可以从各个平台获取泛流量，也正因为如此，私域流量变得更加可贵、更有价值。而私域流量的最终积累场所，多为社群。

社群是用户参与活动和互动的主要场所。积极的社群管理，可以激发用户的兴趣，促进用户之间的交流，提升用户对品牌活动的参与度。高度互动的社群通常能够培养更忠诚、更活跃的用户群体，同时能够带来更直接的用户转化。

4.3.1 社群的基本类型

目前，很多新媒体平台基本具备了社群功能，例如抖音的账号粉丝群、微博平台的“达人”粉丝群等。但微信社群较为常见且粉丝黏性更高，所以本书所说的社群营销，大多针对微信群。

常见的社群类型有以下三种。

- 电商型社群

电商型社群就是以完成电商交易为目标的社群。各个电商平台的商家、实体店铺建立的粉丝群或者会员群，都是电商型社群；有商品资源的人建立的团购群，也是电商型社群。

电商型社群要想获得商业回报，一般需要有精准的用户、有优质商品、有消费 KOL、有购买氛围、有传播激励等。

- 学习型社群

学习型社群一般是课程运营者建立的，用户为了学习某个领域的知识或购买了相关课程而加入社群。学习型社群往往配置了丰富的教与学的内容，包括但不限于在线课程、作业练习、社群交流、实践活动等，运营成本相对较高。

- 人际关系型社群

人际关系型社群建立的初衷往往是利用社群对人际关系进行强化，以实现社群成员之间的资源链接，技能互补。其核心价值在于群内用户的价值，通过强化群内用户之间的连接，实现群用户自身的发展。

因此，人际关系型社群的变现条件不在于销售商品或者输出专业知识，而在于筛选出同频的人，做好服务，建立用户需要的资源链接，从而发挥出社群的价值。

4.3.2 社群运营管理

社群运营，是指运营者通过在群内持续向用户提供价值、维护社群秩序、举办社群活动等运营手段，帮助企业实现品牌宣传、用户维护、用户裂变、产品销售等运营目标。

社群的运营管理涉及诸多细节，一个社群要能够进行营销，实现变现，一般需要具备同好（Interest）、结构（Structure）、输出（Output）、运营（Operate）、复制（Copy）这五个要素，即“ISOOC”。

1. 同好——找到有共同爱好的人群

第一要素——同好，它决定了社群的成立基础。同好是对某种事物的共同认可，可以是喜欢同一个产品或具有某一种共同的学习兴趣，是用户进入社群的理由，可以理解为：用户为了什么聚集在这里。

一般来说，企业建立社群的常见目的，即同好，无非这几种：产品销售、提供服务、拓展人际关系、聚集兴趣、树立影响力、打造品牌。

2. 结构——制定社群维护规则

第二要素——结构，它决定了社群的存活。这需要对社群的结构进行有效的规划，结构包括成员结构、社群规则、交流平台、加入原则、管理规范等。社群的结构有两个主要组成部分，一个是“成员结构”，另一个是“社群规则”。

成员结构指社群成员的组成部分，一个运作良好的社群一般具有多元化的角色，包括创建者、管理者、参与者、开拓者等。

社群规则指制定的一个符合社群定位的运营规则，本质来讲，社群规则不是规定群成员能做什么、不能做什么，而是规定这个社群的文化是什么。

① 群的系列化命名和视觉统一

社群关于命名和视觉统一的常见模式有以下几种。

- 群名统一命名：如社群名+序号、群主名+归属地+序号等。
- 群资料、群内规则统一告知：社群管理者提前准备，告知刚入群的成员相关事宜，如入群后报到、交流、自我介绍等。

- 成员名统一命名：如身份+序号+昵称、归属地+类型+序号等。

② 用好群公告，告知入群须知

一般群公告的设置可以明确“3 个行为”：鼓励行为、不提倡行为、禁止行为。设置群公告是对社群质量的严格把关。

- 鼓励行为：如发表原创分享、入群的自我介绍、发表成长感悟等。
- 不提倡行为：如询问“小白”问题、发“心灵鸡汤”链接等。
- 禁止行为：如发广告、拉投票、言语不净、无休止争论、破坏群内和谐气氛等。

③ 自我介绍

是否需进行自我介绍需根据社群的性质来定，如电商型社群基本是没必要进行自我介绍的，但是人际关系型社群很有必要进行自我介绍。

一般来说，社交活动比较少或者偏内向的人不太会做自我介绍，会显得比较局促，还有的人不知从何说起，或者抓不到重点。这种时候，运营者可以提供一个自我介绍的模板，让成员在此基础上进行发挥。

3. 输出——打造社群的对外品牌

第三要素——输出，它决定了社群的价值。社群有了同好和结构也不一定具有生命力，还需要不断输出优质内容。

优质内容可能来源于群主，也可能来源于群成员。社群需要为群成员提供稳定的输出服务，群成员只有获得输出价值，才愿意长期留在社群里。例如，某学习类社群有一条入群规则：“入群请推荐：一本书+一个工具（网站/App/公众号）”。这样的群规则让每一个群成员从入群就开始输出，贡献自己的价值。

4. 运营——丰富社群的正向生态

第四要素——运营，它是社群保持活跃的关键，有效的运营可以使得群成员有仪式感、参与感、组织感、归属感。

社群运营中常见的、比较有效的能激活社群用户的方法有：社群分享、社群讨论、社群打卡、社群红包、社群福利、社群表情包、社群线下活动等。

5. 复制——裂变分化社群

第五要素——复制，即能否按照现有方法实现社群数量的增加。可复制的社群模式是扩大社群规模的前提，也是社群模式成熟的标志。

社群成员基数过大，会导致原来的核心群成员之间的感情淡化。基于此，社群管理者可以考虑将规模日益庞大的社群分化成多个并行运营的子社群。对裂变分化社群，运营者需要考虑以下问题。

- 扩大时机：什么时候可以开始复制？
- 是否已经做好扩大运营的准备？例如，运营者是否做好人力、财力、物力的准备，是否能够支撑社群快速复制？不能盲目扩张社群的规模，运营者要考虑到人力成本是否能够与社群规模的扩张速度同步。
- 复制周期：按照怎样的节奏进行复制？

4.3.3 利用社群进行转化

不同类型的社群的资源整合方向不一样，转化（变现）的逻辑也大不相同。

1．电商型社群

电商型社群要成为一个能获得商业回报的社群，需要具备以下几个条件。

- 有精准用户

运营电商型社群，并不是社群成员越多越好，而是招募的社群成员越精准，社群商业变现的潜力越大。

- 有优质商品

电商型社群在某种程度上是以商品来会友的。电商型社群的核心价值就是让用户复购。而高复购率的前提是商品好。因此，运营一个电商型社群时，首先要确保所经营的商品的质量或者所提供的服务的价值较高，这是电商型社群赖以生存的基础。

- 有消费 KOL

现如今的电商型社群，大多是围绕某个主播或者品牌形成的购物群，这些主播起到了 KOL 的作用。KOL 不一定在每一个群中，也不一定是主播本人，用户多是因为信任 KOL 背后的团队及其影响力才选择进群的。

- 有购买氛围

要刺激用户产生购买欲望，通常需要营造相应的氛围。在电商型社群中，运营团队往往需要借助一定的营销方法来营造购买氛围，激起用户的购买意愿并促使其行动。

- 有传播激励

社群可以实现裂变式传播，关键在于给用户超出他们预期的东西，让他们在社群内感受到在其他地方所不能获得的优越感。这里有两个思路：一是做好用户服务，包括选品、产品质量、发货速度、物流、售后处理等；二是给足传播福利，给予用户有吸引力的传播奖励，如有吸引力的销售佣金，以激励用户传播、扩散，分享社群。

2．学习型社群

由于运营成本较高，学习型社群大多是付费型社群。学习型社群需具备以下几个变现条件。

- 有知识型商品

知识也是一种商品，学习型社群要变现，相应的知识就必须符合商品的特质，一般需具备价值感、易学度、成长感。简而言之，让社群成员能够循序渐进地掌握某类实用知识，获得成长。

- 有用户运营策略

学习型社群的变现门槛比较高，在不同阶段有不同的用户运营策略。在推广期，学习型社群要注重吸收知识需求度高和活跃度高的用户，这样的用户加入社群后，会积极学习和交流，有可能会帮助社群进一步扩大用户基数。

在发展期，学习型社群需要持续性地向成员输出有价值的内容和服务，同时要注意收集成员的好评。一个有“干货”的学习型社群自然会获得好口碑。

在成熟期，学习型社群已经拥有了忠诚成员和良好口碑，此时需要运营团队投入精力去打造知名度。运营团队可以联合社群成员，借助各个媒体平台来共同打造社群知名度。

● 有知识营销

知识营销就是通过知识型内容来向大众传播社群的主题、理念、价值和商品，使大家逐渐对社群及其商品产生认同感，从而产生购买意愿。

例如，社群通过免费分享入门知识、资料包引流，用公众号推送相关知识文章，用短视频平台推送相关的知识类短视频，等等。学习型社群需要通过这种态度中立、内容客观的递进式知识分享，让社群成员对社群产生正面的、专业的印象，对社群成员产生潜移默化的影响。

3. 人际关系型社群

人际关系型社群的变现条件不在于销售商品或者输出专业知识，而在于筛选出同频的人，做好服务，建立大家需要的资源链接，从而发挥出社群的价值。

要发挥出该类社群的价值，要做到以下几点。

● 有核心人物

搭建和运营人际关系型社群的关键是要有核心人物，比如帆书的樊登、秋叶书友会的秋叶大叔。核心人物的存在，起到的就是凝聚社群的作用。

● 有入群门槛

人际关系型社群需要用高入群门槛来筛选出同频的用户。设置高入群门槛有以下 3 个方法：收取会员费、老用户推荐、任务筛选。

● 有明确的服务体系

人际关系型社群要把用户留在社群中，就需要有明确的服务体系，以提高对用户的吸引力。服务内容需要体现社群在增强社群成员连接上的优势，并非一定要直接产生商业价值。

● 有线下交流

对人际关系型社群而言，社群成员进行面对面的连接是建立信任的好方法。有了线上到线下的连接，有了信任，人际关系型社群内部的合作才有可能实现。

● 有项目合作

项目合作对人际关系型社群来说是必不可少的。当社群中的两位成员或者多位成员开始利用手中的不同资源开展深度合作时，其就会齐心协力地共同创造一个好的结果。这个好结果会吸引更多的社群成员进行更多的项目合作，以实现合作共赢。

课堂讨论

请找到你微信上的一个社群，并从“ISOOC”（社群五要素）的维度来详细分析这个社群。

4.4 全媒体融合下的用户运营

全媒体融合的背景下，用户运营已经不再是单一平台、单一项目的运营，用户运营几乎贯穿运营工作的所有平台、所有项目、所有细节，因此全媒体融合下的用户运营更考验运营者的工作能力。

4.4.1 用户运营所需的基本能力

在全媒体融合的背景下，运营者需要具备一系列综合能力以应对多元化的媒体环境和用户需求。

1. 良好的沟通与互动能力

运营者要能够清晰地表达自己的想法和需求，同时要善于倾听用户的意见和建议，具体工作包括社交平台的互动管理、用户维护等。此外，全媒体融合背景下的用户运营需要运营团队成员之间进行密切合作，因此良好的沟通能力是必不可少的。

2. 用户分析与调查

全媒体融合要求运营者具备数据分析能力，以便对用户行为、内容传播等进行深入分析，为运营决策提供数据支持。同时要求运营者能够使用各类数据分析工具，如 Google Analytics、清博智能、Excel 等，对用户行为进行跟踪、量化并分析，从而优化运营策略。

3. 用户管理能力

全媒体融合要求运营者建立和熟悉用户画像，了解用户需求和喜好，以便更好地为用户提供服务。同时，运营者要善于管理用户反馈，及时处理用户问题和投诉，做好用户的整体维系，保持适度的用户黏性。

4. 活动策划能力

全媒体融合要求运营者具备活动策划、执行和推广的能力，同时善于运用各种营销手段进行宣传，关注用户体验感，能够从用户的角度思考，并在产品或服务的设计和迭代中提出优化建议。

4.4.2 用户运营的工具

用户运营涉及多方面工作，可能是社群管理，可能是用户互动，可能是用户数据调查，可能是线上活动策划等，涉及的运营工具也很多。根据使用场景和功能性质的不同，本小节整理了以下 4 种较为常见的工具类型。

1. 私域流量运营工具

私域流量运营工具主要针对微信社群的使用场景，以企业微信和微伴助手为主。

① 企业微信

如果说个人微信是面向个人的社交软件，那企业微信就是面向企业的办公软件，个人微信服务于大众，企业微信服务于企业和机构，但两者互通，可以互相收发消息。对比个人微信，企业微信能容纳的好友数量更多，更适合作为企业宣传和营销的工具，能实现自动化的高效率社群管理和用户管理。个人微信和企业微信的详细功能对比如表 4-6 所示。

表 4-6 个人微信和企业微信的详细功能对比

	个人微信	企业微信
产品定位	满足个人用户的社交需求	满足企业用户的营销需求
产品功能	即时通信、个人社交、分享生活	对内办公，对外用户管理

续表

	个人微信	企业微信
身份展示	微信号、个性签名、朋友圈等	统一的企业名称后缀标识
好友上限	10000 人	外部用户为 20000 人
朋友圈	条数无上限，有个人朋友圈展示窗口	可以发送朋友圈，一天最多 3 条。无个人朋友圈展示窗口
消息群发	需手动群发，单次最多发 9 个社群	可一次性发送给多个社群和好友，无上限；单个用户一天只会接收到同一企业的一条群发消息
进群方式	邀请进群、扫码进群	扫码、邀请进群；支持自动拉群
社群管理	人工手动管理，功能单一	机器人助理、关键词监控、群成员去重、群活码等
数据统计	无数据统计	可设置用户标签，统计用户数据、群聊数据等

② 微伴助手

微伴助手是企业微信官方认可的一种企业微信营销工具，也是企业微信的第三方辅助工具，被称为企业版的私域流量管理平台。企业微信结合微伴助手可以实现诸多功能。

- 设置可追踪的渠道活码。实现一个企业微信号生成多个渠道二维码，且后台可以追踪和统计每个渠道活码的精确数据，包括添加的好友数量、微信好友信息、添加时间、退群人员等，方便统计。
- 策划群裂变活动。有时候为了激活老用户，或者引导更多新用户进群，需要策划群裂变活动，比如拉 5 个好友进群就可以免费领书这样的活动。此类活动靠人工统计、对接工作量大，用微伴助手的群裂变进行活动设置就可以实现系统自动统计。
- 用户标签设置。对不同的社群及其用户，如果不设置标签，运营者可能会因忘记用户的关键信息而增加沟通转化的难度，也会引发用户的不满。微伴助手可以根据聊天内容、入群行为规则、用户入群时间等设置不同的群标签、用户标签等，便于后期的沟通和转化。

2. 数据表单工具

表单是问卷调研、预约登记、在线考试的常用工具。数据表单工具具有“表单绘制”“填报”“修改”“录入”等功能，可以帮助运营者提升用户信息收集、用户调研的工作效率。这里简要介绍一下微盟表单和金数据。

- 微盟表单

微盟表单是微盟旗下的一款数据表单工具，运营者可以用微盟表单创建表单小程序，快速完成商品购买预约、人员去向统计、调查问卷等信息收集和登记工作。微盟表单部分功能如图 4-13 所示。

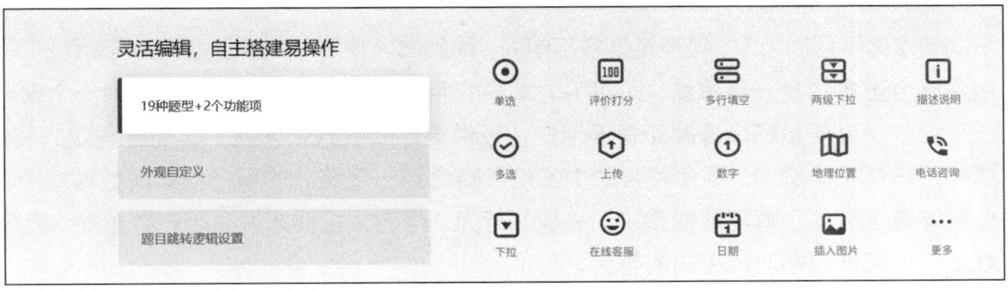

图 4-13 微盟表单部分功能

目前使用微盟表单的部分功能需要付费，但新用户可以免费试用。

- 金数据

金数据是一款免费的表单设计和数据收集工具，可用于设计表单、制作在线调查问卷、组织聚会、询问意见、整理团队数据资料、获得产品反馈等。

3. 在线协作工具

在线协作工具的价值：帮助运营者即时保存、分享信息，帮助运营者高效、协同工作。目前较为常见的在线协作工具有石墨文档、腾讯文档、钉钉在线文档等。

这些在线文档，基本上都具备以下功能。

- 文档创建和编辑：支持创建和编辑多种类型的文档，包括文本文档、表格、幻灯片等。
- 实时协作：支持多人在线同时编辑和查看同一个文档，同步更新，有利于提高工作效率。
- 权限管理：可以设置文档的权限，如公开、私密等，保证文档的安全性。
- 共享和导入导出：可以共享文档给其他人，支持导入和导出多种文件格式，如 PDF、Word、Excel 等。
- 评论和任务：可以在文档中添加评论和任务，方便团队成员之间的沟通和协作。
- 搜索和筛选：支持全文搜索和筛选，能快速定位。

4. 社群直播工具

运营者需要利用社群直播工具，来实现针对指定用户群体的直播。目前，常见的社群直播工具（平台）有小鹅通、微信群直播、视频号直播等。

以小鹅通为例，小鹅通是“集知识店铺”“直播”“企业培训”等功能于一体的知识服务平台，比较适合在线教育机构和知识类主题直播。用户观看小鹅通的直播无须下载软件，可直接在微信中通过链接或者小程序观看。

机构在小鹅通注册店铺后，便可以运用小鹅通向用户销售课程或提供学习产品，可采用图文、视频、直播等形式。用户则可以通过小鹅通来进行课程学习、观看直播、课程打卡等操作。小鹅通直播在私域式直播中应用较为广泛，表现形式为店铺一方发起直播，面向店铺用户以及指定的微信社群，并不面向平台所有用户。

此外，视频号直播可设置为指定社群可见，这个功能与微信社群中的“直播”功能大同小异，都需要借助视频号的直播功能。

4.4.3 整合用户运营的基本策略

不同新媒体平台的用户，管理难度各不相同，因此做好整合用户运营也是实现转化的关键。

用户整合更多的是一种思维，即将不同来源的用户数据、互动和体验整合到一个统一的系统或平台中，以便更好地理解和管理用户，提供更好的服务和体验，实现更高效的转化。这包括将用户在不同渠道、平台和互动中的信息整合到一个统一的用户档案或数据库中，以便企业能够更全面地了解用户的需求、兴趣、行为。但对大企业来说，用户数量多，完全整合有难度，只能做到相对范围内的整合。

用户整合的思路如下。

- 数据收集

收集来自各种渠道的用户数据，包括网站、社交媒体、移动应用、电子邮件、电话和线下渠道等。使用数据分析工具，将这些数据整合到一个中心数据仓库或数据管理平台中，以便做集中的分析和管理，必要时用短信或电话激活用户。

- 会员制

将不同新媒体平台的用户统一引导到企业店铺或者小程序中，以注册为会员为门槛给出福利，集中管理用户信息。

- 按区域整合

以区域为单位，或者以区域实体门店为触点，建立区域粉丝群、会员群。利用企业微信进行社群运营，结合其他运营工具，实现由点到面的高效管理。例如，格力集团结合经销商渠道，建立了全国多个地区的粉丝群，当格力官方开展直播或者大型活动时，这些地方粉丝群能贡献较大的流量和销量。

- 按用户等级做出区分

付费用户和普通用户要有所区分，普通产品用户和高端产品用户也要有所区分。企业可以通过运营不同产品线的专属账号、直播间，销售不同价位的产品，以此来吸引对应的用户群体，然后逐渐建立账号的粉丝群，将用户进行区分，分类管理，以便后期有针对性地做出营销动作。

课堂讨论

你用过好用的与用户运营相关的工具吗？请分享给大家。

课后习题

1. 简述你对用户画像的理解，并尝试分析某个品牌或某个账号的用户画像。
2. 简述用户运营的四大板块。
3. 请选择一个你喜欢的社群，从社群类型、运营管理和转化等角度来分析该社群。

PART 05

第五章 全媒体直播运营

学习目标

- 了解直播的几种类型。
- 了解如何做好直播间定位与 IP 打造。
- 掌握直播互动与推广的技巧。
- 掌握如何做好全媒体融合下的直播运营。

素养目标

- 直播间是“公众场合”，在直播营销过程中，主播要以身作则，规范话语细节和言谈举止，做好文明引导和示范，积极践行社会主义核心价值观。
- 直播团队在直播过程中要严格遵守平台规则，主播需要具备一定的社会常识和文化素养，不弄虚作假，在直播中积极弘扬正能量。

近两年，随着网络技术的发展，我国直播行业发展得如火如荼，越来越多的个人和企业入局直播，越来越多的行业参与直播。如今，直播已不仅仅是新媒体行业的事情，其已经变成一种随处可见的媒体形态和生活状态，直播运营也变成全媒体运营中不可缺失的一环。

除了电商直播以外，如今直播所涉及的行业、直播的种类、直播的方式等都在慢慢增加，各个平台的直播数量和场次呈现爆发式增长，企业要想做好全媒体，基本上逃不开直播这一环。

对企业来说，做好直播能使企业产品得到更多宣传和曝光，增加产品销量，实现经济增长。本章从讲解几种不同的直播类型开始，详细介绍如何做好直播定位与 IP 打造、如何做好直播互动与推广、如何做好全媒体融合下的直播运营。通过对本章的学习，希望读者能对直播运营有较为全面的理解。

5.1 直播的几种类型

本书所讲的直播，是指区别于电视直播的网络直播。

直播按照内容和形式来分，可分为很多类型，如才艺类直播、教学类直播、美食类直播、游戏类直播等。根据直播性质的不同，本书主要将直播分为电商式直播、引流式直播和发布会式直播，这也是应用较多的三种直播类型。

5.1.1 电商式直播——“人”“货”“场”

电商式直播也就是直播“带货”，即以销售商品为主要目的的一类直播。其营销的流程是：主播推荐商品—用户购买—品牌或厂家供应商品。由此可见，电商式直播涉及三个因素，即“人”“货”“场”。

1. 人——主播与用户

直播营销方式中的“人”，主要是指主播和用户。直播营销的交互是主播和用户靠信任产生基本的连接：主播向用户推荐经过选品的产品，帮助用户提高购物效率、节省决策成本；用户因为信任主播而下单购买，帮助主播实现收益。

① 主播

主播影响着一场直播的营销效果，而能不能吸引用户在直播间互动甚至产生购买行为直接决定了一场直播的最终结果。在一场直播中，主播扮演着传统购物中导购的角色，但其承担的责任又远远大于导购，其除了需要介绍商品和推荐商品，还要与直播间的用户进行互动，调动直播间氛围。

一个优秀的主播往往拥有以下三个特质。

- 对商品熟悉，能熟练而专业地展示商品的优点。
- 有鲜明的特色、人设、风格、个人魅力。
- 能够使用合适的话术，打动用户。

专业直播间的直播营销不是主播一个人在战斗，而是一个运营团队在其背后出谋划策以及做运营支撑。

如今，随着人工智能（Artificial Intelligence，AI）技术和数字人技术的发展，未来将会有越来越多的虚拟数字人出现在直播间，这些数字人能够模仿真人主播的声音和外形，还能与用户互动。未来用户可能很难分辨主播是否为真人。

② 用户

衡量一场直播营销的效果如何，不应该只看最后的成交额，特别是对不同用户基数、不同流量的直播间来说，难以进行准确比较。而比较科学的方法是看转化率，即下单人数与直播间人数的比例，转化率越高，说明该场直播的营销效果越好。而提高直播营销转化率的关键在于用户，即直播间应吸引精准用户。

例如，母婴类产品的直播间，如果来到直播间的用户多是新手妈妈群体，直播间的转化率自然不会太低，但如果直播间各种用户群体都有，那直播间流量再高，对转化率也起不到多大作用。所以，直播营销中很关键的一个因素就是吸引精准用户。

吸引精准用户可以从以下几个方面考虑。

- 明确内容方向，依靠内容吸引精准用户。尤其是企业短视频账号，要考虑账号应该吸引什么样的用户，做什么样的内容才能吸引到对应用户，实现高效转化。
- 投放定向推广。企业在对直播间进行付费推广和购买流量时，可以定向选择直播间的目标用户进行精准投放，吸引对应的用户进入直播间，从而提高转化率。
- 积累私域流量，做好直播营销的精准触达。在直播营销的过程中，主播会反复强调和引导直播间用户加入粉丝团，或者关注、订阅直播间，主要是为了使直播间的公域流量有效地转化为账号的私域流量，以达到积累用户和实现后期宣传触达的作用，从而逐渐提高直播间用户的精准度，提升转化率。

2. 货——选品与渠道

“货”指直播间销售的商品。

在传统销售中，一个店铺通常只卖固定品类的商品，用户需要自发地发掘商品的质量、特点等，导购或客服人员不会起到太大的影响用户决策的作用，用户的购买路径多是“自发需求—主动寻找—筛选下单”。且传统销售中的思维多是货架思维，商品的陈列、色彩、搭配等都是吸引用户的关键，在这种思维方式下，用户和销售人员缺乏沟通，转化效果有限。

而在直播营销中，“货”的价值被主播最大限度地介绍和展现出来。同时一个直播间能上架多种品类的商品，依据直播间的流量，能够实现商品的“集聚效应”，形成购买的氛围。这时的用户购买路径多是“主播推荐—被‘种草’—下单”。

① 选品

在一场直播中，“货”要想卖得好，前期的选品环节至关重要。与传统的营销相比，直播营销的商品选择更加灵活，直播团队在供货渠道、商品品类、成本与定价等方面有更多自主权。在直播营销中，选品的原则是选择低价、高频、刚需、展示性强、标准化高的商品。

② 渠道

直播间商品的供应渠道有两种：一种是自有商品的供应渠道，即直播间售卖自产品牌商品，这种适合线下实体店铺的直播和品牌自营、生产基地的直播；另一种是依靠供货商或产品供应链解决商品供应问题，这种适合没有自身商品、依靠流量或广告费用来“带货”的网络红人。

企业基本上是自供自销。自供自销的好处是，能够保证商品的售后问题，能自主把控商品质量，并且可以灵活定价，利润空间可控，但采用这种方式，商品生产、发货、售后等一系列问题都要自己解决，人力成本较高，且流量相对受限。因此，企业除了自己直播外，还可以在抖音、快手等平台上挖掘有潜力的“带货”主播，以分佣的形式与其合作，即企业作为供应商。

3. 场——场景搭建

“场”主要是指消费场景，为连接“人”和“货”而存在。在直播营销中，“场”的意义在于，通过实现实时、体验、互动来搭建消费场景，引发用户的消费欲，促使用户产生消费行为。直播营销中的“场”有多重含义。

一是指直播团队为销售商品而搭建的满足商品使用环境的场景，其目的是让用户有身临其境的感觉。

目前主要的场景有两种：一种是专门为商品搭建的符合商品使用环境的实物场景，另一种是围绕展示商品特色及质量等而搭建的虚拟场景。在 VR 技术、AI 技术、数字人技术的加持下，未来的直播场景将会更加丰富，用户能够更加真实地感受到商品，有身临其境的体验感。图 5-1 所示的直播背景即数字虚拟背景。

图 5-1　数字虚拟背景

另一种是指用户观看直播和购买直播间商品时的场景。目前，用户通过观看直播而产生消费行为，主要有以下六种场景。

- 碎片式场景。在碎片时间“刷”抖音、快手等，看到自己关注的主播在直播，进入直播间观看后被“种草”（推荐），于是下单购买。
- 社交式场景。在微信群看到有朋友分享直播链接，点进去直播间观看，发现所介绍的商品自己恰好需要，且价格也便宜，于是下单，并关注直播间账号。
- 消遣式场景。用户下班回家路上或者吃过晚饭休息时，随便点进直播间，买点东西放松一下，犒劳自己。
- 需求式场景。有购物需求时，去逛淘宝、京东，发现一些店铺正在直播，通过观看直播更加直观地感受商品，并在直播间与主播实时互动，从而打消顾虑下单。
- 沉浸式场景。像看综艺节目一样沉浸于直播间。这种直播会通过主题、内容、环境构建、主播与嘉宾间的现场互动，展示商品的使用场景，使用户更好地了解商品，促使用户下单。
- 陪伴式场景。一些头部主播有强大的影响力和较多的粉丝，其在直播前会有预告，粉丝们会定时观看，甚至通过购买商品来支持主播。

5.1.2　引流式直播——后端变现

引流式直播指的是企业或个人利用直播来获客或者实现后端变现和转化。引流式直播一般不销售商品，也涉及“人”“货”“场”三个因素，只不过“货”的转化周期延长。

引流式直播常见于三种情况。

- 销售高客单价产品时

很多传统的线下行业利用短视频和直播平台的高流量来吸引潜在用户。常用于推广一些高客单价的、不能直接在线上销售的产品，如房产、汽车、咨询服务等，通过直播吸引意向用户留下联系方式，促进后续成交。

- 利用直播导流至其他软件时

抖音、快手等平台的高人气和高流量，不仅使品牌和商家看到了营销机会，也使其他软件想要从中拉新，从而快速实现用户增长。通过直播的形式展示某个游戏或影视剧类软件，吸引用户下载。

- 销售“低转高”课程时

很多直播中会有一些 1 元课程，甚至有免费课程，吸引用户购买，这些课程其实是引流课，吸引用户到私域，如吸引用户到社群或者小鹅通上体验课，在用户上体验课的过程中再进一步促使其购买正式课程，这类引流课程也被称为“低转高”课程，常见于教育培训行业。

5.1.3 发布会式直播——造势宣传

在一些头部主播或品牌方的直播间，一场直播可能有上亿人次观看，其流量数据和影响力丝毫不亚于一个小型电视台。于是，越来越多的品牌方以直播的形式进行新品发布或线上活动宣传，发布会式直播多是商业活动类直播，目的在于宣传造势，为新品销售打下基础。新品销售发布会直播如图 5-2 所示。

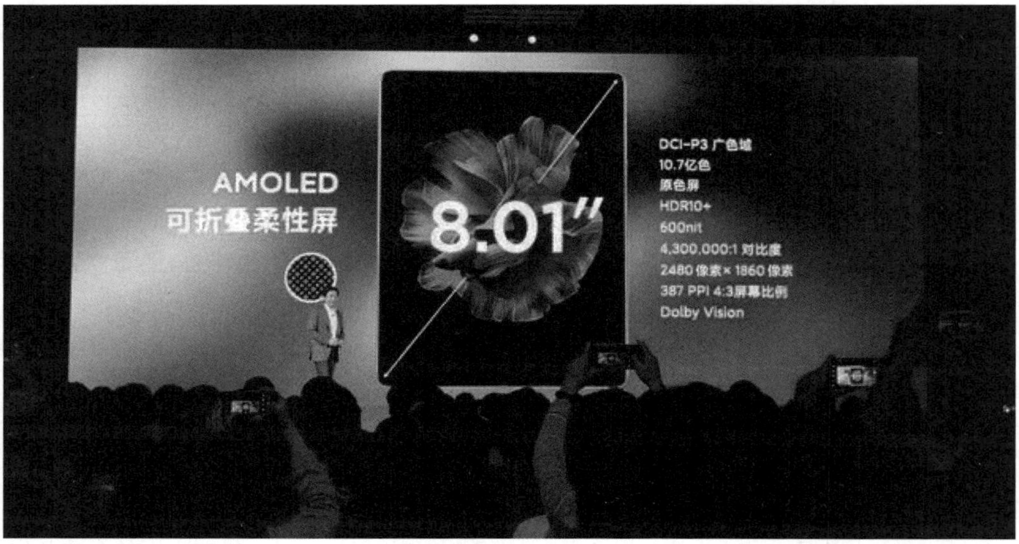

图 5-2　新品销售发布会直播

发布会式直播有着一定的偶然性，需要根据活动的举办而开展，主要体现在：直播平台不确定、直播时间不稳定、直播频次较少、直播主题不一致。具体来说，这类直播一般表现出以下特点。

1. 主播：以品牌方为主体

相比一些电商式、引流式直播来说，发布会式直播围绕品牌活动开展，直播频率较低，且选择的直播平台可能也不一致，有时候会在多个平台同时直播。此外，一场品牌活动可能涉及活动现场的多个人物、多个机位，镜头也会经常切换，一般没有特定的主播，就算有活动主持人或者主播，直播目的和直播内容都是围绕着品牌的活动，是以品牌方为主体的。

品牌方或企业一般会在多个新媒体平台布局矩阵账号，为品牌做全方位的宣传。以小米为例，小米在抖音、快手、视频号、微博、哔哩哔哩等多个平台有多个账号，当小米有新品上市时，其经常会设置多个账号共同直播新品发布会。

2. 用户：品牌用户+流量聚集

因为发布会式直播的偶然性较强，所以直播间没有固定的用户群体，一般流动性较强，其主要流量来自品牌用户、“网红”，以及平台推送的流量。

品牌方一般都有自己忠实的用户群体，这些忠实用户会密切关注品牌的相关活动和动向，当品牌有新品发布会或者直播福利活动时，这些忠实用户会聚集到直播间去观看和进行互动。例如，每当小米有新品首发活动时，其用户群体——“米粉”就会去活动平台购买。

品牌方的直播要想吸引更多用户观看，一般都会邀请一些品牌代言人、艺人、“网红”或行业“大咖”等自带流量的嘉宾来扩大宣传势能，吸引更多流量。而这些自带流量的嘉宾有自己庞大的粉丝群体，这些粉丝群体往往会关注嘉宾所在的直播活动。

此外，品牌方的大型直播活动一般都会在直播平台投放广告，甚至直接以直播平台开屏广告和头条的形式抢占用户注意力，所以直播间的偶然性用户、来自直播广场的用户，即泛流量占据一定比例。

3. 直播形式：发布会+综艺化

发布会式直播目前主要有三种形式。一是和一些头部主播合作，在主播的直播间进行专场类直播宣传及新品售卖。二是品牌方在品牌自己的账号开启直播，一般是在多个平台甚至多个账号同时进行。三是品牌创始人直播。例如，格力的董明珠、小米的雷军等，其本身就属于自带流量的创始人，其影响力往往不小于头部主播的影响力。

但不管是哪种形式的直播，发布会式直播营销，多表现为以新品发布的形式并融入一些综艺元素。为了避免新品宣传的枯燥，直播多涉及演讲、用户互动、节目表演等，宛如一个大型文艺晚会现场。

课后讨论

你有喜欢的主播或直播间吗？为什么喜欢？请分析其特色。

5.2 直播定位与 IP 打造

在上一节所讲的三种直播中，电商式直播是非常普遍的，其涉及诸多环节和细节，包括选品、人设、话术、互动等，所以本章后面几节，都以电商式直播为基础进行讲解。

5.2.1 直播定位与选品策略

账号要有定位和人设，直播也同样要有，做好直播定位，是开始直播的第一步，然后再考虑选品。

1. 直播定位

直播定位即要打造一个什么样的直播间。

直播定位一般与产品定位有较大关联，但一个品牌的产品，不仅在官方直播间售卖，还涉及区域代理、渠道商等不同销售渠道，这就对直播定位有了差异化要求。

一般来说，直播定位无非以下几种。

- 品牌直播

品牌直播账号一般为品牌官方认证账号，或总账号。这类直播间的商品要坚持不能“破价”，即不能与品牌线下店铺或者其他电商平台的官方店铺的同类商品的价格有明显出入，且商品质量要有所保证。直播间布置要与品牌形象、品牌格调等保持一致，定期直播，保持日常曝光。

- 低价特卖式直播

这类直播一般销售品牌打折商品、断码商品、过季商品、清仓处理商品，以品牌特价的卖点来吸引用户购买。

- 过品式直播

过品式直播指快速将每个商品“过”一遍，不详细介绍商品的细节，追求在一场直播中尽可能多地推荐商品，甚至每个商品仅有几秒的展示时间，仅仅报价和展示，不做停留。这类直播间的商品一般为用户熟悉的品牌商品，这类直播留给用户很短的决策时间，无须用户思考细节，因此商品价格一般会比日常价低，促进用户快速决策。

但做这类直播需要注意平台规则变动，部分平台可能会对这类直播做出管控。

- 源头式直播

某些直播会将直播场地设置在原产地、工厂、车间，这类直播就是源头式直播。源头式直播一方面能够让用户看到商品的生产过程、原材料或生产环境，强化用户的信任感，另一方面能够给用户“一手价”“没有中间商赚差价”的感觉，在价格上可能会有优惠。

常见的源头式直播如果园水果采摘直播、零食生产制作直播、食品生产车间直播、日用品制作过程直播等。源头式直播案例如图 5-3 所示。

- 实体店直播/区域直播

很多直播会将直播场地设置在实体店铺内，这样能够为用户营造一种现场体验感，主播可以围绕店铺商品边讲解边展示，也能够强化用户的信任感。常见的直播场地有服装店、汽车销售店、商超等，这类直播的目标用户一般都是本地或周围用户，吸引用户线上购买或到店成交。

图 5-3 源头式直播案例

2. 选品策略

对企业和品牌直播间来说，直播间一般只售卖自营品牌商品，不会涉及太复杂的选品环节，品类相对固定，这种情况下，选品需要考虑的是如何在自有商品的基础上优化组合，从而实现持续转化。

① 选品思路

自营直播间的选品，有以下三点可借鉴。

- 推荐好卖单品。直播间有“二八定律”，即 20%的单品会带来 80%的收益，所以直播间要多上架企业好卖的单品，反复推荐，而不是为了全面展示而平均分配每个单品的介绍时长。
- 推出直播间特供商品。选出部分适合在直播间销售的直播间特供商品，以区别于其他电商渠道，或者线下渠道，体现直播间特供商品的稀缺性和独特性，激发用户购买。
- 多生产新品。企业和品牌商品的品类相对受限，需要多生产新品以满足用户需求，尤其是低价、高“颜值”、有特色的商品，从而激活老用户，促使新用户购买。

② 选品配置的策略

选品配置，即整场直播的商品配置，根据商品的功能、销量和用途的不同，将商品划分为多种类型，将不同类型的商品进行合理配置，从而实现直播间的营销目标。

专业的直播间，其上架的商品一般由引流品、利润品、印象品、“宠粉”福利品这四种类型的商品组合而成。具体的选品配置如表 5-1 所示。

表 5-1　选品配置

商品类型	特点及作用	“带货”技巧	案例
引流品	价格低、大众化的走量商品； 吸引用户在直播间停留； 快速营造直播间的购物气氛，为直播营销打造良好开端	将商品价格设置为 9.9 元、19.9 元这类不太需要决策的价格，提升销量； 设置一定数量，但数量不能太少，让大多数人都能买到； 固定时间段开卖	卫生纸、零食、纸杯、洗衣液等日常生活用品
利润品	直播间重点推荐的商品； 用于增加直播间的收益和整体利润	重点推荐，反复强调，多次推出； 多准备物料，如照片、视频、现场展示、用户好评等	自有品牌商品，品牌服装、美妆商品等
印象品	经常在直播间出现、长期合作的商品，赛道维持性商品； 让用户有专属感，营造一种在该直播间买更放心的感觉	设置专属物料和道具； 固定台词，强调商品的质量和专有性； 设置一定赠品和福利； 每次设置固定数量	秋叶大叔直播间的不二酱
“宠粉”福利品	“宠粉”福利品也叫专属福利品，多用于福袋抽奖，或者粉丝团专购； 有利于提升粉丝对直播间的黏性，增加在线人数	设置时长较长的福袋，如 10 分钟，延长用户在线时长； 直播过程中不断提醒用户抽福袋	某直播间的抽福袋活动

在一场直播中，上架商品可以按照以下比例来组合：

直播商品组成=10%引流品+60%利润品+20%印象品+10%“宠粉”福利品

另外，安排商品的推荐顺序有以下技巧。

- 先推荐引流品，以快速提升直播间的流量，并营造直播间的购买氛围。
- 当直播间的人气通过引流品得到很大的提高后，再推出利润品、印象品，以促成主要交易。
- “宠粉”福利品需要全程陆续发出，或者当直播间用户人数减少时发出，增加直播间的在线人数。

5.2.2　主播 IP 打造

主播是一场直播的核心人物，也是直播间的关键人物，直播团队的工作基本围绕主播展开。人气高的主播自带流量，成交转化率也远远高于一般主播，所以主播的培养和 IP 打造有着非常重要的意义。

1. 主播需具备的能力

一个合格且优秀的主播一般需要具备以下能力。

- 口头表达能力及镜头表现能力

良好的口头表达能力和镜头表现能力是对一个主播的基本要求，如果一个主播面对镜头胆怯、没有话讲，词不达意，总出现冷场、气氛尴尬等现象，那么其对商品的讲解自然没有说服力，用户也不愿意停留。

- 过硬的专业能力

过硬的专业能力体现在不同行业对主播的不同要求上。例如，对于美妆领域的直播，主播应该对美妆有专业的知识储备。这样的主播在直播时比较容易上手，且培养成本低。

- 灵活应变的能力

直播是一项需要团队高度配合的复杂工作，在直播过程中可能会出现诸多问题，需要主播有良好的应变能力，能够从容处理各种突发的状况。

- 销售转化能力

多数直播本质上是一种销售，主播的主要任务也是销售，所以销售转化能力很重要。主播要掌握一定的销售技巧，做到自然而然地推荐，使用户对主播产生信任。

除了上述几种能力以外，一个主播还应该有良好的身体素质和职业素养，能够做到对工作持之以恒，拥有较强的责任心。

2. 主播人设

人设指主播在性格、技能、相貌等方面所塑造的并传递给用户的角色印象。主播是直播间的核心，用户对主播的认知和记忆决定了其对直播间的评价，而有鲜明人设的主播，更容易被用户识别和记住。

主播的人设可以是前文所讲的五种账号人设，即：专业型人设、偶像型人设、励志榜样型人设、幽默搞笑型人设、个性化人设。在此基础上，运营者可以为主播设置一些记忆点来凸显特色，如以下记忆点。

- 昵称记忆点。取一个简短好记、好听的昵称。
- 外形记忆点。如穿着固定衣服，或戴着固定帽子、拿着扇子、扎着双马尾等。
- 语言记忆点。在直播中重复强调同一句话，且这句话要与主播人设贴合。
- 动作记忆点。如撩头发、打响指、敲黑板、喝茶等固定动作。

5.2.3 直播策划与脚本

一场直播要想顺利进行，减少意外的出现，前期的直播策划必不可少。

直播策划是关于直播现场的一整套流程，最后的流程方案一般以直播脚本的形式呈现，包括具体环节、时间节点、产品介绍及人员分工等。直播脚本可以通过结构化、规范化及流程化的说明，为主播在直播间的内容输出提供指引，以确保直播的顺利进行及直播内容的输出质量。

在一场直播中，脚本要精确到具体环节的关键内容。脚本的设计要考虑到以下关键点。

1. 确定直播节奏

确定好直播节奏就是指控制好直播中各个环节所占的时间比例，从而能够有序地完成每一个步骤。假如一场直播的时长计划为两小时，除去直播预热时间和互动时间，商品的总推荐时间是 100 分钟，再结合该场直播的商品数量，可以详细计算出平均每款商品的推荐时间。

但在直播中，不同商品的推荐时间不一定是相同的，某些热门商品需要更多、更全面的介绍，某些冷门商品可以安排较少的推荐时间。

2. 体现商品卖点

提炼一款商品的卖点，要做到前期对商品信息了如指掌，包括商品的品牌、商品的功能和用途、商品价格等。可以从以下三个方面来罗列商品卖点。

- 商品外观，如颜色、形状、包装及给人的感觉等。
- 商品使用感觉，如食品的口感、数码商品的使用流畅感、服饰的使用场景和效果等。这种感觉可以通过现场的演示或者细节展示体现出来。
- 商品的直接或间接背书，如知名人士代言、所获奖项、销售数据等。

3. 设计互动环节

一场直播中，如果主播从头到尾只是在进行商品推荐和销售，可能会让用户产生一定的疲乏心理，相反，如果在每场直播中直播团队都能设计一些互动环节，则会让老用户感到惊喜，同时也可能会吸引新用户。互动环节的设计可以考虑才艺展示、游戏互动、邀请嘉宾、粉丝“连麦”等方式。

根据直播的时间规划，结合直播主题、目标及参与人员的工作内容，即可策划出一个完整的直播脚本，如表 5-2 所示。

表 5-2　直播活动的完整脚本参考

直播活动概述	
直播主题	可以从用户需求的角度来设计直播主题 如“新年福利专场”“幸福感好物专场”
直播目标	流量目标：吸引××万用户观看 销售目标：推荐×款商品，销售量突破××件
直播人员	主播：×× 助理：×× 客服：××
直播时间	××××年××月××日 18:00—20:00

直播活动流程					
时间段	流程	主播	助理	客服	备注
18:00—18:03	打招呼	主播进入直播状态，和用户打招呼，进行简单互动	助理简单自我介绍，引导点赞	向用户群推送开播通知	—
18:03—18:10	暖场互动	介绍抽奖规则，引导用户关注直播间	演示抽奖方式，回复用户问题，引导点赞	向用户群推送直播信息	—
18:10—18:15	活动剧透	剧透今日直播的商品和优惠力度	补充主播遗漏内容，引导点赞	—	商品名称、抽奖信息、商品优惠活动信息
18:15—18:20	福利抽奖	讲述奖品和抽奖规则，引导用户参与抽奖	演示参与抽奖的方法	收集获奖信息，引导点赞	—
18:20—18:30	商品 1 介绍	介绍引流品，展示使用方法，分享商品使用经验	配合演示商品用法，展示使用效果，引导用户下单	在直播间添加引流品链接，回复关于商品和订单的问题	引流品名称、市场价格、直播间价格
18:30—18:50	商品 2 介绍	介绍印象品，展示使用方法，分享商品使用经验	配合演示商品用法，展示使用效果，引导用户下单	添加印象品链接，回复关于商品和订单的问题	印象品名称、市场价格、直播间价格

续表

时间段	流程	主播	助理	客服	备注
18:50—19:10	商品 3 介绍	介绍利润品，展示使用方法，分享商品使用经验	配合演示商品使用方法，展示使用效果，引导用户下单	添加利润品链接，回复关于商品和订单的问题	利润品名称、市场价格、直播间价格
19:10—19:20	主播讲故事	主播讲述自己或者团队的故事	配合主播讲故事	引导点赞，收集直播间用户反馈	—
19:20—19:25	福利抽奖	讲述奖品和抽奖规则，引导用户参与抽奖	演示参与抽奖的方法	收集获奖信息	奖品数量、名称、市场价格
19:25—19:35	商品 4 介绍	介绍直播间的“宠粉”活动，介绍“宠粉”福利品，介绍加入粉丝团的方法	引导用户加入粉丝团，展示商品的用法和效果，引导下单	添加“宠粉”福利品链接，回复关于商品和订单的问题	“宠粉”福利品名称、市场价格、直播间价格
19:35—19:55	商品 5 介绍	介绍利润品，展示使用方法，分享商品使用经验	配合演示商品使用方法，展示使用效果，引导用户下单	在直播间添加利润品链接，回复关于商品和订单的问题	利润品名称、市场价格、直播间价格
19:55—20:00	下期预告	预告下一场直播	引导用户关注直播间	回复关于商品和订单的问题	下期直播的时间、商品和福利

课堂讨论

假如你要做一个关于大学生四、六级学习与考试的直播，你会在“人”“货”“场”方面做怎样的设计？

5.3 直播互动与推广

有效的直播互动能够活跃直播间气氛，留住直播间流量，而有效的直播推广能够为直播间带来更多流量。

5.3.1 直播预告技巧

直播前的预告可以有效增加直播间预约人数，增加直播间的流量。针对不同渠道的宣传，直播团队要制作不同形式的宣传内容。

1. 预告内容

利用短视频发布直播预告的方式主要有两种：第一种是发布“常规的短视频内容 + 直播预告信息”形式的短视频，即发布带有直播信息的短视频；第二种方式是发布以直播预告为主要内容的短视频，即“纯直播预告式”短视频。

2. 发布时间

直播宣传可以分为三轮：第一轮宣传最好在直播前 1～3 天，第二轮宣传可以在直播开始前 0～3 小时，第三轮宣传可以在直播开始以后。

第一轮宣传的时间不能提前太长，否则很容易让用户遗忘；但也不能太短，否则可能会影响预告效果。直播团队可以在正式直播前 1～3 天发布直播预告视频，为直播间引流。

采取这样的时间节奏，有两个方面的好处。一方面，由于热门短视频的发酵期是 2～3 天，在这段时间内，看到短视频的用户数量会达到顶峰。此时，主播再开始正式直播可以有效避免热度的衰退。另一方面，提前 3 天预告，可以给主播及其团队一些时间准备应对突发情况的预案。

在直播开始前的 3 小时内，直播团队可以在直播平台发布宣传信息，提醒用户直播马上开始，让用户预留好观看直播的时间。

直播开始后，直播团队可再把直播间信息进行广泛发布，吸引用户进入直播间。

3. 案例

抖音某头部主播 A 在每次直播前都会利用短视频进行大量宣传。在 A 的 2023 年中秋主题直播中，A 分别进行了以下操作。

- 改名称。在此次直播开始前一周，A 将抖音账号的名称改成了与直播预告相关的名称。这使用户在搜索 A 账号或进入 A 抖音主页时，可以直接看到直播信息，接收到直播宣传信息。
- 改简介。A 在账号简介中也提到了该场直播，并预告了福利。A 还设置了直播预约提醒，用户预约以后，就会在直播开始时收到通知。
- 大量短视频预告。蝉妈妈数据显示，在此次直播开始以前，A 共发布了 5 条包含直播预告信息的短视频，这些短视频文案都带上了“中秋××破亿挑战”的话题，引导用户预约直播。在预告短视频中，A 专门预告直播时会送出的高价值商品，吸引用户预约直播。

5.3.2 直播话术设计

怎样避免直播中的语无伦次、磕磕巴巴，以及忘词和紧张等问题？提前准备好直播脚本，也就是直播话术，就能解决这些问题。

简单的直播话术可以按照这样的组合来设计：

开场白+商品介绍+福利话术+互动话术+结尾话术

1. 开场白

开场白的设计可以从以下角度出发。

- 打招呼——如“各位朋友大家好，欢迎大家来到我的直播间”。
- 主播介绍——如“大家好我是×××，是××的负责人，做过……”。
- 主题预告——如“今天的直播主要是跟大家讲××主题”或“今天主要为大家带来××专场好物”。
- 暗示互动——如“今天的直播福利很多，大家可以分享给自己的好朋友哦”“在线的朋友可以留言‘1’，我看看有多少人”。

2. 商品介绍

设计商品介绍可以从以下角度出发。

● 场景代入——如“直播间有没有那种一到夏天脸就出油的女孩子”或“有没有想吃零食但害怕长胖的女孩子”。

● 引入商品——如“首先我们要介绍一款大家都很期待的××”或“之前很多粉丝私信我说没抢到××，今天就给大家安排”。

● 商品介绍——如“这款××是由××品牌推出的，它的亮点是……”“它的主要成分是……”“它主打××功能，采用了××技术”。

● 强化信任——如“它的这项技术是经过××认证的”或“这款商品××都在用，都在推荐”，或“大家可以看看某网的评价，大多是好评”。

● 突出利益——如“这款商品平时官方价是 99 元，今天我们直播间给大家争取到了69 元的福利价”或“用买一杯咖啡的钱，就可以买到××，真的很值”。

● 刺激成交——如“想要在夏天变美的女生，一定要买”。

3. 福利话术

设计福利话术可以从以下角度出发。

● 福利引入——如“刚刚看到很多朋友说没抢到，那我给大家发个福利吧”或“右上角福袋有我身上的同款，大家一定要抽奖试试”。

● 福利强调——如“大家只需要点击福袋，就有机会抽中这台价值 7999 元的笔记本电脑，一定不要错过”或“今天给大家准备了 100 部手机，大家可以抽奖试试”。

● 福利刺激——如“刚刚的抽奖结果已经出来了，恭喜×××，这部手机我们马上给你寄出”。

● 福利安慰——如“没有抽到的朋友不要不开心，后面我们还为大家准备了××大奖”。

4. 互动话术

设计互动话术可以从以下角度出发。

● 吸引关注——如“大家记得给主播点点关注，点了关注就有机会拿奖”。

● 引导评论——如“有没有想要我手上这款商品的粉丝，有的话给我留言‘有’”或“大家还想看几号商品，在评论区留言，我来试给你看”。

● 灵活转场——如“我看到××说太贵了，没关系，我下面就给大家上个便宜的”或“最近北京真的好冷啊，大家一定要注意保暖。这条毛裤穿起来很暖和……”。

● 活跃氛围——如“说了这么久，还真有点饿，给大家表演一个吃月饼”或“不要急，不要慌，链接正在上，我给大家唱两句吧”。

5. 结尾话术

结尾话术可以从以下角度出发。

● 表达感谢——如“感谢大家今天陪伴了我两小时”或“感谢大家一直没有离开直播间”。

● 强化记忆——如“今天主要给大家讲了××”或“我是××，专注于××，我们下次见”。

● 引导关注——如“大家如果觉得在今天的直播中有收获，记得点个关注”或“点个关注，下次就不用担心找不到主播啦”。

● 预告下次直播——如“下次直播时间是××，我将给大家带来××，大家记得预约哦”或“下次直播有大家喜欢的××，一定不要错过哦”。

5.3.3 直播互动技巧

直播时，主播不能只按照准备好的话术自顾自地介绍商品，还需要根据直播间的实际情况，引导用户热情地互动，以营造直播间的互动氛围。在任何一个环节，热烈氛围都可以感染用户，吸引更多用户进来观看直播，吸引更多用户在直播间参与互动，甚至产生购买行为。

直播的互动技巧主要有发福袋、截图抽奖、表演节目、与嘉宾“连麦”。

1. 发福袋

发福袋本质上是抽奖送奖品，是直播过程中常用的互动技巧，在抖音、快手、视频号等平台的直播间较为常见。在淘宝等电商平台，多为发红包，但领取的红包一般只能在直播间使用。

送福利的首要目标是让用户在直播间停留，活跃直播间的氛围；其次才是关注有多少用户因福利而关注主播、产生购买行为。为了实现这两个目标，设计送福利时要遵循以下 3 个原则。

首先，作为福利的奖品应该是主播推荐过的商品，可以是新品，也可以是热门商品。奖品价值越高，对用户越有吸引力。

其次，整个送福利活动要分散进行，不能集中送完。主播可以设置多个福利奖品，每到达一个直播节点就送出一个福利奖品。例如，进入直播间的人数、点赞人数或者弹幕数达到一定标准，就送出一个福利奖品。这样，就可以通过送福利来不断地激发用户的参与兴趣，从而尽可能地保证整场直播的活跃性。

最后，对福袋抽奖有必要设置一定门槛，但门槛不能太高。为了使发福袋的效果更明显，直播运营者可以设置福袋抽奖条件，如在直播间发出特定评论、成为粉丝团成员、关注主播、转发直播间链接等。

2. 截图抽奖

截图抽奖也是一种互动技巧，一般是主播要求用户在评论区发送特定文字，直播团队截图选出 1～5 名幸运用户送出礼物。

这种截图抽奖的方式可以在短时间内快速激活评论区，让大量用户参与直播间评论中，提升直播间的热度。直播间评论越多，越有利于平台给直播间分配流量。

3. 表演节目

当直播间气氛冷下来时，直播团队可以灵活处理，如让主播表演唱歌、跳舞、说绕口令等节目或者让主播扮演某种角色、快问快答等，从而有效留住直播间用户，获得新流量。

4. 与嘉宾“连麦”

在直播间和他人“连麦”本质上是一种资源互补，能够实现直播间的更多曝光，相互导流，甚至可以借助他人力量“出圈”。

和比主播影响力大的其他主播“连麦”，可以借助其他主播的影响力实现“涨粉”；适当地与粉丝“连麦”，可以增强与粉丝之间的联系，增强粉丝黏性。

但“连麦”也不是越多越好，特别是粉丝对“连麦”者并不感兴趣的时候，如果“连麦”者所占用的时间太长，很多粉丝会离开直播间。另外需要注意的是，在对“连麦”者的选择上要保持谨慎，如果“连麦”者的直播间出现违规行为，那团队自己的直播间也会受到影响，情况严重的话还会导致直播间被封。

5.3.4 直播推广与引流

直播团队可以通过在私域流量渠道和公域流量渠道共同进行直播宣传，进行直播推广与引流，以便快速提升直播间的热度。

1. 直播前多渠道推广

直播宣传渠道包括但不限于平台店铺、公众号、微信社群、微博、今日头条、小红书、知乎等。要针对不同平台的特性制作不同形式的直播宣传内容，选择合适的发布时机。

除了自有渠道以外，预算多的团队还可以在其他有影响力的、同类型的媒体账号上发布直播宣传广告，或者在直播前后选择合适时机投放平台推广，购买流量。

2. 直播时的短视频导流

直播时的短视频导流往往比直播前的预告宣传更为有效，因为预告基本上只覆盖粉丝，直播时的宣传短视频，却可以被系统随机推送给平台用户。

直播时用于导流的短视频如下。

- 直播现场花絮短视频

在直播开始后，团队可以抓取直播现场的精彩片段发布到直播账号上，提醒用户该账号正在直播，吸引用户进入直播间，也可以按照一定的预算购买平台推广，选择精准的目标人群。

- 日常短视频

直播团队可以提前准备一些日常短视频以在直播时发布，出于好奇，观看短视频的用户可能会进入直播间观看直播。

如果短视频数据较好，则其为直播间带来流量的引流效果也会很明显。这也是很多人会在短视频火了以后抓住时机开始直播的原因。

- 与福利相关的短视频

直播现场送出的福利也适合被拍摄下来制作成短视频发布，吸引用户进入直播间参与福利活动或购买对应的商品。

总之，准备的短视频越多、越丰富，吸引的进入直播间的用户也就越多，所以从一定程度来说，直播时的短视频导流效果比直播前的预告导流效果更明显。

3. 直播投放

在直播投放时，如果直接将直播间投放给用户，可能会导致部分用户直接忽略该直播，多数用户更喜欢在短视频平台看短视频，而不是看直播。

所以，投放人员可以选择在直播时投放短视频，为直播间引流。投放技巧如下。

- 设置定向投放

以抖音为例，投放时，可以设置性别、年龄段、地域范围，还可以设置投放目标为“进入直播间”，或者选择相似“达人”进行投放。

● 注意投放时间

选择投放时间也有技巧，在直播间在线人数下滑时投放短视频，可以有效使直播间的热度回升；在直播间下单人数较多、出单率较高的时间段投放短视频，可以为直播间带来新流量，有效提升直播间的销售额，促进成交。

● 投放近期数据较好的短视频

除了直播宣传类短视频，还可以选择近期完播率较高、互动率较高的短视频进行投放，这样用户停留观看短视频的概率更大，从而很可能出于好奇进入直播间，为直播间带来新流量。

课堂练习

假设你现在要在直播间推荐一本图书，请搜索这本图书的相关信息，为其撰写大约五分钟的直播推荐话术，并现场演示。

5.4 全媒体融合下的直播运营

全媒体融合的背景下，企业基本上不会只在一个平台上直播，而是多平台辐射。这对全媒体运营团队的直播运营能力提出了更高要求。

5.4.1 直播运营所需的基本能力

直播是一项机动性工作，一方面需要整个团队的密切配合，另一方面直播中会有各种不确定因素，甚至是各种突发事件，需要运营者灵活反应，巧妙化解危机。综合来看，直播运营者需要具备以下几点基本能力。

1. 规划和组织能力

规划和组织能力是直播团队中的编导需要掌握的能力，其他直播运营者也需要了解一二。直播规划和组织工作涉及从策划阶段到执行阶段的每一个环节，包括选择适当的直播平台、设定直播时间、确定直播内容和形式、安排直播场地和设备等。优秀的规划和组织能力能够确保直播活动顺利进行，并最大限度地提高用户参与度。

具体来说，直播规划和组织工作如下。

- 目标设定。明确直播的目标和预期效果，如增加粉丝数、提升品牌知名度等。
- 资源整合。合理安排人力、物力和财力等资源，确保直播活动的顺利进行。
- 进度控制。制订详细的计划，对直播前的准备、直播过程中的各个环节及直播后的收尾工作进行进度控制。
- 风险管理。预测可能出现的风险和问题，并制定应对措施，确保直播活动不受干扰。

2. 营销推广能力

直播前的宣传有没有做到位？直播预约人数有没有达到预期？直播间热度下降时该如何吸引新用户？直播间有多少来自直播广场的用户？

这些问题的解决都需要运营者有较好的营销推广能力。营销推广对直播运营至关重要，能够吸引更多用户观看直播，带来更好的直播数据。运营者需要了解各种营销策略和推广手段，多渠道宣传推广直播活动，提升曝光度并吸引用户。

具体来说，营销推广工作如下。

- 制定营销推广策略。根据直播目标，制定有针对性的营销推广策略。
- 社交媒体营销。利用社交媒体平台（如微信、微博、抖音等）进行直播宣传和推广，提高直播间的达到率。
- 广告投放。通过有效的直播投放，增加直播的场观和提高 ROI[①]。
- 数据分析。通过直播数据分析原因，优化营销策略以提升推广效果。

3. 数据分析能力

数据分析能力是直播运营中不可或缺的。通过对用户数据进行分析，运营者可以了解用户的行为和需求，为优化直播内容和策略提供依据。

具体来说，数据分析包括以下几个方面。

- 用户数量分析。分析用户数量变化趋势，了解用户数量和变动情况。
- 互动数据分析。分析评论、点赞、分享等互动数据，了解用户参与度和活跃度。
- 观看时长分析。分析用户平均观看时长和留存率，了解用户对直播内容的兴趣和满意度。
- 转化效果分析。分析直播的实际转化效果，如商品销售量增加、品牌知名度提升等。
- 竞品分析。对竞争对手的直播内容和策略进行分析，了解市场动态和竞争优势。
- 数据分析的运用。将分析结果运用到后续直播工作中，优化直播内容、改进互动环节和提高用户满意度。

4. 技术应用能力

直播运营者需要具备一定的技术应用能力，了解和尝试各种先进的直播技术和工具，例如，直播运营团队很有必要及时了解和学习 AI 直播和数字人直播技术。技术应用工作包括以下几个方面。

- 技术趋势了解。关注直播行业最新的技术趋势和发展动态，了解新技术对直播行业的影响和应用前景。
- 技术选型评估。根据实际需求评估不同的直播技术和工具的优缺点，选择合适的平台和工具进行直播活动。
- 技术问题解决。遇到技术问题和故障时迅速找到问题产生原因并寻求解决方案或与技术人员进行沟通协调。
- 技术优化建议。根据使用体验和技术分析提出技术优化建议，改进直播流程和技术支持体系。

5. 危机处理能力

在直播过程中，可能会遇到各种突发情况，如技术故障、主播失误等。运营者需要具备

① ROI：Return On Investment，指投资回报率，也可以理解为投入产出比。在直播营销中指投放成本和销售额之间的比率。ROI 越高，代表回报越高。

危机处理能力，能迅速应对和解决突发问题。这不仅有助于直播活动的顺利进行，还能维护品牌形象。

具体来说，危机处理包括以下几个方面。

- 危机识别。及时发现潜在的直播危机并进行预警，比如评论区有用户发表不良言论。
- 危机应对。直播前针对可能发生的问题，制定应急预案并快速采取行动，解决突发问题。
- 信息沟通。与相关人员保持密切沟通，确保信息传递及时准确。
- 反馈调整。根据危机处理效果进行反馈和复盘，总结经验教训，避免再出现危机。
- 危机公关。针对重大危机进行公关处理，维护品牌形象和信誉。

5.4.2 直播团队的人员分工

个人主播或人员紧张的直播团队，多采用一人身兼数职的运营方式。但这种运营方式只是权宜之计，只有人手充足、分工明确、各司其职的直播团队才能更长久、高效地运营。全媒体融合背景下，企业更需要专业的直播团队。

一般而言，直播团队应包含主播、副播、编导、运营、选品、场控、投手、客服等岗位，各岗位的职能分工如表 5-3 所示。

表 5-3 直播团队的各岗位及职能分工

岗位	职能分工
主播	熟悉商品、熟悉直播话术、介绍直播间促销活动、介绍及展示直播间商品、活跃直播间气氛、引导用户互动、为用户答疑、对直播内容进行复盘总结等
副播	辅助主播进行直播、引导用户关注直播间、配合主播演示、留意用户留言并提醒主播、及时播报商品库存、营造购买氛围、传递直播间样品等
编导	研究竞品、策划主播人设、策划商品介绍节奏、策划及撰写直播话术、直播前进行沟通和预演、监测直播效果、对直播内容进行复盘总结等
运营	研究直播平台运营规则、策划直播间的促销活动、制定促销方案、撰写商品文案、对直播内容进行复盘总结等
选品	了解用户需求、招募品牌商和供货商、选择商品、开展价格谈判、维护了供货商的关系、协助处理售后事务等
场控	调试直播设备、上架及下架商品、监测直播数据、传递临时信息、提醒主播注意相关事项等
投手	熟悉直播平台广告投放渠道及方式、制定直播间投放策略、观察直播间的流量变动情况及互动情况、及时调整竞价推广、优化投放计划、投放效果复盘等
客服	在直播间评论区回答用户提问、引导用户购买与评论、提供商品的售后服务、商品物流情况跟进与沟通等

5.4.3 直播运营的工具

有的直播间画面很清晰，有的直播间画面不清晰。这主要是因为直播工具与技术支撑存在差距。直播运营需要很多工具做支撑，包括硬件和软件方面的，硬件方面的工具较为复杂，本小节以抖音直播为例，仅阐述软件方面的一些工具。

- OBS

OBS 是一个开源视频录制和直播软件，全称是 Open Broadcaster Software。OBS

可以实时采集计算机屏幕、摄像头、话筒等输入源的信息，并将其传输到直播平台，如抖音、快手、哔哩哔哩等，实现推流和多平台直播。通过推流，用户可以在直播平台上实时观看主播的直播内容。

OBS 还支持多个场景的切换，如设置虚拟背景等，主播可以自由切换不同场景，以增强直播的多样性和互动性。OBS 的操作页面如图 5-4 所示。

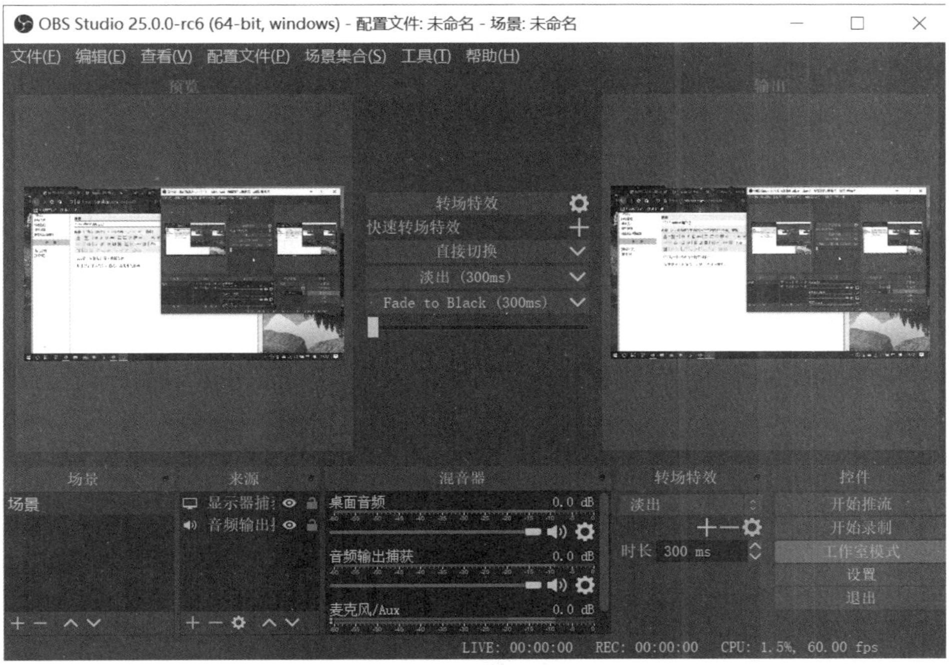

图 5-4 OBS 的操作页面

- 抖音直播伴侣

抖音直播伴侣是一款专为抖音主播而准备的直播辅助工具，它可以帮助用户进行直播及录制视频，简单易操作，适合个人主播或者手机直播。抖音直播伴侣有许多辅助功能，如截图、画质调整、分屏、超清大屏、大量曲库、智能动画特效和录音录像等。这些功能让直播变得更轻松。

- 抖音直播助手

对比抖音直播伴侣，抖音直播助手功能更丰富，是一款针对抖音直播的功能强大的直播管理工具。其主要功能包括“添加直播素材”“调节分辨率和帧率”“创建和管理直播间”及一些扩展功能。

- 直播投放工具

抖音平台的直播投放工具有很多，如 Dou+、巨量千川、小店随心推等，但不同工具的侧重点和适用情况不一样。

Dou+是抖音上应用比较普遍的一个工具，适用于短视频投放，操作简单，适合新手和个人账号。

巨量千川是字节跳动旗下的抖音电商一体化智能营销平台，与抖店、直播电商、小店随心推等共同形成抖音兴趣电商平台，以用户直接付费下单为主要推广方式，更适合企业。用一句话总结：想要更专业、更多功能、大额的推广，那么就需要通过巨量千川来实现。

小店随心推是抖音客户端推广小店商品的轻量级产品，助力短视频创作者实现短视频“带货”和直播“带货”，可以看作巨量千川的移动端简化版。和 Dou+的主要区别是：小店随心推可以为有营销性质的短视频助力，有针对性地提升销量等数据，而 Dou+只能投放无广告、无营销性质的短视频。

- 直播监测工具

新抖、飞瓜数据、蝉妈妈等第三方内容营销服务平台，既提供短视频方面的数据监测与分析，还具有直播方面的数据管理与运营查询功能，可以监测抖音、快手、视频号、哔哩哔哩、小红书等平台的直播数据。

通过这些直播监测工具，运营者不仅可以看到自身账号的直播情况，还可以查看其他账号的实时直播情况和往期直播数据。最重要的是，运营者可以实时监测平台上的直播排行榜，包括销售额排行榜、销量排行榜、人数峰值排行榜等，方便直播团队根据竞品账号直播情况及时做出调整。

图 5-5 所示为新抖的操作页面。

图 5-5　新抖的操作页面

5.4.4　整合直播运营的基本策略

在全媒体融合的背景下，直播运营的成功不仅依赖于直播本身，还需要整合直播运营。综合运用多种媒体和平台，构建多维度的内容传播与互动，可以有效提升直播的影响力和传播效果。

以下是整合直播运营的基本策略。

1. 明确直播目标和定位

企业在进行直播前，首先需要明确直播的目标和定位。例如，首要目标是增加品牌曝光，提高销售转化率，或获得新用户。

直播的目标决定了直播的定位，以及直播的内容方向和基础风格，但目标不是一成不变的。直播目标可以从以下维度来构思。

- 整体目标

在整合直播运营的基本策略中，确立整体目标是制定长期规划的第一步。整体目标应该直接服务于企业的核心战略，以实现长远的商业价值。

例如，如果企业的核心战略是打造年轻化品牌形象，那么整体目标可以是通过直播提升品牌在年轻用户中的知名度和好感度。为了达到这个目标，企业应制订具体的直播计划，包括设计有趣的直播活动、互动环节等，以吸引年轻用户的注意力。

- 阶段性目标

阶段性目标是直播运营的关键，有助于分解整体目标，使之更具可操作性，以逐步实现整体目标。每个阶段的目标都应该与整体目标密切相关。

例如，若整体目标是提升品牌知名度，那第一阶段的目标可以是在直播中吸引更多用户关注，通过有趣的内容让他们记住品牌，第二阶段的目标可以是提高用户互动率，使品牌形象深入人心，第三阶段的目标可以是通过直播营销活动，提高销售转化率。

- 不同平台的目标与定位

除了整体目标和阶段性目标，考虑到不同平台的特点和不同平台用户群体不同，制定不同的目标和定位是必要的。

例如，某品牌在淘宝平台的直播以电商式直播为主，重在提高销量和转化率；但是在抖音因为是刚起步，所以以提升知名度作为首要目标，以专业性知识讲解和演示为主，先做到靠直播“涨粉”，提升品牌曝光度，塑造品牌的专业性和权威性；而在视频号，该品牌的直播目标除了销售商品，更多的是引导用户到私域，为后续社群运营做铺垫。

2. 一体化内容营销布局

全媒体环境下，直播平台应被视为一个媒体节点，与其他媒体平台一起实现内容融合传播，确保直播内容与品牌形象一致，通过直播传递品牌文化、价值观，加深用户对品牌的认知和信任。整合直播与其他媒体传播方式，形成一体化内容营销布局，提升品牌整体影响力。

例如，某品牌的主色调为深红色，所以该品牌在不同平台的账号的主页背景都是深红色，短视频封面图也都是红色基调。与此同时，在不同平台的直播间布置中，直播间的背景色都是深红色，主播的穿着中也有深红色的元素，将直播间营造出一种优雅、高贵的氛围。

为了实现全媒体融合下的有效传播，直播内容策划需要与其他媒体渠道相协调，形成一体化内容营销布局。首先，要与其他平台协同，制定统一的内容格调和传播节奏，保证直播内容与其他媒体渠道内容的一致性与互动性。其次，通过跨平台内容串联和延伸，将直播内容进行二次包装，形成图文、短视频等其他形式，扩大内容传播的维度和深度。

3．打造团队 IP

很多头部主播的直播间会出现这样的情况：粉丝对主播有极强的黏性，主播成为 IP。对企业类主体来说，这有很大的隐患，即一旦主播离开企业，用户就会跟随主播离去，品牌就会失去很大一批用户群体和流量。

所以，为了减少和避免这类问题，现在很多企业已经不再力捧某一个主播，而是往打造团队 IP 的方向发展，以老主播带新主播，逐渐形成整个主播团队，使主播团队成为一个 IP，团队中的每个主播都有自己的粉丝群体。

这个策略值得很多企业借鉴，即从以人为主转向以货为主。前期做到靠主播个人魅力来吸引用户，留下用户，以人为主，而后期逐渐转型为多个主播轮番上阵，形成团队 IP，形成以货为主。

例如，某直播间起初以某企业家作为主播，该直播间 2020 年 4 月在抖音起步，依靠主播个人强大的人气以及背后的产品供应链体系，该直播间在首场直播中 GMV 便突破一亿元，后账号快速“涨粉”至 2000 万。

2022 年，该直播间逐渐淡去该主播的身影，采用 1+N 的直播模式，建设垂类直播账号矩阵，这标志着该直播间从个人 IP 转向多主播 IP。仅在抖音渠道，该直播间就有多个垂类账号，拥有一大批主播，如图 5-6 所示。

图 5-6　某直播间直播团队

在抖音大获成功后，该直播团队开始入驻淘宝、京东等平台，也获得了不错的成绩。现如今，该团队已经成为一个团队直播 IP，在每个平台都有稳定的直播用户群体。

4．持续优化直播内容

经常看直播的用户会发现，几乎每过半年，抖音上就会出现新的直播热点，会不断产生新的直播玩法，用户的喜好也在不断变化。所以，不管是“带货”还是引流，企业的直播内容和形式都不该一成不变，要以优质的内容为基础，不断升级直播内容和形式，要了解当下用户喜欢什么。

优质的内容是吸引和留住用户的关键。首先，要了解用户的兴趣和需求，设计有趣、有价值、能引起用户共鸣的主题和内容。可以通过市场调研、用户反馈等方式收集信息，以制定更符合用户需求的直播内容。

其次，要注重内容的多样性和质量，避免单一和乏味。可以结合品牌或产品的特点，采用不同的内容形式，如访谈、讲座、互动游戏等，以保持用户的兴趣和参与度。

同时，要关注直播的互动性，通过回答问题、抽奖等形式增强用户的参与感。

此外，要确保直播画面的清晰度、音质和网络的稳定性，提升用户的观看体验感。可以通过定期收集用户反馈、分析数据等方式持续优化内容与用户体验。

5. 全媒体数据监测

企业必须建立全媒体数据监测系统，对每个平台的每场直播进行记录和复盘，对直播内容、传播效果和用户反馈进行全方位、多角度的数据监测和分析。基于数据分析结果，不断优化直播内容、互动形式和传播策略，形成数据驱动的运营闭环，提升直播运营的效果和效率。

通过以上整合直播运营的基本策略，运营团队可以更好地应对全媒体融合背景下的直播挑战，实现直播内容的全方位覆盖。综合运用这些策略有助于提升直播运营的整体效果和价值，为全媒体运营提供更加强大的传播力量和持续的用户流量。

课后练习

尝试开启一次简单的直播，围绕某个主题。直播结束后根据直播结果分析自己的直播特色和优劣势。

课后习题

1 请简述常见的三种直播类型。

2 直播脚本的必备元素有哪些？

3 请选择一个你喜欢的品牌，分析该品牌在不同平台、不同账号上的直播表现，并分析其全媒体直播运营的表现。

PART 06

第六章 全媒体电商运营

学习目标

- 了解传统电商与内容电商的区别。
- 了解内容电商的基本特点。
- 掌握抖店的搭建和运营技巧。
- 掌握如何写好电商“带货”的文案。
- 掌握如何做好全媒体融合下的电商运营。

素养目标

- 在全媒体电商运营中，要注重产品质量和服务质量，不断提升用户体验感，树立良好的企业形象。要了解并遵守国家关于电商行业的法律法规，坚决维护国家利益和用户权益。
- 具备高度的社会责任感，关注社会热点问题，积极参与公益活动，为社会发展做出贡献。电商从业者应积极践行社会主义核心价值观，将社会主体核心价值观融入电商运营中，倡导诚信、公正、透明的商业环境。

在全媒体时代，电商运营已经不再局限于传统的销售模式，而是与各种媒体形态紧密结合，形成了全新的电商生态。在这个生态中，内容电商作为一种新兴的电商模式，正逐渐成为主流。与传统电商相比，内容电商更注重用户的个性化需求和体验感，通过优质的内容吸引并留住用户，进而实现商业转化。

于是，企业入驻内容平台，完成从内容到电商的转化，获取更多用户，实现更多销售变现，已经成为必然趋势，电商运营也成为企业全媒体运营的重要一环。

现如今，用户获取信息的方式已经发生了深刻的变化，碎片化阅读趋势明显，如何通过内容吸引用户的注意力，成为电商运营的关键。为了适应这一变化，全媒体运营者需要掌握一定的电商知识和运营技巧。本章深入探讨如何通过抖店等内容电商平台进行有效的电商运营；结合实际案例，分享成功的运营策略和经验，帮助读者全面了解全媒体融合下的电商运营。

6.1 从传统电商到内容电商

你是否有过以下体验？

你逛淘宝或者京东等电商平台，多半是因为自己潜意识里已经有想要购买的商品，所以才会去搜索和挑选；但当你在短视频平台“刷”视频时，“刷”到了某个“带货软广”或者直播，发现所推荐的商品还不错，或者最近正好需要买这类商品，于是就下单购买了。

这两种行为其实就代表了传统电商和内容电商这两种形态：传统电商让人购物，内容电商让人想购物。

6.1.1 传统电商平台的特点

传统电商平台指的是以淘宝、京东、拼多多、唯品会等以售卖商品为主要性质的平台，这类平台起步较早，发展较为成熟，已经有了稳定的电商体系和用户群体。

之所以称这些平台为传统电商平台，是因为现如今，以抖音、快手、小红书为代表的内容平台，已经具备完善且有竞争力的电商体系，用户也逐渐养成了在内容平台购买商品的习惯，电商与内容之间的界限逐渐模糊。

传统电商平台的特点主要体现在以下几个方面。

- 以商品售卖为主导。传统电商平台的核心业务是商品的购买和销售，用户在平台上主要进行搜索、挑选和购物等行为。其强调的是商品的交易和商品本身。
- 商品搜索导向。用户在这些平台上通常有明确的购物目的，他们潜意识中已经知道自己想要购买什么，因此会通过搜索功能来找到并购买所需商品。
- 转化性强。传统电商注重交易的效率和实用性，购物流程相对直接，用户进入平台的主要目的是完成购物行为，而非娱乐。
- 基于价格和品质竞争。竞争主要体现在价格和商品质量上，平台通过降价、促销等手段争夺用户。

6.1.2 电商平台内容化

电商平台内容化可以理解为传统的货架式电商平台将引入更多内容，具体表现为平台方连接分散的内容创作者及 MCN[①]内容机构，将图文、直播、短视频等内容在平台上传播。以淘宝为例，从 2019 年开始，淘宝的页面逐渐有了短视频和直播板块。

以下是淘宝的短视频板块和功能。

- 商品主页面。在淘宝任意进入一个商品主页面，可以看到关于商品的短视频，如图 6-1 所示。这里的短视频可能是商家专门为商品拍摄的精美的宣传短视频，也可能是某些主播在直播过程中推荐该商品的视频片段。
- 商家短视频内容频道。用户在手机淘宝主页面点击【逛逛】，可以看到一些商家、主播以及博主发布的短视频动态与直播，这些动态大多与商品宣传相关，也有部分是主播分

① MCN：Multi-Channel Network，多渠道网络，为“网红”和自媒体博主提供内容策划、宣传推广、粉丝管理、签约代理等各类服务。

享的日常生活，如图 6-2 所示。而用户进入店铺主页面，也可以看到商家近期发布的视频。

● 淘宝直播平台“点淘”中的短视频板块。点淘是淘宝专门用于直播的独立 App，在点淘的主页面，有专门的短视频板块，该板块与抖音、快手的功能页面很相似，如图 6-3 所示。用户可以通过在手机屏幕上上下滑动的方式来切换短视频，部分短视频下方有商品链接，部分短视频仅仅是用户自发分享的娱乐性内容。

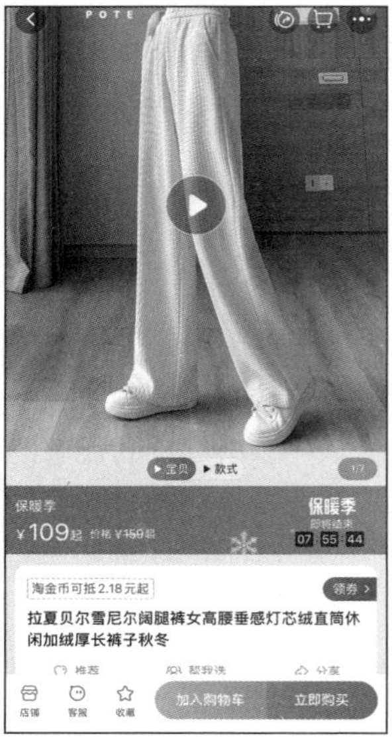

图 6-1　商品主页面

图 6-2　商家短视频内容频道

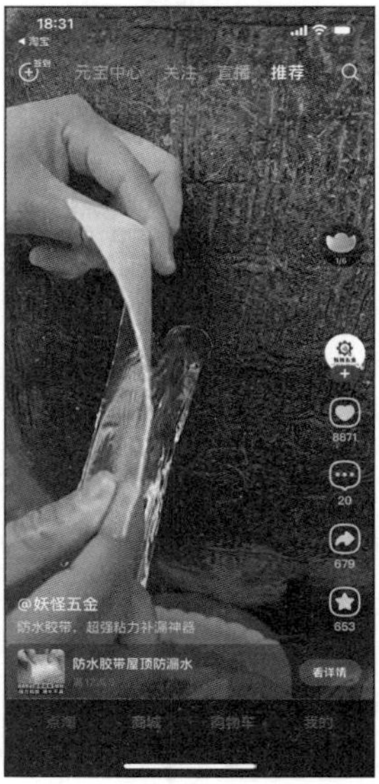

图 6-3　点淘的短视频页面

从淘宝近几年新推出的功能可以看出，淘宝开始重视短视频营销的作用，致力于将电商和短视频内容更好地结合。淘宝将短视频作为商品宣传的方式之一，营销性质更明显，销售目的更直接，用户更精准，转化效果自然也更好。但是淘宝作为以电商功能为主的购物平台，其短视频页面和栏目的流量不如抖音和快手。

6.1.3 内容平台电商化

内容平台电商化可以理解为：内容平台依据自身的影响力和用户基础，将电商功能添加到平台上，使用户可以在平台上完成购物行为。

短视频行业兴起之初，是没有“购物车”功能的，即短视频发布者无法直接销售商品。以抖音为例，抖音起步于 2016 年，但 2018 年年底才开始推出“购物车”功能，且起初是和淘宝合作，后来才自建了抖音自身的电商体系——抖店。

当短视频平台有了“购物车”和“商品橱窗”功能以后，短视频行业才逐渐开始与电商结合，很多短视频创作者开始利用短视频变现，短视频行业开始发挥其基本的商业价值。现如今，抖音上的营销类内容越来越多，直播“带货”越来越多，内容平台电商化越来越明显，逐渐发展为“内容电商”的状态。

内容电商是一种新型的电商销售模式，是指在如今的新媒体时代，商家或品牌通过传播带有商品信息的短视频内容精准地触达目标用户，激发用户的购买欲望，从而实现购买转化的一种方式。目前较为常用的手段就是短视频和直播。

课堂讨论

你更喜欢在哪个平台购买商品？为什么？

6.2 以抖店为代表的内容电商运营

目前，内容平台基本上都构建了自己的电商体系，如抖音的抖店，快手的快手小店，视频号的视频号小店，小红书的薯店。企业若想在内容平台收获理想的转化效果，不仅要做好内容，运营好店铺也很关键。

本节以抖店为例，分析和阐述内容平台的电商运营。

6.2.1 抖店的流量来源

内容平台的店铺与电商平台不同，一方面用户大多不会主动搜索商品进入店铺，另一方面店铺需要依附于某些 IP 账号，只有以内容作为基础，才有可能被看见。所以，对新店铺或者新账号来说，获得基础流量有难度。弄清楚店铺的流量来源，可以帮助企业店铺获得基础流量。

目前，抖店的流量来源有以下几种。

1. 由人而来——“网红”、KOL、主播

某些“网红”和 KOL 账号有基础的粉丝量，某些主播 IP 账号比较受欢迎，有一定的“粉丝经济”效应。这类账号的主页所展示的店铺，更有可能被粉丝看见，有不错的基础流量。

企业可以通过与这些账号合作，让企业的抖店快速获得关注和曝光。同时，这些账号通常拥有较强的粉丝黏性，可以为抖店带来稳定的销售额。

2. 由内容积累而来——账号累积粉丝

抖音账号的粉丝是由长期的内容积累而形成的。企业可以通过持续产出优质、有趣、有吸引力的内容，吸引用户的关注和喜爱，从而增加店铺的曝光量和流量。这样获得的流量相对稳定，且与账号的粉丝基础成正比。

即先由内容实现“涨粉”，让粉丝因账号的优质内容留下，后期再逐渐变现。这样，粉丝的黏性已经养成，更有可能关注店铺，实现后续的留存和转化。

例如，某抖音美食账号以家庭美食制作吸引了大量粉丝的关注，短短一年半，粉丝量快速突破五百万个；在账号运营八九个月的时候，该账号运营者开始进行短视频和直播“带货”，而其“带货”的商品是在短视频中出现过多次的商品，因此粉丝接受度较高，橱窗商品也有了基础的流量。

3. 由品牌而来——有一定知名度

有一定品牌知名度的商品和抖店，在抖音上具备天然的流量优势。

品牌在抖音上拥有一定的知名度和影响力，其品牌效应可以吸引用户进入抖店。品牌可以通过在抖音上发布品牌宣传内容、举办品牌活动等方式，提升品牌的曝光度和知名度，从而为抖店带来更多的流量。

例如，某品牌于 2021 年 7 月 28 日开始直播，其直播是在新账号进行的，在几乎是零粉丝的情况下开始直播，但因为品牌效应，其首场直播就达到了 70 万元的 GMV，账号也快速“涨粉”，其抖店每天都会有自然流量和销量。

4. 由商品而来——系统推荐或推流

用户可能在抖音“刷”视频时被推荐某个商品，因为内容的软植入，或者商品的独特性而被吸引进入详情页，或进行购买。这种流量即系统推荐或品牌方投放推广所获得的流量。

用户“刷”到商品视频时会不会点开“购物车”、会不会打开详情页、会不会进入店铺等，都将直接影响最后的转化效果。商品本身的质量、口碑和评价也很重要，优质的商品可以获得用户的认可和好评，从而吸引更多的用户进入店铺。同时，店铺可以通过优化商品描述、图片和价格等方式，提高商品的吸引力和竞争力，从而增加店铺的流量。

5. 由搜索而来——关键词排名

用户在抖音上搜索关键词或话题时，相关的商品和抖店以及话题视频会出现在搜索结果中。因此，企业可以通过优化商品关键词或话题等方式，提高商品和抖店在搜索结果中的排名和曝光率，从而获得更多的搜索流量。

6.2.2 抖店的搭建

在抖音平台上售卖商品，本质上有两种情况：有货源和无货源。

无货源适合个人账号，可以开通抖音橱窗，分销他人店铺或者第三方电商平台（如淘宝、京东）的商品。而若企业有自己的品牌和商品，则属于有货源的情况，通过开通抖店就可以直接“带货”了。

1. 抖店的优势

抖店作为抖音的线上平台，主要具有两大优势：一是用户在购买商品时无须跳转至第三方平台，可以直接在抖店中完成消费，提高用户购买率；二是短视频创作者可以在短视频中添加商品链接，该链接将直接显示在短视频画面左下方，用户可以边看边买。

开通抖店以后，用户进入账号主页面将会看到“商品橱窗”字样，其中“我的”即抖店的展示窗口位，如图 6-4 所示。

2. 抖店的开通步骤

开通抖店没有粉丝数量和作品数量的限制，但是需要提供一系列的认证材料。不同账号主体、不同店铺类型的认证条件不同，需提供的资料也不同。一般包括企业营业执照、法定代表人身份证、银行账户信息等。

抖店开通步骤如下。

打开抖音，点击右下角【我】，然后点击右上角“≡”按钮，在弹出的页面中点击【抖音创作者中心】—【全部】—【开通小店】—【立即入驻】，然后根据认证类型和对应要求完成认证即可，如图 6-5 所示。

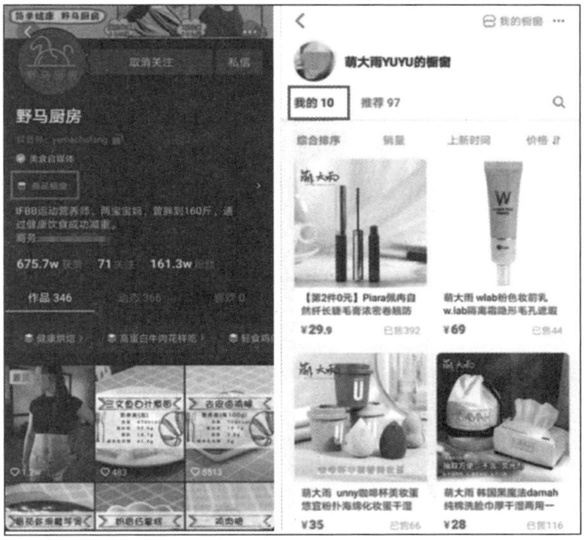

图 6-4　抖店的展示窗口位

图 6-5　抖店开通步骤

开通抖店以后，就可以往抖店里添加商品、上传商品信息了。

6.2.3　商品选择与优化

选择抖店的商品，不应该是简单“搬运”淘宝、京东等平台的商品，而应该根据抖音用户的特点和消费习惯进行有针对性的选择。通过有效的商品选择与优化，抖店不仅能够帮助企业增加销量，还能提升企业的品牌形象和市场地位。

以下是抖店的商品选择与优化方面的要点。

1. 选择卖点突出的商品

在信息爆炸时代，一个清晰、独特的卖点是吸引用户注意力的关键。卖点可以是商品的功能、设计感、品质保证或价格优势。在短视频和直播中呈现卖点很重要，卖点突出的商品更容易被用户看见，且使用户停留并购买。

以服饰类商品为例，在进行一场服饰类商品的直播时，决定用户是否愿意停留的不是主播及其话术，而是展示的服饰是否能满足用户喜好，是否吸引用户，以及用户对服饰的第一印象；如果用户对服饰满意，且价格合适，则下单购买的概率较大。所以，短视频平台上的商品直观性较强，商品直接决定转化效果，因而选品环节变得更加重要。

2. 选择有特色设计的商品

利用短视频或直播开展营销，关键因素在于商品的视觉设计能否通过短视频和直播打动用户。特色设计不仅要求商品美观，还要求其具有一定的创新性和差异性。

例如，国产美妆品牌“完美日记”早期以粉底进入市场，发现反响一般后转为主攻口红和眼影盘，后凭借眼影盘成为各大内容平台的热门品牌。

完美日记与很多品牌开展跨界合作，相继推出动物主题眼影盘、地理主题眼影盘、航天主题眼影盘等，以独特的设计吸引了不同圈层的年轻人的目光，极大地提升了品牌的曝光度和讨论度，在短视频平台上有很好的销量，一度成为年度热门品牌。完美日记不同主题的眼影盘如图 6-6 所示。

图 6-6　完美日记不同主题的眼影盘

3. 生产直播间特供商品

对品牌方来说，若抖店的商品价格与淘宝、京东等平台的商品价格一样，或者与线下店铺的价格一样，那用户可能就没有在直播间下单的理由与冲动。但如果抖店给出较大的优惠，那在一定程度上会影响品牌方其他渠道的销量，且一直降价销售也会降低品牌的格调，久而久之则难以用价格刺激到用户，不是长久之计。

那么，怎么解决这一问题呢？

很多品牌的做法是生产直播间特供商品，即有些商品只在直播间售卖，用户在其他渠道买不到。这类商品往往视觉设计突出，且价格稍低，在维持品牌格调的同时，又能吸引用户购买。

4. 选择复购率高的商品

团队人员应了解以下信息和数据：在运营团队以往的内容营销中，销量最高、转化率最高的商品有哪些，这些商品有哪些特点，用户反馈是什么，等等。

团队人员可以结合这些信息和数据，继续选择同类型商品上架，从而测试这类商品是否还受欢迎；久而久之，经过多次测试和筛选，就能总结出大多数用户的喜好，从而一步步提高转化率。

5. 专注于热门商品

根据二八法则，一个企业或品牌的商品销量大多来自热门商品的销量。当用户对品牌不熟悉时，用一个有特色的主打商品来打开市场很有必要。

在抖音、快手、小红书等内容平台上，每年都会涌现各种热门商品。随着商品的火热，其背后的品牌也慢慢进入用户的视野，被用户所接受。商品的销量也会直接影响到抖店的评分及流量，影响平台对抖店的信任。所以，当一个商品有“热卖”趋势时，品牌应该尽可能地将更多营销资源投在该商品上，从短视频、直播、平台广告等各方面入手，全方位营销该商品。

6. 提高上新频率

品牌的抖店有必要适当提高上新频率，每隔一段时间推出新品，尤其是服饰类店铺。提高上新频率是保持用户新鲜感的有效手段，尤其是对品牌的老用户来说，不断推出新品能够刺激用户的购物欲望，同时保持用户的黏性。

6.2.4 口碑评分与等级

抖音的品牌及品类 SEO[①]与抖店的运营有密切关系，尤其是对企业或者品牌店铺来说，抖店运营得好、评分高，系统会判定其服务能力较好，会给予一定的流量支持，会将该抖店优先推荐给用户。

抖店的评分（综合体验分）满分为 5 分，由近 30 天内的商品体验、物流体验及服务体验三个评分维度的分数加权计算得出，每天上午进行分数更新。

1. 商品体验

商品体验的考核标准主要在于商品的退货率以及差评率。

为了确保商品体验分达标，运营团队需要制定严谨的考核标准，重点关注商品的退货情况和差评情况。因此，在选品阶段，运营团队必须对商品的品质进行严格把关。一旦发现品质不达标，则采取相应措施进行纠正，以防止对抖店的整体表现造成不良影响。

当用户需要退货时，运营团队应该尽量提供 7 天无理由退货服务，以提升用户的购物体验感和满意度。在用户确认收货后，运营团队应该主动与用户联系并寻求用户给予正面评价。如果用户对商品有异议，运营团队可以采取积极措施解决问题。这些措施可以为抖店争取用户的好评，并降低差评率对评分的影响。

2. 物流体验

在物流考核标准中，有两个重要的因素：物流发货时间和虚假发货情况。

关于物流发货时间，运营团队应尽量将其控制在 48 小时以内。如果发货时间太长，用户很可能会退单。为了实现这一目标，运营团队需要与上游供应商或厂家进行深入的沟通，确保库存充足且能够按照约定的时间发货。如果出现商品库存不足的情况，那可能会给抖店带来大量退货和差评，得不偿失。

此外，有些商品制作周期长，有可能在用户下单后才开始制作，那么就必须设置好发货时长，不能虚假发货。一旦被平台发现存在虚假发货的情况，则会面临扣分和扣除保证金等

---

① SEO：Search Engine Optimization，即搜索引擎优化，指企业或品牌利用搜索引擎的规则提高产品在有关搜索引擎内的排名。

惩罚。

3. 服务体验

服务体验考核主要是针对用户对抖店客服回复的满意度，包括等待时长、提问是否得到有效回复等。

对运营团队来说，要尽可能及时回复用户的消息，及时解决用户的问题。在和用户沟通完毕后，可以主动向用户寻求好评，以提高服务体验评分。

上述三个评分维度相互联系、相互影响。品牌抖店需要在商品质量、直播行为规范、抖店服务等多方面优化运营，从而得到用户以及平台的信任。

娃哈哈在抖音的官方店铺“娃哈哈官方旗舰店”的综合体验分达到4.90分，超过了97%的同行，其商品体验和物流体验都达到了5.00分，高于绝大多数同行，可见娃哈哈对抖店的运营较为重视，如图6-7所示。

图6-7 娃哈哈的抖店评分

课堂练习

选择一个你喜欢的品牌，打开其淘宝旗舰店和抖音旗舰店，分析其在店铺运营方面的区别。

6.3 四种典型的电商“带货”

在内容平台，商品本身是“带货”成功的基础，需要先以内容吸引用户停留，无论是短视频文案、小红书文案，还是直播话术。本节分享四种典型的电商“带货”。

6.3.1 “种草”式“带货”——好物分享

“种草”是网络词汇，指把一样事物分享给其他人。随着短视频平台和小红书的兴起，越来越多的博主开始“种草”式“带货”，用户也逐渐习惯这种“带货”方式。

1. “种草”式“带货”的特点

“种草”式“带货”举例如下。

七夕节，高级、走心又不贵的礼物清单来啦。

我最近花 100 元买到了一个超好用的腮红，我忍不住要分享给你们。

试穿了几十条裙子之后，我发现，夏季小黑裙，买这两条就够了。

我发现了一款去黑头的商品，你一定要试试。

综上，“种草”式“带货”有以下特点。①多以推荐某类商品作为开头，以一款商品或多款商品贯穿主题。②通常有自然分享的感觉，文案中通常含有“我一直在用”“我使用过”“我觉得好用所以推荐给你们”等，使粉丝更信任博主，购买商品的可能性也更大。③如果账号的“种草”类视频较多，就有“硬广”的嫌疑，粉丝的信任度也会降低。

2. 典型案例

主题：给我几分钟，快速“种草”好用物。

脚本文案：

给我几分钟，给你介绍四个知名度不高，但是非常好用的东西，看完没有人能忍住不买。

第一个是某磨砂膏。能代替沐浴露的磨砂膏你们见过吗？像冰淇淋一样细滑的磨砂膏你们见过吗？你用了这款磨砂膏皮肤会变得很光滑，而且用完后你身上都是香的，是不是很心动？

第二个是某洗发水，这个夏天真的有人能拒绝这款洗发水吗？它只需 50 元，用它洗完之后你会感觉很清爽。

第三个是某喷雾，好闻到我每次喷完都有人问我“你今天用的什么香水”，而且它只需 40 元。如果你住宿舍，没有办法天天洗衣服，或者特别喜欢吃火锅、烧烤，那么这个就很适合你。

第四个是某吸油精华。因为它，在这个夏天最热的时候，我也没有发生过油光满面的现象。这款商品吸收快、肤感好，而且它本身很滋润，但滋润的同时并不油腻，非常好用。

好的，不占用你的时间了，看上了就来直播间购买。

分析如下。

① 这个“种草”视频，推荐了多款商品，但没有围绕一款商品来专门讲解，有“好物合集”的感觉，减少了“打广告”的嫌疑。

② 主播一边介绍一边展示商品的使用效果，给人真实感。此外，这个视频并没有带“购物车”，相反，主播在评论区暗示了几天后的直播会上架视频中的商品，在给用户减少“硬

广”印象的同时又使其形成期待。

③ 话术技巧值得借鉴。尤其是“真的有人能拒绝……”等，能戳中用户的痛点，同时营造一种真心为用户推荐的感觉。

④ 推荐的商品都是小众商品，让用户产生一种“挖到宝”的感觉，越是这样的商品用户越容易被“种草”。

3. “带货”技巧

“种草”式“带货”的“带货”技巧如下。

① 在拍摄场景上，要以日常生活化场景为主，减少场景和妆容上的精致感，越自然越好，让用户相信这是博主的生活推荐。所以，在日常生活化场景中拍摄会比在摄影棚拍摄更容易得到用户的信任。

② 在视频形式上，口播、Vlog、开箱、测评等视频形式都是较为合适的“种草”形式，相反，剧情类短视频的“种草”往往有些刻意。

③ 在话术上，强调“使用过”“好用”等，减少广告类话术，尽量从用户的角度出发，让用户相信这是博主自己用了觉得好所以想推荐给用户的。

④ 在商品类型上，好用不贵的、非知名品牌类的、居家好物类的、新奇的小众类的商品更适合用来“种草”推荐。

6.3.2 “硬广”式“带货”——开门见山

“硬广”指硬性广告。“硬广”式“带货”，是指开门见山，不绕弯子，直接给用户推荐商品。

1. “硬广”式“带货”的特点

①“带货”更为直接，目的性更强。视频中一般带有“购物车”。但由于用户对广告有抵触心理，所以现在很多“硬广”也逐渐以“种草”的形式出现，二者的区别越来越小。

② 对商品的介绍往往较为专业，会详细介绍商品的成分、安全性、科技元素等，凸显商品的独特优势。但因此，其广告性质会更明显一点。

③ 形式较多样，如品牌方账号的开屏视频或信息流广告视频、垂类账号的推荐视频、测评类或开箱类视频等。经过推广的“硬广”视频，通常带有“广告”之类的提示语。

2. 典型案例

账号：“骆王宇”。

主题：“三无”面膜。

脚本文案：

> 在买面膜这件事上，支持国产的冻干面膜，可以！不是为情怀买单，真的是为咱们的脸买单。
>
> 今天要给宝贝们推荐一款“三无”面膜，它非常适合痘肌人群使用。
>
> 第一个“无”就是无防腐剂。面膜无防腐剂很重要，因为无论是什么样的贴片面膜，你只要往脸上一贴，它都是通过封包促渗的原理起效果的，就是它可以把那些好的东西的效果放得更大，但同时它也会放大不好的东西的刺激性。

对有刺激性的东西，如果将防腐剂排第一，排第二的就是香精。我不是说香精不好，只不过在封包促渗原理下，香精会过度渗透到肌肤里，会不好。所以这款面膜的第二个“无”就是无香精。

第三个“无”包括无酒精、无色素等。所以说冻干面膜这个品类对敏感肌很友好。

然后这款“三无”面膜里面还添加了一些调节菌群的成分，可以预防脸上因菌群失调导致的长痘等问题。所以说这款面膜无论是拿来单敷，还是搭配护肤油做油敷，都可以。

除了刚刚说的那些好处，还有一点很重要，就是它锁鲜。它虽然是冻干的形态，但其实其膜布上面是附满了精华液的，只不过它变干了。这样做的好处就是可以保证面膜里的活性物的新鲜度，就是咱们说的锁鲜。

这款面膜的用法也很简单，打开包装，它自己本身带了个小托盘，然后加点水，完全浸湿了之后用。加净化过的自来水、矿泉水、蒸馏水、纯净水都可以，只要不是脏水就行。如果是冬天，你甚至可以加温水，这样在敷的时候就不会有冰的、很难受的感觉。

还有一点需要注意的就是，这款面膜从你打开到你丢弃，必须要在 30 分钟之内完成。在买面膜这件事上，支持国产的冻干面膜，可以！不是为情怀买单，真的是为咱们的脸买单，好吗？

分析如下。

① “骆王宇”是一个美妆护肤类账号，账号粉丝接近 2000 万。该账号经常科普各种护肤知识，推荐护肤美妆产品，已经在粉丝心中形成了专业和权威的形象，取得了粉丝的信任。

② 因为账号垂直度高，粉丝较多，所以该账号的很多视频中的广告都是以“硬广”形式呈现，视频下方直接带“购物车”，很多粉丝也愿意为此买单。

③ 在推荐话术上，骆王宇从专业角度，给出推荐该产品的科学依据，科普了关于防腐剂、菌群、冻干技术等的知识，使用户能感觉到其专业性。因此，这条视频的数据较好，有超过 60 万用户点赞，还有超过 9 万人收藏，也带来了较好的面膜销量。

④ 在画面呈现上，对有些枯燥难懂的护肤知识，视频用动画效果讲解，让用户更好地理解视频内容，增强了宣传效果，如图 6-8 所示。

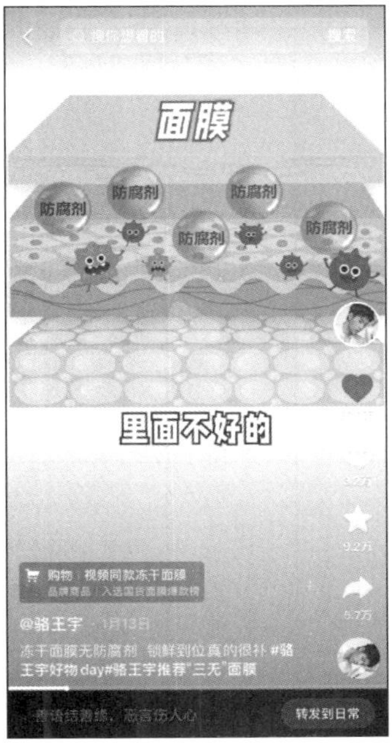

图 6-8 科普视频中的动画效果

3. “带货”技巧

“硬广”式“带货”的“带货”技巧如下。

① 视频开头要够吸引人，尽量以痛点式场景和问题来开头，而不是直接介绍产品，比如“反复长痘，你知道问题出在哪儿吗”“头发洗了一天就油了，天天洗头真的很烦”。

② 从专业角度出发，让“带货”更有说服力。由于是“硬广”，用户对广告已经有了心理预期，所以重点是怎样让用户相信，怎样说服用户购买。在引出产品后，从专业的角度、

科普的角度、高科技的角度推荐产品，更能促使用户购买产品。

③ 从产品类型上来说，护肤类产品、电子类产品、电器类产品更适合这种形式。

④ 在画面的体现上，应尽可能生动形象。因为使用了相对枯燥难懂的科普性语言，所以要用动画的形式、模拟实验的形式等来更形象、更生动地辅助用户理解内容。

6.3.3 剧情式“带货”——软植入

剧情式“带货”，指通过在剧情类视频中植入商品信息，吸引用户购买的一种形式，也可以理解为软植入。

1. 剧情式“带货”的特点

剧情式“带货”的本质在于剧情，即在合适的剧情中植入商品信息。在剧情较为吸引人的情况下，有可能出现热销商品。

由于用户是奔着剧情来的，所以广告部分的商品宣传作用有限，对比其他类型的“带货”式视频，转化率相对较低，很多时候可能需要多个视频重复宣传才能让用户心中留下对商品的印象。

所以，剧情式“带货”一般更适合新品宣传或者推广福利活动。

2. 典型案例

典型案例如表 6-1 所示。

表 6-1 剧情式“带货”的典型案例

账号：“三金七七”。
视频主题：跟对的人谈一场健康的恋爱。
出镜人物：七七（女主）、霉霉（女主朋友）、志鑫（男主）。
拍摄地点：街道、家中、公司。

镜头	景别	人物与动作（拍摄画面）	台词/旁白	背景音乐
1	近景 面部特写	七七和霉霉在夜晚的大街上，霉霉吃惊地问七七	霉霉：什么？你要结婚啦？ 七七：嗯嗯 霉霉：是他吗 七七：都分开这么久了，怎么可能是他 霉霉：等了三年他都没说娶你，你不会想不开，就……就…… 七七：傻瓜，我才不会因为一段失败的感情将就呢，我是遇到了那个对的人，谈了一场健康的恋爱	舒缓的背景音乐
2	近景	（回忆画面开始） 七七手上拿着一束花，和志鑫走在大街上，边走边聊天 七七暗示志鑫自己答应跟他在一起，志鑫一脸欣喜	七七：如果我没有记错，这是你送的第 6 束花 志鑫：算上认识第 30 天的那次，应该是第 7 束 七七：记得这么清楚啊，那以后除了七夕节就别送了，浪费钱 志鑫：好，除了七夕节就不送了 七七：是纪念日啊，笨蛋	开心的、甜蜜的背景音乐

续表

镜头	景别	人物与动作（拍摄画面）	台词/旁白	背景音乐
3	特写	七七内心独白	原来，喜欢一个人是会坚持的，也是会持续行动的	
4	近景 全景 近景	某餐厅包厢内，志鑫拉着七七向同事们介绍 同事们起哄 七七疑惑地问志鑫	志鑫：给大家正式介绍一下，这是我的女朋友，叫七七 同事们：哎呀，不用介绍了，七七嘛，谁还不认识啊 七七：他们怎么都认识我啊 同事 A：他的动态全都是关于你的，朋友圈都是你，想不认识都难	
5	特写	七七幸福地看着志鑫	原来爱是会主动公开，大方承认	
6	近景转中景	七七来到志鑫的公司给他送饭，在门外看见志鑫同事（女）跟他讲话	同事（女）：要吃水果吗？要不要来一块？ 志鑫：我就不用了，谢谢啊	
7	近景	七七和志鑫一起吃午饭，七七问道 志鑫笑笑不说话	七七：你不是最爱吃水果吗？ 为什么拒绝她？ 原来爱是有边界感的，和异性保持距离	
8	近景 特写	晚上，七七楼下，志鑫来找她，说 七七内心独白	志鑫：对不起，早上不应该那么着急，和你大声说话 七七：你大半夜跑来就是为了道歉啊 志鑫：我就是不想你带着情绪入睡 七七：其实……我也有错啊 原来爱是会道歉，也是没有隔夜仇的	
9	近景 特写	七七对着镜子，摸着胳膊，不开心地说 志鑫走过来，调侃道 七七被逗笑了 志鑫拿出脱毛仪递给七七 七七试用 脱毛仪使用细节展示 志鑫调侃道 七七笑着，内心独白	七七：唉……才用刮毛刀刮了，怎么又长出来了 志鑫：好像除了太瘦了，皮肤太白太嫩了，眼睛太大了，对对对，笑起来更好看了，也就没什么优点了 七七：哎呀…… 志鑫：上次听你说用刮毛刀刮不干净，所以就给你买了这个脱毛仪，它十年专注脱毛，能延缓毛发生长速度，干净不留黑茬，开机就智能起雾。用这个智能连闪模式，还能快速脱毛 志鑫：哎，唯一的缺点也要被消灭了 原来爱是会注意细节的，知道你各种小心思	
10	近景	回到街道，七七回忆完，霉霉感叹 七七回应 远处的志鑫来找七七，喊道 七七向霉霉告别	霉霉：我说呢，最近怎么变了那么多 七七：一段健康的恋爱就是会让人变得更好、更自信、更优秀 志鑫：七七，这边 七七：走了，拜拜	

续表

镜头	景别	人物与动作（拍摄画面）	台词/旁白	背景音乐
11	中景	七七走向志鑫，说 志鑫给七七围上围巾 七七回应	七七：你怎么来啦 志鑫：这么晚了，你一个人走夜路不安全。冷不冷啊 七七：不冷	
12	远景	七七和志鑫远去的背影 七七旁白	一定要和对的人，谈一场健康的恋爱，虽然很难，但一定要等。因为，它真的值得	歌声响起

分析如下。

① 这是一个较为常见的爱情类剧情，主题是“跟对的人谈一场健康的恋爱”，也是当下较为流行的一类话题。

②“什么？你要结婚了？”“是他吗”，开头的表达手法很精彩，悬疑式开头很吸引人，后面的剧情也很自然和流畅，不拖沓。该条视频获得了一百多万的点赞量，有近 10 万用户转发，在广告类视频中数据可观。

③ 整个视频中，剧情内容占据大部分。在视频的后半段引入广告，广告时长为 13 秒，广告引入时间和时长都较为合理。

④ 植入较为自然。剧情随着男主对女主的各种体贴细节展开，在女主不满意自己的身体细节时，男主送给女主广告商品——脱毛仪，并顺其自然地讲述商品的优势，这一广告也从侧面证实了男主的细心。

3. “带货”技巧

剧情式“带货”的“带货”技巧如下。

① 控制好广告出现的时间和时长。尽可能使剧情占据较多时长，减少广告时间，并且将广告放在视频的中后段，以免影响视频的完播率。

② 商品植入尽可能自然，最好在剧情脚本中插入商品，顺着剧情的发展插入，而不是围绕商品去撰写脚本，否则会让用户感觉剧情是围绕商品进行的，缺少主线。

③ 对比其他“带货”形式，剧情式“带货”的效果相对有限。所以在合作形式上，要尽可能以品牌露出、新品宣传、活动宣传为主要目的，不带“购物车”更好。

6.3.4 场景式“带货”——Vlog

场景式“带货”，多出现在 Vlog 中。这类视频一般不会直接附带“购物车”，但是其商品橱窗和直播间会有 Vlog 中高频出现的商品。

1. 场景式“带货”的特点

场景式“带货”比“种草”式、“硬广”式、剧情式“带货”更为自然，大多发生在人物的生活日常中，间接带动用户购买。

◆ 案例

某博主的某期 Vlog 的主题是“周末的一天”。在视频中，博主从早上起床、健身、做早餐，再到化妆出门，下午约见自己的朋友，其整个视频是围绕周末生活展开的，是较为自然的。但在博主出门前的化妆环节中，她很自然地介绍了自己最近在用的一款散粉；在博主回到家后的卸妆环节，她介绍其妆感依然较好，强化用户对散粉的印象。整个视频流程自然，商品的宣传并不刻意。

所以，场景式“带货”视频，一般通过视频内容潜移默化地影响用户，再通过商品橱窗或直播暗示用户购买。

2. 典型案例

典型案例如表 6-2 所示。

表 6-2　场景式“带货”的典型案例

账号：“王蓉仨娃妈”。
视频主题：做早餐（牛奶米糕+南瓜烤蛋奶）。
出镜人物：王蓉一家人。
拍摄地点：家中厨房、餐厅。

镜头	景别	人物与动作（拍摄画面）	台词/旁白	背景音乐
1	中景	王蓉在厨房，对着镜头说	现在是早上五点，这种天气很适合睡觉，被窝里面好暖和呀，但我决定起来给孩子们做早餐吃	舒缓的英文歌
2	近景	展示手上的食材	这个是小南瓜，给孩子们做一个南瓜烤蛋奶。还泡了一点米，是昨天晚上提前泡的，可以用它来做牛奶米糕	
3	近景 特写 近景	洗乌鸡肉 焯水后捞起 依次加入煲汤食材	先煲老孙要喝的汤，这个是乌鸡，给他煲乌鸡汤，焯水、加料酒。好了，把乌鸡捞出来放炖盅里，加红参片、红枣等，我已经把核去了，今天终于没有忘记去核了 加玉米、姜片，加水，盖上盖，放蒸炖锅里隔水炖。上面这一层用来装牛奶米糕	
4	特写	从罐中取出银耳（展示产品外包装），做焖银耳	还有我的焖银耳，放三勺银耳，加枸杞、红枣片、桂圆肉、冰糖，再加开水，盖上盖，焖 40 分钟就可以吃了	
……	……	……	……	……
7	特写	拿出煮好的汤 倒出银耳羹 拿出小笼包	乌鸡汤煲好了，这种汤老孙很喜欢 还有每天必喝的银耳羹，把它倒出来 取出小笼包	
8	中景	王蓉端出早餐放在餐桌上，对家里人说 睿睿回应	王蓉：睿睿好了吗？快吃早餐了 睿睿：好了 王蓉：今天要早点吃，会凉的，知道吗？爷爷呢？爷爷还没好吗？叫爷爷吃早餐 睿睿：爷爷来吃早餐了	
9	近景	爷爷入座，一家人坐在桌子前吃早餐，边吃边讨论	王蓉：好吃吗 睿睿：好吃 王蓉：这个多吃一点 ……	

分析如下。

① 视频真实又自然。视频时长较长，有 12 分钟，但有超过 160 万用户点赞，有近 12 万用户评论，近 20 万用户转发。看似平平无奇的做早餐视频，却充满生活气息，让用户感受到家的温馨。

② 早上五点做早餐，有一定话题性。王蓉作为三个孩子的妈妈，经常早上五点起来给一家人做早餐，比较辛苦，评论区经常有用户争论这种行为是否值得，每次都能引起讨论。

③ 美食类题材，具有生活气息。用户通过观看该视频不仅可以学习美食的制作，还能通过美食感受家庭的温馨。

④ 广告自然融入视频。王蓉在做早餐的过程中，会用某品牌的银耳给自己焖银耳，还会给老孙（其老公）煲乌鸡汤，其中用到的辅料等，都是广告商品。视频中没有出现“购物车”，但相关账号的橱窗中、直播中，都会售卖这些商品，做到了潜移默化的场景式“带货”。

3. “带货”技巧

场景式“带货”的“带货”技巧如下。

① 视频尽可能固定主题，贴近生活。如早起化妆上班、今日穿搭、下班做晚饭、周末的一天等，主题尽可能贴近用户的生活场景且是发生频率较高的场景。这样，一方面能使用户形成观看习惯，另一方面也不会缺乏题材。王蓉的账号就是这样，前期做早餐的视频数据一般，坚持做了三个月以后，视频的点赞量基本维持在 50 万以上，“涨粉”迅速。

② 要通过场景潜移默化地宣传。视频中应尽可能自然地露出商品，不要用过多的台词去宣传商品，也不要刻意强调，而要通过一次次的露出，潜移默化地影响用户。

③ 视频要保持一定的风格，不论是温馨的家庭就餐，还是文艺的周末假期，或是治愈的深夜食堂，尽可能形成视频特色，让用户记住。在视频数据逐渐变好的基础上，后期“带货”自然顺利。

课堂练习

假设你要在内容平台推荐一本书，请尝试写出简单的“带货”文案，文体不限，平台不限。

6.4 全媒体融合下的电商运营

在全媒体融合的背景下，电商运营从原本的电商平台延伸到各个不同的内容平台，这就对运营人员提出了更高的要求，要求全媒体运营团队具备一定的电商运营和转化承接能力。

6.4.1 电商运营所需的基本能力

做内容平台的电商运营人员，一般需要具备以下基本能力。

1. 审美与设计能力

美观、有吸引力的商品图片和详情页是促成转化的关键。因此，电商运营人员需要具备一定的审美眼光和设计能力，能够制作出吸引人的商品展示内容。例如，可以通过精美的图片和视频展示商品的特点，让用户产生购买的欲望。

2. 店铺管理能力

电商运营人员需要熟悉对应平台上的店铺管理工作，包括但不限于：熟悉电商平台或内容平台的管理后台，能够熟练地进行商品上下架、价格调整、促销活动设置等操作；及时处理订单，跟进物流状态，确保用户能快速收到商品；提供优质的售后服务，解决用户的问题和投诉，维护良好的用户关系等。

3. 供应链管理能力

电商运营人员需要与仓库管理人员、供应商等建立良好的合作关系，确保商品的质量和供应稳定，确保每一个环节都能做到信息同步。所以，其需要了解供应链的基本知识，如库存管理、物流配送等，并能够根据销售数据进行预测，提前调整库存和物流计划。

4. 数据分析能力

通过数据分析，电商运营人员可以了解用户的行为习惯、购买偏好和市场竞争情况，从而制定更精准的营销策略和优化商品展示方式，提高转化率。电商运营人员还需要掌握数据分析的基本方法和工具，如 Excel、SPSS 等，并能够运用数据驱动的思维进行决策。

5. 良好的沟通能力

电商运营人员还需要具备良好的沟通能力，能够处理用户的各种问题，尽可能做到让用户满意，减少对店铺和商品的差评、退货等。

6.4.2 电商运营的工具

电商运营工作量大，涉及事物复杂。根据团队人数与分工的不同，有些企业可能会设置专人专岗，例如，设置专门的图片设计师、专门的数据分析师、专门的小红书店铺运营人员和抖音店铺运营人员等。电商运营的工具如表 6-3 所示。

表 6-3 电商运营的工具

工具	用途
PS、PPT、创客贴、稿定设计、美图秀秀等	图片制作与处理，制作详情页、海报等
pexels、AI 工具等	提供免费、无版权的优质图片和视频素材
京东商智、多多参谋、生意参谋、蝉妈妈	查询淘宝、拼多多、京东、抖音等不同平台的商品销量数据
Google Analytics、百度统计	了解网站访问情况、用户行为和转化率
聚水潭、E 店宝、百胜 ERP	帮助商家进行库存管理
平台的电商后台	提供详细的店铺数据、商品数据、用户数据

平台的电商后台是基本的工具，也是非常重要的工具，运营人员有必要熟练掌握平台的电商后台的功能，如抖店、视频号小店等，运营人员在 PC 端登录相应账号后就能看到关于店铺、商品、用户的详细数据。

例如，在抖店后台的【商机中心】中搜索“蓝海商机”，就可以找到抖音上需求量比较大但比较稀缺的商品，如图 6-9 所示。

图 6-9　抖店后台的"蓝海商机"

6.4.3　整合电商运营的基本策略

在全媒体融合的背景下，企业的电商体系基本遍布全网。从传统的电商到直播"带货"，再到短视频电商和内容电商，这些不同的电商渠道往往由不同的运营团队负责。然而，如何将这些分散的电商资源有效地整合起来，实现最大的转化效果，是企业需要重点考虑的。企业可从以下方面入手。

● 制定清晰的多平台运营战略

制定一个清晰、全面的多平台运营战略是至关重要的。这个战略应该明确不同平台的目标市场、产品线、定价策略以及促销活动。通过这样的战略规划，企业可以在不同平台保持运营战略的一致性，相互支持，形成合力，共同推动业务的发展。

在制定多平台运营战略时，企业需要对各个平台的特性和优势深入进行分析。例如，传统电商平台，如淘宝、京东等拥有庞大的用户基数和成熟的交易体系；直播"带货"平台则注重实时互动和社交属性；短视频电商和内容电商平台则更注重内容创意和用户黏性。了解这些平台的差异后，企业可以根据不同平台的特点进行有针对性的产品选择、定价和营销活动。

● 保持价格的一致性

企业在不同平台的产品，价格不应该有明显差距，应保持相对一致，这样能有效避免内部的恶性竞争。

此外，如果用户在不同平台购买同品牌产品的花费差异过大，那么必定会投诉或退货，会影响店铺评分。虽然不同平台有时候会有促销活动，或者有福利优惠，但产品的日常价格应保持基本一致。若想在平台举办特定活动，可以考虑设置专门的福利产品，只在某平台或某账号售卖。

● 做好口碑维护

有时候，一个关于品牌产品的差评的影响可能远远大于 100 个好评；同样，一个平台上的差评会影响品牌在该平台上的口碑，甚至会影响到其他平台。所以，做好整体的口碑维护非常重要。

口碑维护不仅体现在维护账号的评论区，还要求留意平台和品牌相关的标签及话题关键词，要做到能随时做好口碑挽回。运营人员要对不同平台的品牌关键词进行研究，了解与品牌相关的热门关键词和长尾关键词。要注意选择与品牌形象、产品或行业紧密相关的关键词，以吸引目标用户的关注。

- 保持信息互通

在一个平台热卖的产品，很可能会在另一个平台再次热卖，一个平台的运营数据就是运营其他平台的有效参考，这些信息能够在很大程度上减少企业损失，降本增效。

所以，企业在不同平台的电商运营人员，有必要保持一定的信息互通，及时推广热门产品，及时下架口碑差、退货率高的产品，做到数据整合、信息整合。

此外，多平台电商运营还需要关注各平台之间的协同效应。企业可以通过统一品牌形象、共享库存和物流资源等方式，降低运营成本，提高效率。同时，利用各平台之间的互补性，可以实现更广泛的用户覆盖和更强的品牌影响力。

课后练习

你开通过内容平台的店铺吗？尝试开通抖音、快手、视频号或小红书平台的店铺（四选一），登录后分析不同板块的功能。

课后习题

1. 请简述抖店的流量来源。
2. 请运用新榜或者蝉妈妈，查询抖音近期的产品热卖榜单，并分析热卖的原因。
3. 请对比四种典型的电商“带货”的优缺点。

PART 07

第七章 全媒体营销管理策略

学习目标

- 了解如何做好新媒体和传统媒体的互动营销与传播。
- 了解如何做好线上和线下的互动营销与传播。
- 了解如何做好矩阵营销的多渠道营销与传播。
- 了解如何做好全媒体数据分析和运营优化。

素养目标

- 在全媒体营销过程中，要始终坚守诚信原则，不做虚假宣传，不误导用户，维护行业的健康形象。
- 随着全球化的深入发展，全媒体营销人员需要具备跨文化交流的能力，了解不同文化背景下的用户需求和心理，以实现更有效的营销。

全媒体时代的到来，使营销环境变得越来越复杂，营销策略的制定和管理也变得越来越重要。全媒体营销不是单一的广告投放或品牌推广，而是需要整合各种媒体资源，进行多渠道、多形式的营销传播。

全媒体营销管理策略是企业在全媒体环境下进行营销活动的重要指导。它不仅涉及新媒体和传统电商的互动营销与传播，还涉及线上和线下的互动营销与传播，以及矩阵营销的全媒体多渠道营销与传播。

本章主要介绍全媒体营销管理策略的核心内容，包括如何做好新媒体和传统媒体的互动营销与传播、如何做好线上和线下的互动营销与传播、如何做好矩阵营销的多渠道营销与传播、如何做好全媒体数据分析和运营优化等。通过对本章的学习，读者能够掌握全媒体营销管理的关键技巧和方法，以适应不断变化的营销环境。

7.1 新媒体和传统媒体的互动营销与传播

传统媒体以报纸、广播、电视、室外广告等为主。相对于新媒体，传统媒体的信息多代表着权威、真实、可靠，信息源审核也更严格，且传统媒体覆盖的受众群体更广泛。利用传统媒体和新媒体展开互动营销，能够综合利用传统媒体和新媒体的优势，吸引更多用户群体，为营销实现更好的“背书”。

7.1.1 新媒体和传统媒体的互动营销策略

在全媒体营销的大背景下，新媒体和传统媒体之间的融合与互动已成为营销策略的重要组成部分。为了更好地实现新媒体和传统媒体之间的互动，以下提供三个具体的、可落地的互动营销策略。

1. 利用传统媒体引导新媒体流量

传统媒体如电视、广播、报纸等，具有广泛的受众基础和公信力。企业可以通过在这些媒体上投放广告，引导用户关注其在新媒体平台上的账号，从而实现流量的转化。

具体的策略有：在传统媒体广告中嵌入新媒体账号的二维码或账号名称，方便用户扫描或搜索，如扫码关注抖音账号、公众号等；在传统媒体广告中设置互动环节，如问答、投票等，鼓励用户参与并将互动经验分享到新媒体平台；利用传统媒体的节目或栏目，宣传新媒体平台上的独家内容或活动，吸引用户关注。

2. 新媒体平台反哺传统媒体，提升内容价值

新媒体平台如抖音、小红书等，具有传播速度快、互动性强、年轻用户多等特点。企业可以通过在新媒体平台上发布优质内容，吸引用户关注和互动，进而提升传统媒体的内容价值。

例如，将新媒体平台上的热门话题或用户互动内容整理成专题报道，在传统媒体上发布；利用新媒体平台的数据分析工具，分析用户兴趣和行为习惯，为传统媒体的内容策划提供参考；在新媒体平台上开展用户调研活动，收集用户对传统媒体的意见和建议，提升内容质量。

3. 举办跨平台合作活动，实现资源共享

新媒体和传统媒体可以通过合作举办跨平台活动，实现资源共享和互利共赢。这种合作不仅可以扩大活动的影响力，还可以吸引更多用户参与。

相关策略有：联合举办线上线下活动，如新产品发布会、用户见面会等，吸引用户参与并互动；在新媒体平台上开设传统媒体节目的专区或专题，提供独家内容或互动环节，吸引用户关注；利用新媒体平台的社交属性，开展跨平台互动活动，如话题讨论、投票等，增强用户黏性。

例如，每逢春节，安慕希会加大电梯广告、室外广告、电视广告等广告的投放力度，同步举办各城市线下活动。与此同时，同步在微信朋友圈发布广告，在短视频平台进行直播，力争在节日期间获得最大曝光，成为用户的春节送礼之选。安慕希的跨平台广告如图 7-1 所示。

图 7-1　安慕希的跨平台广告

这些具体的互动营销策略可以帮助企业更好地融合新媒体和传统媒体，实现资源的优化配置和营销效果的最大化。同时，这些策略也符合当前数字化的发展趋势，有助于提升企业的品牌影响力和市场竞争力。

7.1.2　案例分析：《三联生活周刊》

《三联生活周刊》（以下简称《三联》）由中国出版集团下属的生活·读书·新知三联书店主办，以深度报道和评论为特色，其前身为邹韬奋先生在 20 世纪 20 年代创办的《生活周刊》。作为国内知名的综合性文化杂志，《三联》在传统媒体中有着举足轻重的地位。《三联》杂志如图 7-2 所示。

图 7-2《三联》杂志

作为传统媒体，《三联》成功地进行了新媒体转型，在各个平台都布局了账号矩阵，并积极利用新媒体和传统媒体展开互动营销，做到了用新媒体带动传统媒体（杂志）的销量，实现双向互补。

《三联》的新媒体和传统媒体的互动营销，可以总结为以下几点。

1. 维持定位，新媒体坚持传统媒体的深度风格

很多传统媒体的新媒体账号以新闻转发、分发为主，少有原创，多为二次剪辑分发或者“搬运”内容，甚至用一张照片加上一个标题作为一条短视频，虽然一天可能发布了几十条新闻短视频，但与其他新闻资讯类账号的内容大同小异，重在追求时效性，以量多取胜。

在碎片化和娱乐化阅读的今天，《三联》系列账号坚持发布长文章、长视频，深度剖析一个话题或一个新闻事件背后的故事，整体上坚持以深度内容为特色，并不是简单地报道或者转发信息，不盲目追求时效性。这使其与其他同类媒体账号不同，因此其总是能吸引很多用户点赞、自动传播。

例如，2023 年年底的某小区保安与外卖员冲突事件，很多媒体只报道了这个事件的简单过程，但在一个月后，《三联》的公众号发布了一篇关于该外卖员的故事，长达 5000 字的公众号文章被大量用户转发，阅读量超 10 万，这使得这个新闻事件的热度一度超过之前。

对很多热点事件，《三联》都会进行深度报道和分析，这也使得《三联》的内容一次次在用户的朋友圈中“刷屏”。《三联》这样坚持原创加上深度内容的做法，也获得了用户的信任。从长远来看，《三联》系列账号的用户黏性会比一般新闻类账号更高。

2. 主打图文，更能找到目标用户

在短视频、直播等新媒体形式日益发达的今天，《三联》虽然积极跟进，在抖音、快手、哔哩哔哩等平台都建立了账号，并积极生产适合这些平台且独具特色的高质量视频内容，但是作为以纸媒起家且如今一直在发行实体刊物的权威媒体，《三联》的新媒体矩阵营销的重点还是在图文类新媒体平台，这通过其在各平台的账号数量就可以看出。《三联》在抖音、快手等平台的账号数量仅有 1～3 个，但在公众号、小红书、微博、今日头条等平台上，账号数量基本上都在 10 个以上。

图文类内容更符合深度资讯的传播属性，也更符合《三联》的用户群体的喜好。以小红书为例，图文阅读是小红书用户的一大习惯和喜好，而《三联》在小红书的账号发布的内容基本上以图文为主，且不是简单的碎片化信息，而是关于新闻话题、人物故事的深度讨论，多是 10 多页的长图文信息，如图 7-3 所示。这类图文类笔记得到了大量用户的认可，从点赞量等数据可以得知，图文类笔记的点赞量都远超该账号的视频类笔记。

图 7-3 《三联》的小红书图文

《三联》的编辑曾表示，《三联》更关注人文关怀和社会责任，而不仅仅是追逐热点。“在这些看似追热点的选题背后，是内容生产者的初心：一方面是希望能借由这些热潮引发大众的兴趣，使其了解和学习其背后的文化知识，另一方面是希望这些人物、知识、文化能够得到更多的关注。”

3. 互动互推，实现流量与产品的双向互补

数据显示，《三联》的纸质杂志一直保持着盈利状态，且在 2021 年一度实现逆增长。除了《三联》杂志本身的用户群和影响力外，《三联》在不同平台的新媒体账号中都开通了电商橱窗，为纸质杂志带来了流量和销量。

《三联》在公众号、小红书、微博发布的文章都以长文为主，且一定程度上都与纸质期刊相关，即以期刊中的某个主题内容作为账号更新内容，吸引用户购买期刊。

以小红书为例，《三联》的小红书图文内容基本都是长文章，且按照纸质期刊的排版逐页展开；而在内容的文案区或评论区，会有关于纸质期刊的广告，在账号的商品橱窗中有购买期刊的链接，如图 7-4 所示。

图 7-4 《三联》在小红书上的购买提示

4. 深化矩阵，回归内容整合营销

近几年来，《三联》在新媒体领域的表现尤为突出，旗下几十个新媒体账号覆盖多个平台、多类用户，包括抖音、快手、微博、小红书、今日头条、哔哩哔哩等。《三联》新媒体账号矩阵如图 7-5 所示。通过精心构建的新媒体营销矩阵，《三联》俨然已经成为一个新闻和文化类的头部内容品牌，成功实现了内容传播与品牌价值的正向发展。

图 7-5 《三联》新媒体账号矩阵

但《三联》并不只是依托杂志的销售来创收，在新媒体平台，《三联》也在积极探索多元化的盈利方式，包括销售图书、文创产品、课程等。《三联》的很多账号基本上是有盈利的。

《三联》的新媒体账号也承接广告，但这些广告并没有与账号性质、内容风格不协调，甚至做到了内容与广告融为一体，使用户很难发现其广告性质。

例如，《三联》的抖音账号曾针对麦当劳策划了一系列的“软广”，包括“为什么麦当劳的薯条这么好吃？三分钟带你揭秘麦当劳土豆的秘密”“你知道麦当劳的小鸡是如何长大的吗”等揭秘类视频。这些视频并没有直接宣传麦当劳的产品，而是通过采访麦当劳的土豆种植户、“探秘”麦当劳的鸡舍等，来讲解背后的故事，从而起到一定的解释和科普作用，满足了用户的好奇心，也宣传了麦当劳的产品，这也使视频有不错的数据。《三联》的“软广”如图 7-6 所示。

图 7-6 《三联》的“软广”

课后练习

请尝试寻找你身边传统媒体和新媒体互动营销的案例，并做简单分析。

7.2 线上和线下的互动营销与传播

全媒体时代，传统的线下门店更应该注重线上营销，一方面提升品牌的线上知名度和影响力，另一方面在线下获客难的情况下开辟线上销售渠道。

但线上和线下，绝不是两个单独的传播途径与销售渠道，品牌应该着眼于长远的利益，采取策略实现线上线下互动营销，实现品牌传播的良性循环。

7.2.1 线上和线下的互动营销策略

企业的线上线下互动营销，可以采用以下策略。

1. 线下引导线上策略

线下门店是能够深度接触到用户的，每个导购员都可以是品牌的营销“触角”。但一次成功的营销绝非“一锤子买卖”，用户通常也不会到店后立马购买。所以，品牌应该更加关注如何持续地吸引和留住用户，让他们成为品牌的忠实粉丝；更应该通过线下渠道沉淀用户到私域，引导用户更加深入地了解品牌，使其喜欢品牌，这样他们才会更愿意长期支持和购买品牌的产品或服务。

具体来说，有以下措施。

- 利用企业微信和微伴助手等工具，采取精准化的运营动作，增加私域用户数量，增加销售机会。
- 当用户进店挑选产品时，导购员可以用优惠券等福利邀请用户添加企业微信、关注品牌官方公众号或绑定小程序注册为店铺会员等，将用户沉淀。这种措施适用于服饰类店铺。
- 对某些忠实用户或高黏度用户，导购员可邀请其进入企业会员群或福利群，在社群中进行二次营销，寻找转化机会。
- 建立和运营会员制度，通过会员权益和福利吸引用户成为会员，实现用户的精细化管理和个性化营销。
- 在线下门店展示抖音账号、公众号等，吸引用户关注，或者引导用户发带定位的视频宣传店铺。这种措施尤其适用于餐饮业和服务业。

2. 线上互动与宣传策略

线上的营销，主要起两方面作用：一是宣传品牌和产品，在用户心中留下好印象，从而促进长久的线上或线下的消费；二是为线上的电商购物、视频“带货”、直播“带货”打下基础，增加成交量。

具体来说，有以下措施。

- 以公众号作为私域运营的主要阵地，设置成用户须通过公众号注册会员的形式。公众号的线上用户非常多，尤其是企业的服务号，主要作用是聚集用户和流量，为大型营销活动和产品做宣传。

- 将公众号与视频号关联，并打通微信商城小程序，做好图文和视频的配合。以公众号发布图文内容为主，辅以视频号实现转化，最终成交环节在小程序上完成。

- 通过公众号菜单栏或视频号主页，吸引用户进入社群。公众号可设置定期的社群导流活动。在通过社群活动实现增强用户黏性的同时，通过小程序进行购买转化和数据收集。

- 企业要做好微信朋友圈日常运营，可以从两个方面入手，分别是专业知识的科普和产品的宣传，以促进用户到线上小程序购买和到店购买等。

- 在抖音账号发布短视频时，可带店铺位置和与“种草”企业产品相关的话题，加深用户印象。

- 企业可在抖音开展线上店铺团购活动，用低价或体验产品吸引用户到店消费，这个措施尤其适用于餐饮业和服务业。

- 设置售后引流。例如，当用户在天猫、京东或抖音等线上渠道购买产品时，会收到产品附带的贺卡或售后卡，卡上有公众号二维码或社群福利码等，吸引用户进一步沉淀到私域。

总的来说，公域和私域在转化方面有着不同的特点和重点。在公域方面，小红书是“种草”产品的主要平台，企业通过精心策划的内容吸引潜在用户的注意力并使其产生兴趣。而抖音有着强大的即时转化能力，可以通过营销策略有效地促进用户购买。

而在私域方面，虽然社群和朋友圈也是转化的重要场景，但相对而言，它们开展活动的频率较低、推广力度较小。社群主要在特定的节日和促销活动期间进行产品推广，而朋友圈需要至少每天推送一条信息，大促期间可以提高推送频率。综上所述，公域和私域在转化方面各有侧重，企业需要根据自身特点和目标受众选择合适的策略和平台以实现更好的转化效果。

3. 渠道产品销售策略

企业还应该考虑到线上线下不同渠道的产品销售策略，既不能打价格战引起恶性竞争，也不能各自为营而没有起到合力作用。

- 设计线上线下不同产品。

企业应针对线上和线下设计有区别的产品，且线上和线下的产品应该有明确的差异化定位。线上产品可以更加注重便捷性、个性化定制以及快速迭代，而线下产品则可以注重体验感、品质以及售后服务。尤其是针对直播间营销，可生产直播间特供产品，这样既不影响线下销售，也能吸引直播间用户购买。

- 线上线下联通销售。

实现线上线下库存共享，可以避免库存积压和缺货现象。当线上或线下缺货时，可以从另一渠道调拨，确保用户能够及时购买到所需产品。

还可以设置线上+线下双渠道营销。结合线上电商平台和线下门店，提供一体化的购物体验和服务，让用户可以在线上线下无缝切换，从而提高销售额和用户黏性。

例如，在周黑鸭的公众号上，用户有多种购买选择。第一种是线上下单到附近门店自取；第二种是直接点外卖，由外卖员配送到家；第三种是在线上商城购买产品，由快递员派送到家。如图 7-7 所示。

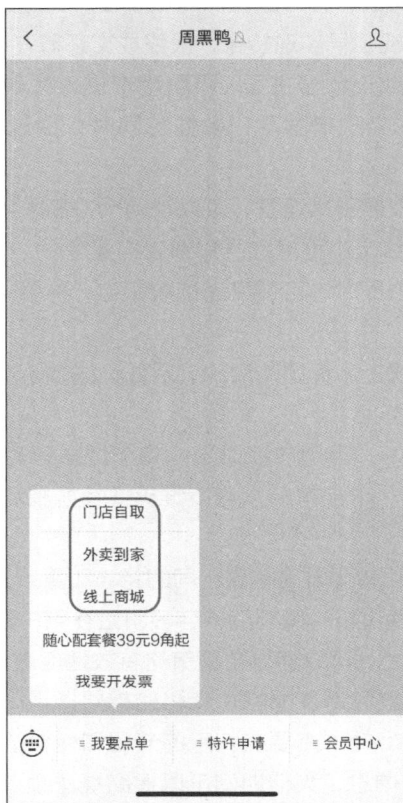

图 7-7　周黑鸭的多种销售渠道

7.2.2　案例分析：周大生

周大生是国内珠宝行业中的知名品牌，成立于 1999 年，在线下拥有 4000 多家门店。

通过多元化的线上与线下互动营销策略，周大生的利润显著增长。在 2023 年的微信公开课上，周大生获得 2022 年度“数字化企业先锋奖”，这肯定了周大生在门店数字化转型、线上与线下互动营销方面的优异成绩。现如今，周大生已成为我国黄金珠宝类市场中的领军企业之一。

周大生线上线下营销策略如下。

1. 线下深度接触，将用户留在私域

对珠宝行业来说，尤其是高客单价珠宝，线上虽然可以成交，但线下仍是接触用户、促进成交的最佳渠道。周大生在线下门店的经营方面做得较为出色。

- 用门店优势辐射用户群

周大生利用线下门店辐射大量用户群。公开数据显示，从 2018 年到 2023 年第三季度，

周大生的门店数量从 3073 家增长到 4831 家，覆盖 300 多个城市。周大生努力将门店打造成一体化的销售平台，致力于覆盖全场景、布局全零售。

● 多样化线下活动，吸引用户参与

周大生经常在传统节日期间在门店或大型商超开展线下活动，如门店打卡活动、买金条抽奖活动、展会活动等，还会针对不同产品主题进行线下场景搭建，吸引用户打卡拍照并宣传。

例如，周大生 2023 年 4 月在成都太古里的线下展会以“万物藏趣 潮起大生”为主题，以宋词中的唯美词牌名“满庭芳”“笑春风”“如梦令”“香如故”为主题设置四个互动区域，用户可以在现场体验点茶、焚香、挂画祈福、团扇制作等宋代雅事。周大生线下活动如图 7-8 所示。

图 7-8 周大生线下活动

● 门店导购员提供一对一服务，引导用户至私域

门店导购员是可以直接接触用户的“触角”，导购员一对一的、面对面的沟通，能够强化用户的信任，从而引导用户添加企业微信，将线下用户都积累在企业微信上，为私域积累流量。这有助于促进产品宣传触达及用户的再次到店，甚至是购买。

数据显示，早在 2022 年，周大生的企业微信好友数量就从 20 万人发展到 300 多万人，使用企业微信的导购员数量超过 2 万人，社群人数超过 22 万人。

2. 线上全方位营销，提升品牌影响力

周大生在线上也开启了全方位的营销，从多平台、多渠道、多角度来提升品牌影响力，在反哺线下的同时，也实现了线上的大幅成交。

● 品牌联名

周大生近年来积极与各种知名 IP 和文化机构进行联名合作，通过这些合作，不仅提升了品牌的线上传播度，还为用户提供了更多具有独特设计元素的珠宝饰品。

例如，周大生与备受瞩目的文化节目《国家宝藏》进行联名，推出了以国宝文物为灵感设计的珠宝饰品，将传统文化与现代审美相结合；周大生与 2022 年的某一热门影视剧合作，推出了以剧中角色和情节为设计元素的珠宝饰品，深受粉丝喜爱；周大生与荷兰凡 · 高博物馆合作，推出了以凡 · 高名画为设计灵感的珠宝饰品，如《向日葵》系列的链牌等。

● 直播“带货”

周大生也相当重视直播“带货”，其 GMV 成绩经常在同行业直播榜单中名列前茅。以 2023 年的“双十一”直播成绩为例，周大生公布的数据显示，截至 2023 年 11 月 11 日 24 时，周大生线上全渠道 GMV 超 13.78 亿元，荣获淘宝直播珠宝行业排名 TOP1、抖音品牌维度黄金珠宝类排名 TOP2、视频号“双十一”珠宝文化热力值排名 TOP2、京东品牌维度黄金类目排名 TOP3、天猫官方旗舰店单店行业 TOP3 等成绩。

除此之外，周大生还举办了声势浩大的品牌年度盛典直播，打造行业影响力。在 2024 年年初的周大生品牌年度盛典上，周大生联动全国 10 城 10 家标杆门店开展门店打卡、线上直播等活动，为年度品牌盛典增加了互动性。

● 社群营销

周大生通过线下门店导购、公众号导航页、电商小程序、微博等渠道进行引导，吸引用户添加企业微信并加入用户粉丝群，有效积累了私域流量。短短 4 年，成功地将私域用户从 20 多万人提升到 300 多万人。

在社群内，周大生一方面通过新品宣传活动引导用户到店购买，另一方面，通过社群活动来提高用户黏性，通过电商小程序进行线上转化和数据收集。

● 话题互动与“种草”

周大生充分利用抖音“网红”、小红书 KOC、微博“大 V”等展开花样“种草”，同时通过设置奖品吸引用户参与话题互动。

2023 年，周大生利用微博、抖音、小红书、微信等全媒体渠道，成功地打造了“黄金就买周大生”等“种草”关键词。这个“种草”词汇在全网累积了上千万的浏览量。这不仅标志着周大生首创以“黄金种草”为核心的营销理念，还表明其在引导消费方面取得了显著的成就，成为引领黄金购买需求的独特内容营销案例。

3. 线上线下流量互通，实现流量闭环

周大生结合线上电商平台和线下门店，提供一体化的购物体验和服务，让用户能在线上线下无缝切换，从而提高了销售额和用户黏性。

● 线上线下互推

通过门店导购员的引导，周大生在线上私域中积累了大量线下用户，而通过企业微信号的一对一沟通及邀约，将线上用户引导到线下购买，这直接达成了线上线下的互推互助，实现了流量的良性闭环。根据周大生 2023 年第一季度的报告，其线上销售实现了 5.21 亿元的营业收入，同比增长 85.72%，占总收入的比例为 12.65%。

● 一体化销售体系

周大生还建立了一套完善的线上线下一体化销售体系，通过记录产品数据并了解市场需求，充分把握了用户的消费行为、偏好和生命周期等方面的数据。借助这些数据，周大生通过导购员进行精准的一对一邀约。这样一来，导购员从过去的守株待兔式营销变为现在的精

准出击。这种精准的“人货”对接模式共同推动了门店的复购率和销售额的提升。数据显示，周大生数字化精准一对一邀约的老用户回店率达到了 30%。

- 打造线上特卖款

为了使直播电商与线下门店在产品价格、品类和特点上有所区别，周大生打造了低单价、高频率、高复购的销售模式。直播间售卖的产品的设计感更强，元素更多，更符合年轻人的喜好，同时价格也比线下门店更便宜，因此并不影响线下门店的销售。

总的来说，周大生一方面在线上利用话题造势，利用“种草”带动转化，另一方面持续发酵线下创意，引导用户认知品牌，最终实现线上线下联动，进一步提高了用户对品牌的认同感。

课后练习

请尝试寻找你身边的线上和线下互动营销的案例，并做简单分析。

7.3 矩阵营销的多渠道营销与传播

新媒体语境下的矩阵营销，指通过同时布局多个渠道和平台，从多角度、多维度来推广产品或服务，以达到获得更广泛的受众群体，并提高市场份额和销售额的目标。简而言之，企业通过布局不同的新媒体平台、新媒体账号，通过内容和有效的运营方法来吸引不同的用户群体，传达企业的形象和宣传企业产品，从而实现更好的营销效果。

7.3.1 矩阵营销布局策略

按照平台和内容形式的组合，矩阵营销的三种布局为横向矩阵、纵向矩阵和横纵联合矩阵这三种，如表 7-1 所示。

表 7-1 矩阵营销的三种布局

	横向矩阵	纵向矩阵	横纵联合矩阵
特点	横向矩阵指外矩阵，指企业在全媒体平台的布局，代表着同一个主体或 IP 在不同平台的覆盖式运营	纵向矩阵指内矩阵，指企业在某些平台上的生态布局，代表的是同一主体在相同平台上的多 IP 垂直纵深运营，是其各个产品线的纵深布局	当企业的新媒体运营做到一定程度时，一般都会考虑横纵联合矩阵的形式，即将横向矩阵和纵向矩阵相结合
重点	重点在于广度，追求全网覆盖，触达不同平台的用户群体，以提升企业和品牌的知名度	重点在于深度，追求领域深耕，精准锁定行业内人群，提升企业和品牌的专业度	既布局不同平台的新媒体账号，也追求产品线的纵深布局，打造细分账号，兼具广度与深度
案例	某美食账号就在抖音、快手、哔哩哔哩、微博等多个平台布局了账号，全网统一名称	知名测评类账号“老爸测评”就相继在抖音开设了“老爸评测亲子母婴”“老爸评测绿色家装”“老爸评测家装家居”等细分账号	秋叶品牌旗下“秋叶大叔”“秋叶PPT”“秋叶 Excel”“秋叶 Word”等，深耕职场办公这一赛道，覆盖全网多个平台，形成横纵联合的矩阵营销

7.3.2 案例分析：樊登读书

樊登读书是由前中央电视台节目主持人樊登于 2013 年创办的一款移动阅读应用（现已改名为“帆书”，后仍称为“樊登读书”），在全国各地运营有线下书店。樊登读书实行会员制，以为用户讲解图书等为主要内容，引领了“听书”的新阅读模式。早在 2022 年，樊登读书总注册用户已经超过 6000 万人，付费会员已经超过 1200 万人，具备一定的粉丝和流量基础。

樊登读书在新媒体矩阵营销方面相当成功。截至 2023 年年底，樊登读书系列账号在全网新媒体平台的粉丝总量超过一亿人。

以下是对樊登读书新媒体矩阵营销的详细分析。

1. 系列账号分布

樊登读书大力发展新媒体是从 2018 年开始的，以创始人樊登为主要 IP，从微博到抖音、快手，再到小红书等，樊登读书几乎抓住了每一个平台。短短三五年时间，樊登读书新媒体账号的粉丝总量大幅增长，在各个平台都有大量粉丝，成为读书类、文化类、教育类头部账号，其不同平台账号截图如图 7-9 所示。

图 7-9 樊登读书不同平台账号

经过多年的积累，樊登读书构建了一个较为完整的以 App 为中心，以微信、微博、小红书、抖音、快手等社交媒体为平台的平台化机构蓝图。据不完全统计，截至 2023 年年底，樊登读书仅抖音平台的认证账号就超过 30 个，粉丝总量超过 3500 万人。

樊登系列账号横向矩阵如图 7-10 所示（不完全展示）。

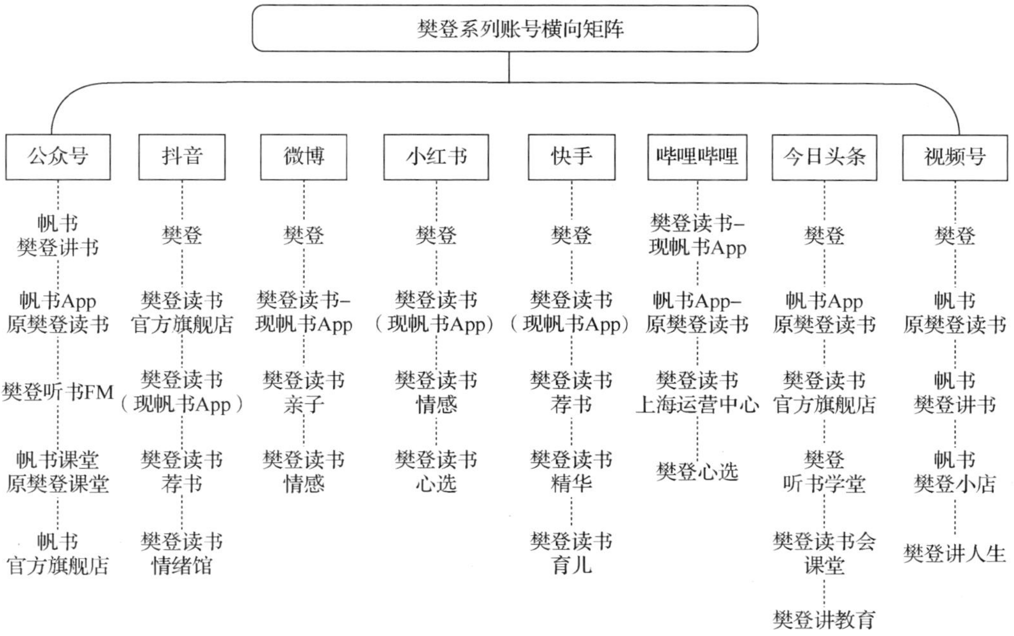

图 7-10 樊登系列账号横向矩阵

樊登读书的主账号是“樊登”和“樊登读书”，旗下其他账号的内容基本与读书相关，或推荐好书，或分享书中哲理，还延伸和细化出不同赛道的知识类话题内容，如亲子、国学、职场、教育等。

樊登读书的纵向矩阵以抖音和微信为主，两个平台各有近 20 个账号。以微信平台为例，樊登系列账号纵向矩阵如图 7-11 所示（不完全展示）。

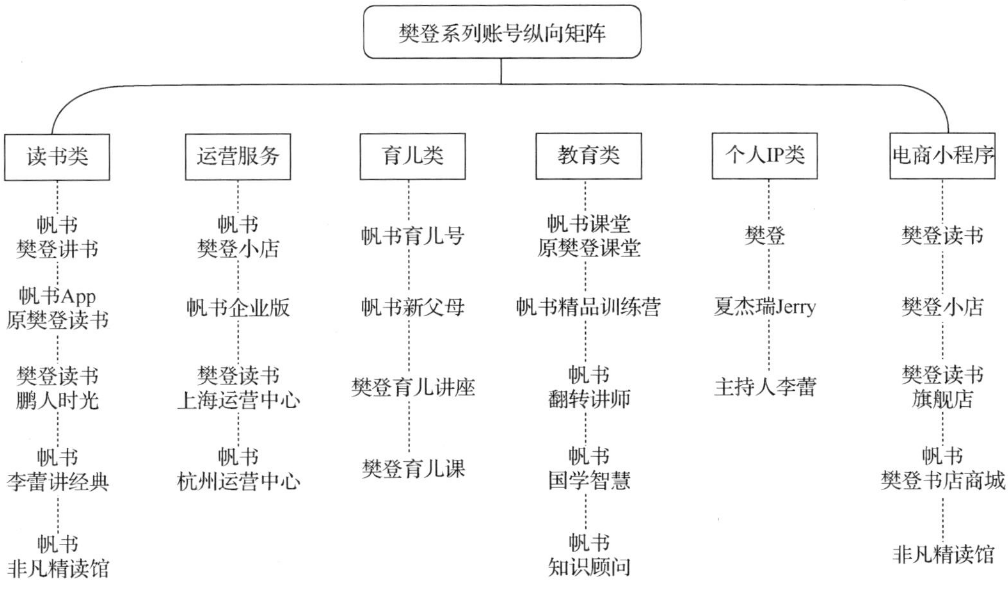

图 7-11 樊登系列账号纵向矩阵

2. 矩阵营销策略

樊登矩阵营销采取的是典型的横纵联合矩阵，其矩阵营销策略可以总结为以下几点。

● 平台：不同平台差异化运营

樊登系列账号几乎遍布每个内容平台，但每个平台的账号内容以及运营模式并不是简单的复制和分发，而是在不同时期各有侧重点，形成了内容在不同平台的差异化功能。

例如，在抖音上，樊登系列账号最多时曾有上百个，曾掀起了“刷屏”热潮。可以看出，樊登系列账号在抖音以扩大影响力为主，多个账号大力宣传，用数量积累曝光量，快速抢占读书类市场。这个策略也使得樊登在早期快速被多个年龄段的用户所熟知。因此，网络上也有“你可能没下载过樊登读书，但一定刷到过樊登的视频”这个说法。

但在微信，樊登系列账号以服务功能为主，重点在于沉淀私域，并在后期发力直播。因为串联了公众号、视频号、社群以及小程序等应用，所以为樊登读书 VIP 会员卡的售卖创造了非常有利的条件。

这个矩阵营销策略带来的启发是，对做矩阵营销的企业和品牌来说，一定要分清各个平台的运营模式和方向，做好平台定位再出发。

● 内容：多样性话题打造“爆款”

樊登系列账号虽然整体上围绕读书、荐书，但视频内容并不是简单地围绕书籍进行讲解、推荐，而是根据樊登老师在不同场合的谈话、演讲、访谈对话、用户提问、讲书片段进行二次剪辑，形成多样性话题。

话题内容覆盖职场、两性、亲子、教育、国学、成长励志等泛知识领域，不同账号的侧重点有所区别，且内容适合各年龄段的用户群体。

例如，樊登系列账号在视频号上曝光量最高的一条视频有 2.4 亿播放量，单条视频净增粉丝近 90 万。与此同时，樊登读书一直在孵化泛知识和知识付费赛道的老师。

● 运营：批量内容生产模式

樊登团队打造了一个 IP 全网分发+低成本复制的矩阵扩张模式，即利用相似的内容，构建大规模的孵化矩阵，通过批量生产来捕获流量。这种方法虽然看似“简单粗暴”，但其效果却是显著的，这与平台的算法和推荐机制紧密关联。

以抖音为例，当樊登团队发布一个作品时，抖音会依据用户的个人标签和内容标签，智能地将该作品推送给特定的用户群体。接下来，抖音会基于该视频的完播率、点赞量、评论数和转发数等多项指标，来判断该视频是否值得被进一步推荐给更广泛的用户。因此，单个账号的推荐量是有限的。然而，当樊登团队利用数十个甚至上百个账号同时发布类似的内容时，这些内容便有机会在抖音上多次被推荐，大大提高了传播和扩散的效率。这种策略不仅充分利用了抖音的流量机制，也有效地提高了内容的曝光度和影响力。

与此同时，樊登读书拥有上千个独立运营的授权点，在许多城市都有运营商和加盟商，樊登团队允许运营者和加盟商也开设樊登系列账号，分发视频，获取收益，如“樊登读书上海运营中心”“樊登读书广州运营中心”等。通过多个账号的协同运营，樊登读书的 IP 迅速走红，影响力不断扩大。这种策略不仅充分利用了授权点的资源和优势，还进一步提升了樊登读书在不同平台上的影响力和竞争力。

当然，这种高频分发类似内容的做法，也有可能被平台管制。与此同时，樊登系列账号也存在着对樊登个人 IP 依赖过多、内容发展不均衡的问题。

- 变现：全方位引流 App

樊登系列账号在各个平台的变现主要依靠两个途径：一是短视频和直播卖书，这个途径的占比并不大，一般在樊登老师本人直播时销量更可观；二是把用户引流到樊登读书 App，或使用户直接购买樊登读书 App 年卡会员。卖书只是基础变现方式，引流 App 才是变现主力，樊登系列账号几乎都在往樊登读书 App 导流。

除了直播导流和短视频导流，其他具体的导流措施如下：在账号主页的简介处，设置一定福利，放置相关链接，如“免费听书”“免费领取 VIP 权益”等，引导用户点击链接和下载樊登读书 App，后续再引导用户购买年卡会员；很多视频只有片段，引导用户获取完整版视频，如在视频评论区或者账号主页简介中引导用户“点击私信获得樊登老师完整版视频”，其本质也是通过免费试听来引导用户购买会员。

这种不同账号全方位导流至同一产品的做法，既能避免产品质量参差不齐和恶性竞争的问题，还能更高效地统计不同渠道的引流数量，使团队激励达到最大化。

课后练习

你有喜欢的账号吗？请简单分析其是如何布局账号矩阵的。

7.4 全媒体数据分析和运营优化

知名商业学者詹姆斯·麦肯锡曾指出：“成功的首席营销官都能巧妙地利用分析的精确性和严谨性来预测和满足客户的需求，以目标为导向，以创造性的方法为动力。”

这句话放在今天仍然适用，这其实说明了数据分析的重要性。尤其是在全媒体背景下，内容运营、用户运营、直播运营、电商运营，基本上每个步骤都离不开数据分析。运营者应通过数据分析，实现对每个运营环节的优化。

7.4.1 数据驱动全媒体营销概述

数据驱动型营销，是以数据分析为核心来进行营销的一种做法。它要求营销团队借助数据和分析工具来指引营销活动的方向，评估活动成果，并在需要时灵活调整或优化战略。

在传统营销方法下，营销人员往往依赖定性研究、假设和直觉来制定策略，而数据驱动型营销则强调以事实和数据为基石，摒弃了过多的猜测和主观判断。随着全媒体运营的日益数字化，运营者可以轻松收集到大量关于用户偏好和行为的数据，这些数据为营销策略的制定提供了更为精确和科学的依据。

企业进行数据驱动全媒体营销时，可以从内容、用户、直播、电商这四个方面入手。

1. “爆款”数据驱动创意生成与内容推广

要打造“爆款”内容，数据可以提供有力的指引。在数据驱动下，进行内容创作时创作者不应该仅仅依赖于灵感和直觉，而应该更加科学、精准地把握用户需求和市场趋势。这样创作出的内容不仅更容易引起用户的共鸣和吸引其关注，也能更容易地在激烈的竞争中脱颖而出，成为“爆款”。

“爆款”数据的获取主要来源于三方面：市场趋势分析、历史“爆款”内容分析、用户反馈。通过对这些多维度数据的深入挖掘，营销团队可以明确内容创作的方向。例如，市场趋势分析可以告诉营销团队当前的社会热点，甚至有利于预测热点，从而提前抢占热点；历史“爆款”内容分析则可以揭示哪些话题、形式和风格更受欢迎，为内容创意提供灵感；用户反馈则能够直接反映用户对内容的喜好和需求，为内容优化提供方向。

同时，“爆款”数据的驱动作用不局限于内容创意的生成，还贯穿内容推广的整个过程。通过对用户行为数据的分析，营销团队可以精准定位目标受众，选择合适的推广渠道和方式，进而提高内容的曝光率和传播效果。

2. 用户数据驱动产品开发与优化

用户数据是了解用户偏好、需求、购买行为等的重要依据。通过收集和分析用户数据，企业可以深入了解用户的消费习惯、需求偏好以及痛点，从而有针对性地开发新产品或优化现有产品。

用户数据不仅包括购买记录和行为，还包括社交媒体互动、搜索关键词等多元化信息。这些信息共同构成了用户画像，为产品开发和优化提供了重要依据。

例如，某化妆品品牌通过分析用户的购买历史和搜索记录，发现用户对无添加、环保型化妆品的需求日益增长。于是，该品牌加大了对无添加产品的研发投入，并成功推出了一系列备受欢迎的环保型化妆品。该环保型化妆品上市后获得了用户的喜爱，有着不错的销量。

3. 直播数据驱动直播优化

有经验的直播团队，会在每一次直播结束后都复盘直播情况，做好直播数据的洞察和分析。

直播数据包括引流数据、直播观看数据、互动数据、销售数据、转化率数据、退款退货数据等。过往的直播数据能够为后续直播活动提供参考，通过对各项直播数据的深入分析，直播团队可以更加精准地了解用户需求，据此调整直播策略，从而提升直播的吸引力和转化率。

例如，直播间的用户互动数据包括用户在直播过程中的评论、点赞、分享、赠送礼物等行为。这些数据能够反映用户对直播内容的兴趣和参与度。如果互动率较低，可以考虑增加互动环节，如抽奖、问答等，以激发用户的参与热情。

4. 电商数据驱动精细化电商运营

在数字化时代，电商行业作为全媒体运营的核心组成部分，正日益凸显出数据驱动策略的重要性。电商数据不仅为企业提供了市场洞察和用户行为分析的依据，还是驱动运营决策、优化用户体验感和提升销售数据的关键。

数据驱动的精细化电商运营，其核心在于对销售数据、用户购买行为以及市场趋势的深入挖掘和分析。通过对这些数据的细致研究，企业能够洞察用户的购买偏好、需求变化以及市场趋势，从而制定更为精准、个性化的营销策略。

例如，通过对用户购买行为数据进行分析，企业可以了解用户的购买频次、购买时间、购买品类等，进而为用户推荐更符合其需求的产品或服务，提高转化率。

除了营销策略的制定，数据还能帮助企业在库存管理、物流配送等方面实现优化。通过对销售数据的实时监测和分析，企业可以预测未来的销售趋势，从而合理调整库存，避免库存积压或缺货现象发生。

7.4.2 案例分析：蕉下

蕉下成立于 2013 年，是我国轻量化户外生活方式品牌，在数据驱动产品营销方面有不错的成果。

1. 背景介绍

创立之初，蕉下瞄准年轻女性防晒市场，推出了首款防晒产品——双层小黑伞，其不仅迅速成为公司的旗舰产品，更在防晒领域掀起了一股新风潮。蕉下的双层小黑伞如图 7-12 所示。

图 7-12 蕉下的双层小黑伞

历经多年的发展，蕉下的产品线已经从单一的防晒伞扩展至袖套、帽子等防晒服饰，并进一步延伸到帆布鞋、马丁靴等非防晒产品。这一转变不仅展现了蕉下对市场趋势的敏锐洞察，还体现了其从专业防晒品牌向轻量化户外生活方式品牌的成功转型。

相关数据显示，以线上渠道零售额计算，蕉下早在 2021 年已成为中国市场上最大的防晒服饰品牌，线上市场份额高达 12.9%。在 2023 年的“6·18”大促期间，蕉下的市场销售额同比增长 648.78%，无论是直播“带货”还是自然销售额都表现卓越。

在销售渠道上，蕉下一直将线上销售渠道作为其核心战场。通过电商平台和内容平台，蕉下成功地将产品推广至广大消费者，并积累了大量的忠实粉丝。近几年，蕉下开始逐步拓展线下门店，在 2023 年其门店数量近 300 家，实现了线上线下的全方位覆盖。

蕉下的公开资料显示，蕉下的成功，离不开其独特的“经典品‘爆款’四步法”。

① 了解市场需求，确定产品方向。

② 运用防护科技进行产品创新。

③ 建立 DTC 数据中台，依据数据制定推广和销售策略。

④ 实施消费者圈层运营，包括社群建设和品牌推广，在开拓市场的同时发现新的需求。

而其中较为重要的，就是蕉下的 DTC 模式。

2. 蕉下的 DTC 模式

蕉下在招股书中阐述了其独特的业务模式，即直接触达消费者（Direct To Consumer，DTC）驱动的全渠道销售模式（简称“DTC 模式”），其核心思想是“品牌直连消费者，用数据指导运营”，这种模式意味着品牌绕过传统分销链和中间商渠道，实现品牌与消费者之间的直接连接。

DTC 模式的最大优势在于其数据驱动的本质。通过直接触达消费者，蕉下能够获取第一手消费者数据，从而敏锐地捕捉市场趋势，快速推出符合消费者需求的新品。

蕉下通过自建官网、App、旗舰店、自营电商等线上渠道以及线下门店，实现了与消费者的直接互动。这种直接连接使得蕉下能够深入了解消费者的真实需求，并快速响应市场变化，迅速升级产品，从而实现从产品到品牌的快速升级，快速在消费者心中留下印象。

在 DTC 模式下，蕉下的每个经典品或“爆款”产品都是经过精心策划和运营的。通过 DTC 全渠道数据中台的支持，蕉下在人群、内容营销、渠道配置、流量运营等方面进行了多轮测试，以收集消费者的真实需求。这种以数据和真实需求为导向的运营策略，使蕉下能够持续推出符合消费者需求的产品，实现品牌的持续发展和市场占有率的提升。

3. 数据驱动产品生产、升级及营销

《2022 防晒行业趋势指南》显示，中国防晒品类市场连续九年保持增长态势，消费者对防晒品类的关注度三年内增幅高达 68.11%，搜索量上涨超过 7 倍，这主要得益于消费者日益增强的防晒意识。

蕉下认为，尽管 80%的人重视户外活动，但防晒行业目前在产品供应方面仍存在明显的不足。为了抓住防晒市场的巨大机遇，蕉下在成功打造伞类单品并受到广泛欢迎后，继续运用其打造“爆款”单品的经验，推出了一系列新产品，包括夏季的防晒衣、折叠墨镜、全地形户外鞋和骑行头盔等。这些新产品的推出，不仅丰富了蕉下的产品线，也为其在市场中赢得了更广阔的发展空间。

蕉下的成功离不开其 DTC 模式与主打“爆款”的思维。蕉下运用市场数据指导运营，通过内容营销、渠道配置和流量运营等手段，精准洞察消费者需求。这种以数据为基础的产品决策方式，确保了蕉下经典品在市场上的成功。

以蕉下的折叠墨镜为例，尽管墨镜市场看似饱和，但蕉下经过数据调研发现，消费者对墨镜应收纳方便、佩戴舒适的需求并未得到充分满足，认为现有市场的墨镜太重、佩戴不舒适、收纳不方便等。于是蕉下从结构和设计两方面入手，推出了可折叠、便于收纳的墨镜，满足了消费者的实际需求。蕉下的折叠墨镜如图 7-13 所示。

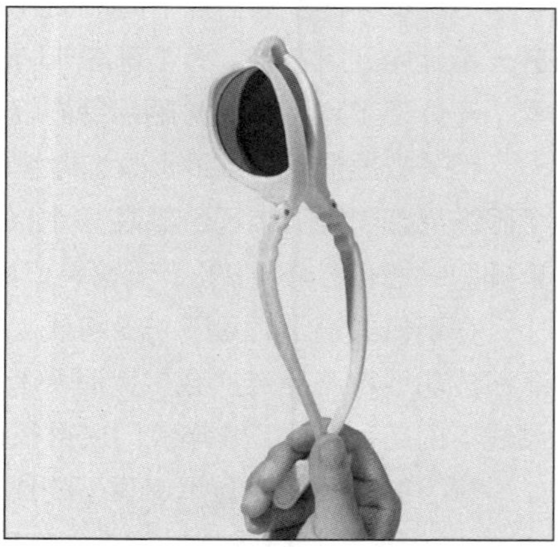
图 7-13　蕉下的折叠墨镜

DTC 模式助力蕉下构建了一个完整的生态链，通过整合跨品类资源，蕉下成功解决了城市户外运动的核心问题。从一款“爆款”单品到二十多款销售额达到千万元的产品，蕉下

的成功并非偶然，而是其精准的战略和不懈努力的必然结果。

课后习题

1. 请简述传统媒体和新媒体的互动营销策略
2. 请简述线上和线下的互动营销策略。
3. 请简述矩阵营销布局策略。
4. 请简述数据驱动全媒体营销策略。

PART 08

第八章 全媒体的品牌传播策略

学习目标

- 了解全媒体时代政府的传播力和影响力策略。
- 掌握全媒体时代企业的品牌公关策略。

素养目标

- 在全媒体的品牌传播过程中，从业者应深入理解并积极响应国家的方针政策，将国家的大政方针与品牌传播策略相结合，通过合适的渠道和形式进行宣传，以确保品牌传播的内容与社会主义核心价值观保持一致。
- 在品牌传播的过程中，从业者需要积极弘扬和传播社会主义核心价值观，通过正面的、积极的、健康的品牌故事和形象，引导公众形成正确的价值导向，推动社会和谐发展。
- 品牌不仅是商业的产物，还是社会文化的载体。品牌传播者应具备高度的社会责任感，通过品牌传播活动，积极履行社会责任，推动社会的可持续发展。

在全媒体时代，品牌传播不再局限于传统的广告与公关手段，而是借助各种媒体平台和数字化工具，实现全方位、多角度、互动式的传播。品牌传播不仅是企业与消费者之间沟通的桥梁，还是企业塑造形象、建立信誉、增强竞争力的关键手段。

随着媒体环境的不断变化，政府的传播力和影响力策略也在逐步调整。政府通过全媒体渠道，及时发布政策信息，回应社会关心问题，增强公众对政策的认知和支持。同时，政府还积极利用新媒体平台，与公众进行互动交流，提升政府的透明度和公信力。

对企业而言，全媒体时代的品牌传播策略同样重要。企业需要借助全媒体的力量，通过精心策划和执行，将品牌理念、产品特点、企业文化等传播给目标受众，从而使其建立品牌认知、提升品牌形象、促进产品销售。同时，企业还需要关注品牌公关策略，及时应对各种危机事件，保护品牌声誉。

本章深入探讨全媒体时代的品牌传播策略，包括政府的传播力和影响力策略，以及企业的品牌公关策略。通过了解和学习这些策略，读者能够更好地理解全媒体时代品牌传播的重要性，并掌握如何在实践中应用这些策略，提升企业的品牌价值和市场竞争力。

8.1 全媒体时代政府的传播力和影响力策略

构建政府传播力和影响力，不仅是一种宣传手段，其还是国家治理能力的体现。全媒体背景下，政府需要巧妙运用各种媒体平台，将国家政策宣导与政府形象宣传有机结合，以更加高效、精准的方式，传达政策精神，塑造良好的政府形象。

全媒体背景下，国家政策宣导和政府形象宣传可以从以下几点入手。

1. 入驻各类新媒体平台

在电视、广播等作为主导媒体的年代，政府的话语权得到了极大地保障，但如今，以报纸、电视为代表的传统媒体的影响力逐渐下降，新媒体平台正在抢占用户的注意力，各类国家政务机构也需要通过入驻短视频平台、开展直播等来靠近公众，这是顺应时代、顺应公众需求的表现。

现如今，抖音、快手、视频号、微博、哔哩哔哩、小红书、今日头条等主流新媒体平台聚集了大量的用户，相关政务机构有必要在这些平台上建立账号，做好内容运营。

从 2017 年开始，许多政务类、媒体类账号陆续入驻抖音，这些账号通常代表权威媒体，希望借助抖音扩大受众人群，用全新的表达形式帮助信息传递。在入驻抖音后，这些账号以新闻事件为日常的短视频内容，并以直播的方式传递新闻事件现场的第一手画面，受到了大量抖音用户的关注。

2. 强化内容的可读性

这里讲的“可读性”，不仅是指公众号文章的“可读”，也指短视频、直播等内容的“可读”。

国家政策的宣传不能仅以教育、严肃的风格来进行内容输出。抖音、快手等平台，娱乐性较强，与国家政务机构严肃、严谨的形象不符，政务机构在入驻以后，如果继续保持其严肃、严谨的官方媒体形象，可能不符合平台特性和受众喜好，难以达到好的传播效果。所以很多政务机构在入驻抖音、快手等以后，发布的视频内容很多都是贴近大众日常生活、接地气的内容。

例如，“央视新闻”日常发布的视频中，除了一些关乎国计民生的大事件，还有一些有趣、轻松、温暖的视频，比如“18 岁女孩带奶奶上大学”“菠萝有哪些吃法”“鹦鹉说着一嘴东北话”等。而且央视主持人在短视频中偶尔也会一改往日严肃形象，变得俏皮活泼。

除了要在日常短视频中更接地气一点，相关机构的直播也应该贴近公众生活，如果直播内容都是新闻发布会，会让公众有距离感。“央视新闻”的直播中，也有“七夕看银河”“全民健身运动”“送高考通知书”这样多样化的内容。

3. 热点事件及时报道和解读

政务机构类媒体，其账号发布的短视频以提供专业、及时的新闻信息、政策宣传为主要内容，公众关注这类账号也是因为账号的专业性和权威性。所以这类账号要借助政务机构类媒体能靠近新闻现场、捕捉第一手新闻信息的优势，及时直播和报道热点事件，吸引公众注意力。

特别是在一些举国关注的大事面前，相关机构应借助直播平台的影响力，第一时间通过直播传达现场画面，这样既可以体现出政务机构类媒体的专业性，也满足了公众的求知欲，而且通过直播能不断实现账号“涨粉”，实现流量的良性循环。

例如，在“央视新闻”的直播中经常会出现国际比赛、火箭发射、新闻发布会、政策解读、文艺晚会等公众较为关注的重要新闻事件和活动，这类直播往往有着超高的流量。

4. 借助 IP 扩大影响力

政务机构也可以借助 IP，或者培养自己的 IP，来扩大影响力，同时拉近与公众的距离。

例如，央视的“新闻联播”账号，在入驻抖音短短一天内便“涨粉”1300 万人，其发布的第一条视频内容为央视主持人口述的一段话：“《新闻联播》值得您期待，这里不是只有怼人，这里有足够的理智与情感，有分明的事实和言论，这里有真正的中国。在这，你能看到真正追求进步与美好的中国人。所以关注《新闻联播》，关注联播的抖音号，我们一起‘抖’起来，一起上热搜。”该视频获赞超过 1000 万个，评论数超过 50 万条。

8.2 全媒体时代企业的品牌公关策略

在全媒体时代，企业品牌塑造和形象宣传面临着前所未有的机遇和挑战。随着信息传播渠道的多元化和用户需求的日益多样化，企业必须从整体战略出发，制定有针对性的品牌塑造和形象宣传策略，以确保在激烈的市场竞争中脱颖而出。

8.2.1 企业的品牌塑造和形象宣传

全媒体时代的企业品牌塑造和形象宣传需要跨越多个渠道，形成统一的品牌信息和形象。这意味着企业不仅要确保在不同媒体平台上传递一致的品牌价值观，还要充分利用各种渠道的优势，多角度、多层次地展现品牌形象，增强品牌影响力。

1. 统一品牌识别系统

企业需要建立一套统一的品牌识别系统，包括品牌名称、标志、口号、视觉识别系统等。这套系统需要在所有渠道上保持一致，确保用户在不同平台上都能认出品牌并产生联想。统一的品牌识别系统有助于提升品牌的辨识度和记忆度，从而增强品牌的传播效果。

2. 多渠道协同传播

传统媒体如电视、报纸、广播等具有权威性，可以提升品牌的知名度和公信力；而新媒体如社交媒体、短视频、直播等具有互动性和即时性，可以增强品牌与用户的情感联系。企业应充分利用各种媒体渠道、平台、工具，形成多渠道协同传播。

此外，企业需要根据目标受众的特点和媒体平台的优势，制定有针对性的传播策略，确保品牌信息在不同渠道上的有效传递。

3. 内容策略一致性

内容营销是全媒体时代品牌塑造和形象宣传的关键。企业需注重内容的创意性、实用性和趣味性，通过撰写高质量的文章、制作精美的视频、举办有趣的活动等方式，为用户提供有价值的信息和良好的体验感。

此外，企业在不同平台上发布的内容应保持一致和连贯。一致性的内容有助于强化品牌形象，提升用户对品牌的认知度和认同感。无论是文字、图片还是视频，都应从细节做起，传达出相同的品牌价值观和形象。同时，企业应根据不同渠道的特点和用户需求，调整内容的风格和形式，确保信息的有效传达。

4. 建立品牌社群

在全媒体时代，私域社群成为企业与用户之间的桥梁。企业可以通过建立企业微信群、抖音群、线下社群、线上论坛等方式，为用户提供一个互动交流的平台。在私域社群中，企业可以发布品牌信息、分享产品知识、回应用户反馈等，拿到第一手用户数据，与用户建立更加紧密的联系。

通过与用户的互动和沟通，企业能够深入了解用户的需求和期望，为品牌塑造和形象宣传提供有力支持。同时，企业还可以通过举办线上线下活动、发起话题挑战等方式，激发用户的参与热情，提升用户忠诚度。

8.2.2 企业的危机处理和声誉管理

全媒体时代，由于信息传播的速度快、范围广，任何一个危机事件都可能对企业的声誉和形象造成严重影响。因此，企业需要制定具体的、可落地的危机处理和声誉管理方案，以应对潜在的风险和挑战。

以下是一些具体的、可落地的方法措施。

1. 建立健全的危机应对机制

- 成立危机管理小组：由品牌公关、市场、法务等部门组成，形成快速反应团队。
- 制定危机应对预案：预设可能发生的危机类型，制定相应的应对策略和话术。

2. 强化舆情监控与分析

- 利用大数据和人工智能技术，实时监控全媒体平台上的与品牌相关的言论。
- 分析舆情趋势，及时发现潜在的危机隐患，并采取措施提前化解。

3. 积极沟通，公开透明

- 在危机发生后，迅速发布官方消息，避免信息真空导致谣言滋生。
- 保持信息更新，及时回应公众关心的问题，以透明度赢得信任。

4. 真诚道歉，承担责任

- 如果危机是由品牌自身的问题引起的，应立即道歉，并承担相应责任。
- 道歉应真诚，体现出对问题的认识和对用户的尊重。

5. 制定长期声誉管理策略

- 坚持诚信经营，确保产品和服务的质量，树立良好口碑。
- 积极履行社会责任，提升品牌形象。

6. 培训与演练

- 定期对员工进行危机处理和声誉管理的培训，提升员工的危机应对意识。

- 定期进行危机应对演练，提高团队的实战能力。

7. 利用媒体渠道进行正面宣传

- 利用官方网站、社交媒体、短视频平台等多渠道发布正面信息。
- 制作高质量的内容，如品牌故事、用户评价等，增强品牌正面影响力。

8. 与媒体建立良好关系

- 与各类媒体平台建立长期合作关系，确保在危急时刻能够得到支持。
- 在危机发生时，与媒体保持沟通，提供准确信息，争取舆论支持。

9. 合理利用第三方力量

- 在必要时，可以聘请专业的危机公关公司协助处理。
- 利用行业专家、意见领袖等第三方力量，为品牌声誉发声。

课后习题

1. 请简述全媒体时代，国家应该如何做好政策宣导和政府形象宣传。
2. 请选择一个做得较好的政务机构类账号，分析其在全媒体运营方面的优缺点。
3. 请简述企业应如何做好品牌塑造和形象宣传。
4. 请简述企业应如何做好危机处理和声誉管理。